知識ゼロからの
スイミング入門

An instruction of swimming for beginner.
Let's go to the pool for keeping your health.

競泳日本代表ヘッドコーチ
東洋大学水泳部監督
平井伯昌
Norimasa Hirai

クロール
CRAWL STROKE

平泳ぎ
BREAST STROKE

背泳ぎ
BACK STROKE

バタフライ
BUTTERFLY STROKE

スタート
START

ターン
TURN

ストレッチング
STRETCHING

**An instruction of swimming for beginner.
Let's go to the pool for keeping your health.**

スイミング入門◎平井伯昌
幻冬舎

contents

知識ゼロからのスイミング入門

簡単に気軽に、スイミングを楽しむ……07

第1章 スイミングを始める前に for BEGINNER……11

基礎知識

スイミングの基礎知識①
ジョギング感覚で泳ごう。水中での運動は陸上よりも効果的……12

スイミングの基礎知識②
水着からスイムキャップまで。道具選びも楽しみのひとつ……14

スイミングの基礎知識③
公営プール派？　スポーツクラブ派？「行きつけ」プールを作ろう……16

スイミングの基礎知識④
持ち物はポーチひとつでOK。仕事帰りにひと泳ぎ……18

スイミングの基礎知識⑤
泳ぎ始める前にかならず、健康状態をチェックする……20

スイミングの基礎知識⑥
着替えからシャワーまで。入水前のエチケットを厳守する……22

マナー&注意点

スイマーの心得①
正しく利用するために マナーと決まりを知っておく……24

スイマーの心得②
これでスイマーの仲間入り。コース内の作法を身につける……26

スイマーの心得③
自分のフォームは確認しづらい。正しい泳ぎは「感覚」で覚える……28

スイマーの心得④
目標は1回で1000m。長く泳ぐための秘訣とは……30

スイマーの心得⑤
ペースクロックで心拍数を測り、体に合ったペースを見つける……32

スイマーの心得⑥
水泳によって減る体重のうち 99%は水分だ……34

スイマーの心得⑦
足がつっても慌てずに。よくあるトラブル解決法……36

水中運動
おまけの水中運動
簡単水中エクササイズで泳ぐときと異なる筋肉を鍛えよう …… 38

column
海や川で泳ぐときはベストスポットで …… 42

第2章 「クロール」を完璧に覚える
CRAWL STROKE …… 43

イメージ
理想の泳ぎをイメージ
最初は腕の力に頼らなくてもいい。手も足もゆっくり動かそう …… 44

STEP1
基礎チェック① 浮かぶ
クロール上達のコツは、力を抜いて水に浮かぶことだ …… 48

基礎チェック② 潜る
しっかり深く潜らないと、推進力が作り出せない …… 50

contents

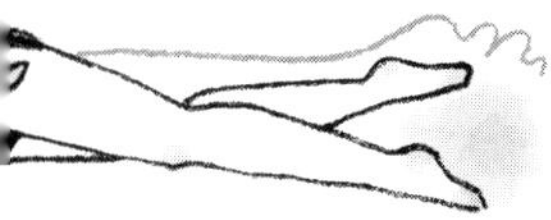

基礎チェック③ 呼吸
ブクブクブク、パーッのリズムを〝洗面器練習〟からつかもう …… 52

STEP2 蹴伸び
イメージ
水の抵抗を最小限にするため、水中で水平姿勢を作る …… 54

練習
深く潜ってから壁を蹴り、蹴伸び姿勢で進んでみよう …… 56

よくある失敗Q&A
Q 力いっぱい蹴っているのに、なかなか進まないのはなぜ? …… 58

STEP3 キック&呼吸
イメージ
足首を伸ばした柔らかい蹴りが、大きな推進力を生む …… 60

練習①
プールサイドに腰かけて、バタ足をやってみよう …… 62

練習②
プールサイドにつかまって、呼吸とバタ足をセットで練習 …… 64

練習③ ビート板に手を載せて、バタ足で前進しよう …… 66
よくある失敗Q&A① Q 水しぶきは派手なのに、ちっとも前に進みません …… 68
よくある失敗Q&A② Q 呼吸するたび下半身が沈み、泳ぎ続けられなくなります …… 70

STEP4 ストローク

イメージ 細かい動きにとらわれず、まっすぐ素直にかこう …… 72
練習① 水の中に立って、呼吸しながらかいてみる …… 74
練習② ビート板を使って、バタ足とストロークで前進する …… 76
練習③ 足に浮き具をつけて、ストロークだけで前進しよう …… 78
練習④ キャッチアップクロールで泳いでみる …… 80

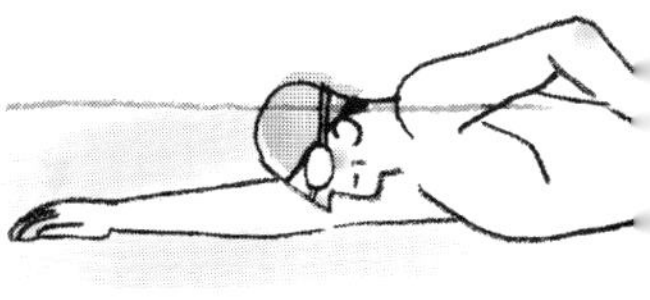

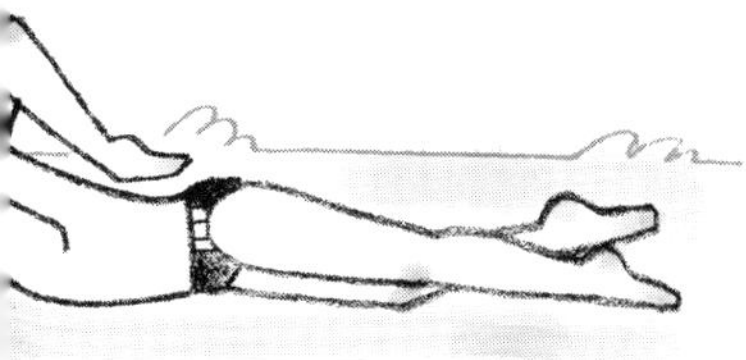

よくある失敗Q&A① Q 〝S字にかく〟と習いましたが、難しくてできません …… 82
よくある失敗Q&A② Q ゆっくり泳いでいるのに、腕がすぐ疲れてしまいます …… 84
よくある失敗Q&A③ Q 呼吸をする時間が短くて、すぐに息が苦しくなります …… 86
よくある失敗Q&A④ Q 呼吸しようとすると、フォームが崩れて体が沈みます …… 88
column 日本古来の泳法 速さよりも〝技〟を重視 …… 90

第3章 正しい「平泳ぎ」をマスターする BREAST STROKE …… 91

イメージ 理想の泳ぎをイメージ 手足の動きと呼吸が合えば、ぐんとスピードアップできる …… 92

STEP1 キック&呼吸

イメージ
三角形を描くのではなく、真後ろにまっすぐ蹴り出す …… 96

練習①
プールサイドに腰かけて練習。自分のキックを観察しよう …… 98

練習②
上半身を固定して、キックの練習をする …… 100

練習③
ビート板を2枚使って、キックで前進してみよう …… 102

よくある失敗Q&A①
Q 蹴り出すときに、呼吸してはいけませんか？ …… 104

よくある失敗Q&A②
Q 「三角形を描くように蹴る」と習いましたが？ …… 106

よくある失敗Q&A③
Q 〝あおり足〟だと言われますが、感覚がつかめず直せません …… 108

STEP2 ストローク

イメージ
手が伸びた状態で一呼吸。顔の前でコンパクトにかき込む …… 110

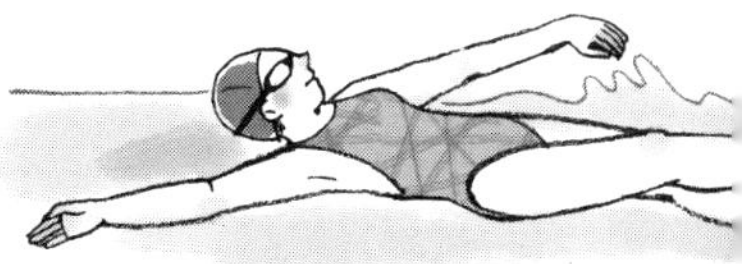

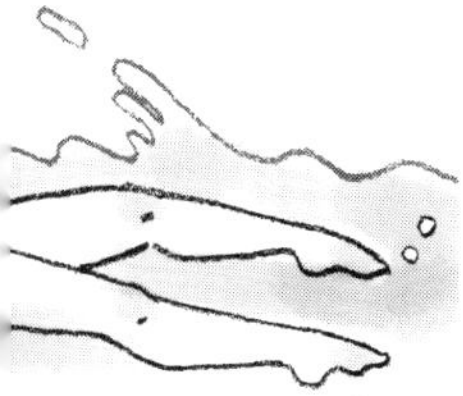

練習①
プールに立った状態でゆっくりかいてみよう …… 112

練習②
「キック」「呼吸」「ストローク」を、組み合わせてみる …… 114

よくある失敗Q&A①
Q あごを引いて呼吸すると、速く泳げるというのは本当ですか？ …… 116

よくある失敗Q&A②
Q 泳いでいるうちに、下半身が下がってくるのはなぜですか？ …… 118

column
練習の成果を試してみよう 大会&検定にチャレンジ …… 120

第4章 もっとスイミングを楽しむために …… 121

背泳ぎ BACK STROKE

イメージ
理想の泳ぎをイメージ
頭の位置がぶれない、安定感のある泳ぎを心がける …… 122

STEP1 キック

イメージ
正しい姿勢を保つためには
より力強いキックが必要だ……126

練習
足の力だけで、バランスを崩さずに
進めるようになろう……128

STEP2 ストローク

イメージ
腕は肩幅に開いてまっすぐ回し、
静かに入水する……130

練習
足の間に浮き具を挟み、
腕だけを使って前進してみよう……132

よくある失敗Q&A①
Q 下半身が沈み、
失速するのはなぜですか?……134

よくある失敗Q&A②
Q 肘の動きが複雑。かくときは
どれくらい曲げればいい?……136

contents

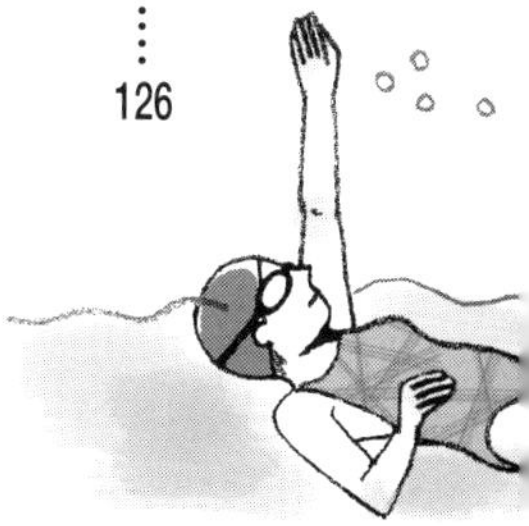

バタフライ BUTTERFLY STROKE

イメージ

理想の泳ぎをイメージ
キックのリズムに合わせて
呼吸や腕の動きを考える……138

STEP1 キック&呼吸

イメージ
腰のうねりを利かせた
ドルフィンキックを目指す……140

練習
ビート板を使い、キックと呼吸を
セットで練習しよう……142

STEP2 ストローク

イメージ
キックのリズムに合わせて
ツービートで手を回す……144

練習
底を蹴ってジャンプし、
手の動きのイメージをつかむ……146

よくある失敗Q&A①
Q 呼吸から次の動作まで、
スムーズにつながりません……148

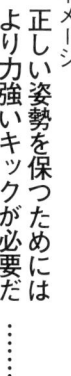

contents

よくある失敗Q&A②
Q 一応形になりました。もっと上手に見せるには？ …… 150

スタート START

とびこみスタート

理想の形をイメージ
指先からつま先まで、一点めがけて入水する …… 152

練習
ジャンプの距離を徐々に延ばし、恐怖心を克服しよう …… 154

よくある失敗Q&A
Q 入水してから泳ぎ始めるまでがスムーズにつながりません …… 156

ターン TURN

水平ターン

理想の形をイメージ
体を素早くひねると、速く美しいターンができる …… 158

練習
横向きの状態から壁を蹴り、蹴伸びの姿勢を作ってみよう …… 160

クイックターン

理想の形をイメージ
推進力を無駄なく生かし、正確なタイミングで回転する …… 162

練習
水中で完璧に一回転ができるようになろう …… 164

よくある失敗Q&A
Q 背泳ぎのターンが苦手。間合いがつかめず失速します …… 166

より安全にスイミングを楽しむために
基礎ストレッチングを覚える STRETCHING …… 168

参考文献 …… 174

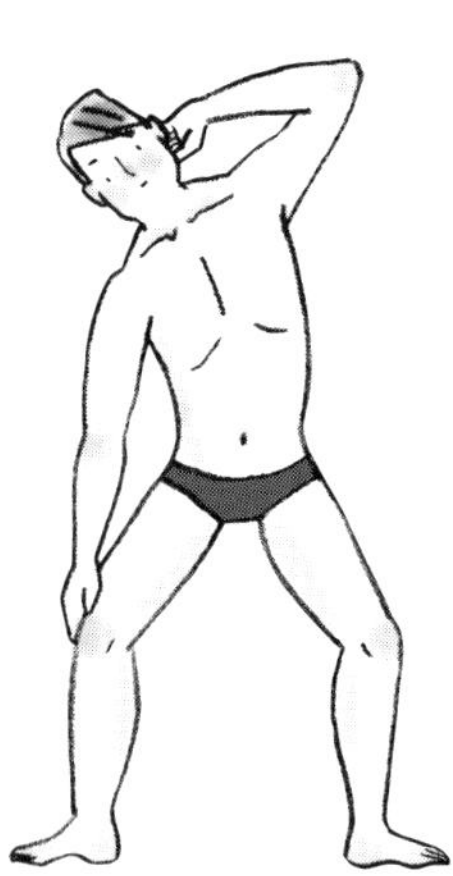

簡単に気軽に、スイミングを楽しむ

準備が面倒だから。
我流の泳ぎだから、格好がつかない。
そんな理由で、水泳を敬遠する人へ。
気負わず、今日から始めてみよう

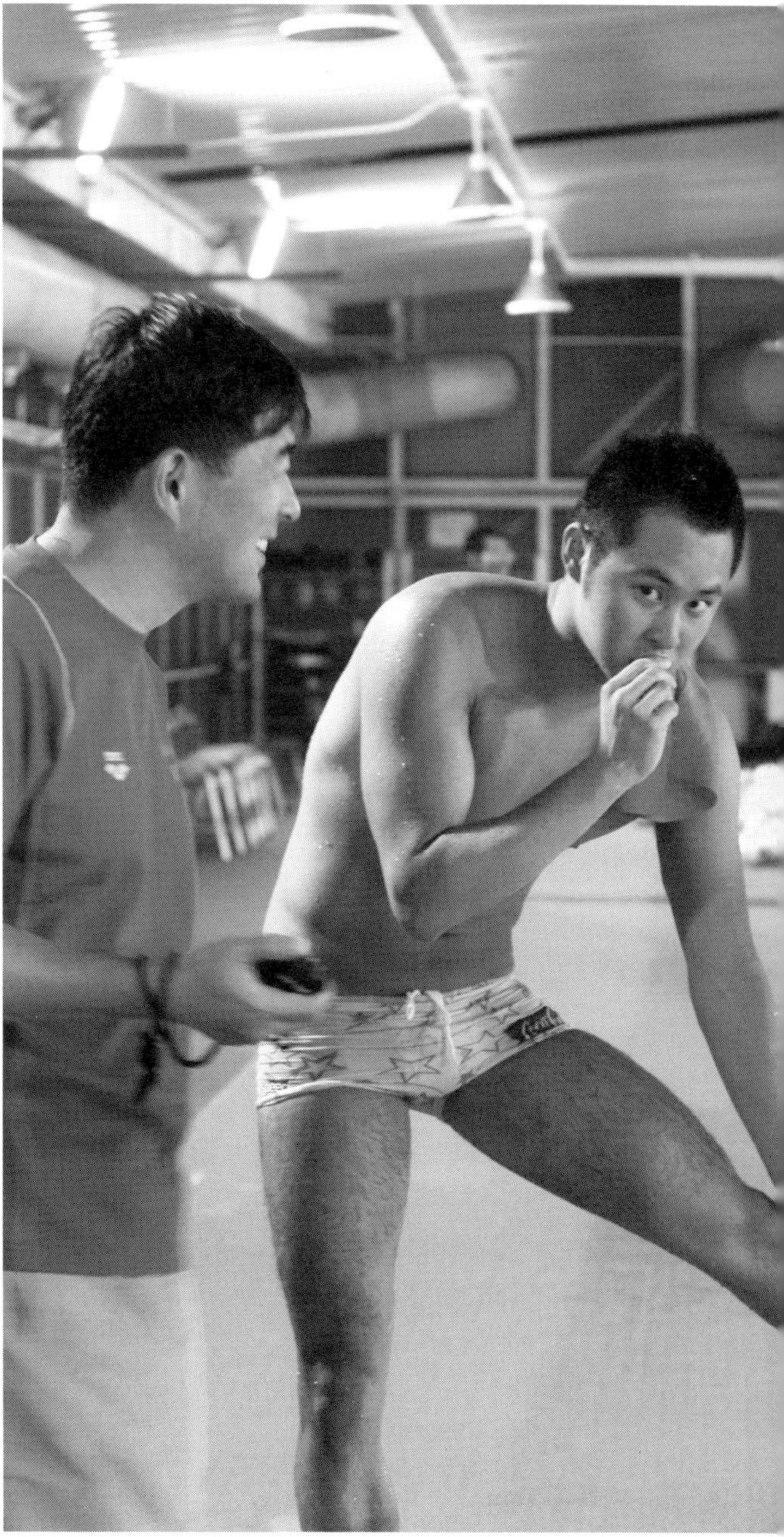

難しく考えない。技術は、楽しみつつ習得するものだ

なんとか泳ぐことはできるけれど、自分の泳ぎに満足できなくて、もう少し上手に泳げるようになりたい――そう思っている人が、実はたくさんいる。別に競技会に出ようというわけではないけれど、きちんとした技術を身につけておきたいという人たちだ。

なぜ泳ぎを上達させたいのかといえば、スイミングを楽しむためにも、健康面などでスイミングの効果を得るためにも、それなりの技術をマスターしておいたほうがいいからだ。ウォーキングやジョギングなら、誰でもすぐに始めることができる。そして、続けさえすれば、体脂肪が減るといった効果も表れてくるだろう。ところが、スイミングではそうはいかない。25ｍなら何とか泳げるとか、我流のクロールでやっと50ｍというレベルでは、スイミングの本当の楽しさを知ったことにはならないし、体脂肪を減らすこともできないのだ。

たとえば、仕事帰りや休日を利用してプールに通い、ゆったりと数百ｍ（できれば１０００

m）ほど泳ぐ。そうやって、すっきりした体型と健康を維持し、おいしいビールを飲む。そんなスイミングライフを実現させるには、やはりある程度の技術が必要になってくる。

そこで、もう少し上達したい人のために、スイミングの入門書をまとめてみることにした。ただ、技術の習得にばかり夢中になりすぎて、泳ぐ楽しさを忘れてしまわないようにしてほしい。プールに行くことが楽しくなければ、スイミングを好きにはなれないし、練習を続けていく気も起きないだろう。それは、泳ぎを覚え始めた子どもたちから、康介のようなオリンピックを目指す選手たちまで変わらない。泳ぐことが好きだから、泳ぐことが楽しいから、つらい練習にも耐えられる。泳ぐというのは、本来楽しいものだが、がんばりすぎたり、進歩を焦ったりすると、その楽しさが失われてしまう。そんなスイマーになってほしくない。

　また、細かな技術にとらわれないことも必要だろう。競技会で１００分の１秒の争いをする

のであれば、身につけなければならない技術はいくらでもある。しかし、これから泳ぎの楽しさを知ろうという段階で、細かい技術にこだわるのは、決してよい結果につながらない。

この本で解説されている技術はあまり多くない。それは、スイミングを楽しむために本当に必要な技術を厳選した結果だ。最初から、〝Ｓ字ストローク〟や〝ローリング〟にこだわると、ぎくしゃくした泳ぎになってしまうこともある。基本だけはしっかり押さえて、のびのびと楽しく泳ごうというのが、この本の基本的なスタンスだ。

現在は、康介たちのような選手をコーチしているが、以前はスイミングスクールの先生として子どもたちの指導をしていたし、大人のクラスを受け持っていたこともある。そんな経験から、どんなレベルのスイマーに、どんな技術を教えればいいかを学んできた。意識すべきポイントを絞り込んであるので、のびのび泳ぎながら、着実に上達していくことができるだろう。

第1章
スイミングを始める前に

必要なアイテム、コースでの決まりごと。
スイミングにまつわる疑問を解決。
実際に通い始める前に、
スイマーとしての常識を押さえておく

スイミングの基礎知識 ❶

ジョギング感覚で泳ごう。水中での運動は陸上よりも効果的

浮力、水圧、抵抗が生む陸上の運動にない効果

スイミングは、ジョギングなどと同じように、体に酸素を取り入れてエネルギーを生み出す運動だ。このような運動をエアロビクス（有酸素運動）という。体の脂肪を減らすのにも、生活習慣病を予防するのにもすぐれた効果を発揮する。

さらに、スイミング中は、陸上運動とは異なる力が体に対して働いている。それは「浮力」と「水圧」と「抵抗」。これらがあることによって、スイミングは陸上でおこなうスポーツ以上に健康的なスポーツになるのだ。

体重による負担がなく筋力強化にも役立つ

浮力が働くので、ジョギングのように膝を痛める心配がない。太った人でも関節に体重の負担がかからないからだ。また、常に体に水圧がかかるため、呼吸をするだけでも呼吸筋が強化される。水圧で全身の血液が心臓に戻りやすくなるため、運動中でも心拍数があまり上がらないという特徴もある。さらに、水中では4種類の水の抵抗がかかり、それが負荷になって筋力強化につながる。水の抵抗は運動に見合って大きくなるため、体に無理な負担がかからないことも利点だ。

POINT!

水温により上がるエネルギー消費量

水の熱伝導率は高く、体から熱を奪うため運動以外でのエネルギー消費量が増える。少ない運動で消費カロリーが高いのはそのためだ。

水中では体に対して、
陸上にいるときと異なる力が働く

浮力

体に余計な負担がかからない

浮力のせいで、体重が陸上の10%前後に。膝や腰に負担がかからないうえ、陸上で姿勢を維持するための筋肉も重力から解放される。

形状抵抗 造波抵抗 粘性抵抗 うず抵抗

運動に見合った負荷が得られる

水の抵抗は、速く動けば大きくなり、ゆっくり動けば小さくなる。自分の筋力に合わせ、負荷の大きさを自由に調節できる。

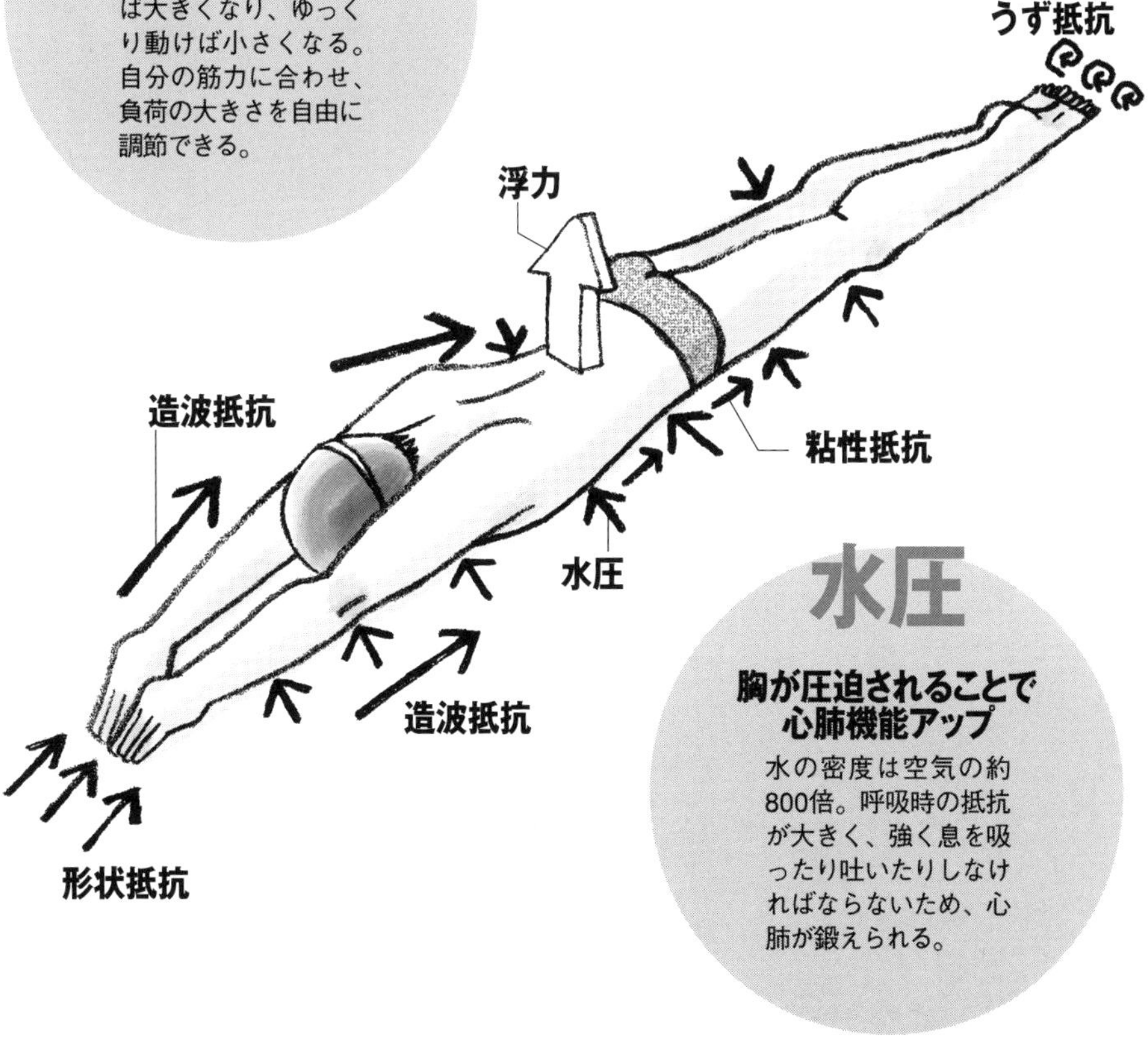
うず抵抗
浮力
造波抵抗
粘性抵抗
水圧
造波抵抗
形状抵抗

水圧

胸が圧迫されることで心肺機能アップ

水の密度は空気の約800倍。呼吸時の抵抗が大きく、強く息を吸ったり吐いたりしなければならないため、心肺が鍛えられる。

スイミングの基礎知識 ❷

水着からスイムキャップまで。道具選びも楽しみのひとつ

着心地で選ぶなら フィットネススイム用

スイミング用水着のデザインが大きく変わってきた。かつては水の抵抗を小さくするため、かなり露出度が高く、体の線を強調するデザインだったが、現在は太ももまで覆うようなタイプもある。「露出はちょっと……」と抵抗を感じる人にも着やすいデザインが多い。

素材もさまざま。競泳用は体にタイトにフィットするため、慣れない人には少々きつく感じられるかもしれない。その点、フィットネススイム用は伸縮性が高く、着心地の点ではなじみやすいといえるだろう。

スイムキャップは必須 ゴーグルも着用がベター

スイムキャップは、ほとんどのプールで着用が義務づけられている。メッシュタイプやシリコーン製が一般的だ。メッシュタイプは頭がむれないのが長所だが、水の抵抗はやや大きくなる。シリコーン製はむれるのが欠点だが、水の抵抗は小さい。水を通さないため塩素から髪を守ってくれるという長所もある。

ゴーグルは必須ではないが、着用したほうが水中で周囲がよく見えて安全。目を保護するためにも着けたほうがいい。

POINT!

どんなスイマーになりたいか考えて

大会出場やレベルアップを目指すなら機能性抜群の競技用を、エクササイズとして泳ぐなら着心地のよさを追求したものを選ぶといい。

必須アイテム3点セットは、自分の泳ぎ方に合わせて選ぶ

素材は主に3種類 好みに合わせて選ぶ

メッシュや2WAYトリコット素材（水着と同タイプの素材）など。頭にフィットし水を通さない素材として、シリコーン製やラテックスゴムのタイプも。

ジャストサイズはどうやって選ぶ？

実際にプールに入ると、水を吸って若干生地が緩むものが多い。少しタイトなサイズを選ぶといい。

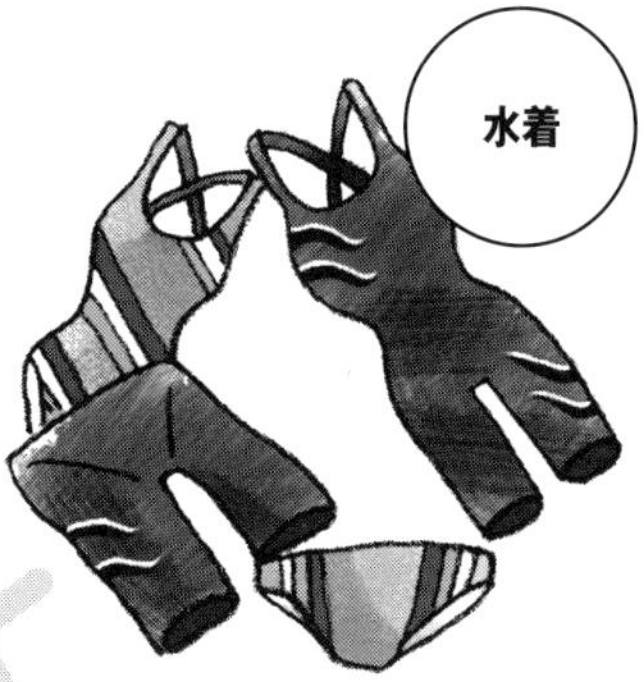

用途により異なるため 何を重視するか考えて

速く泳ぐのが目的なら、競泳用を。抵抗の少ない生地や、体を覆うタイツ状など、さまざまなタイプがある。着心地重視なら、より生地が柔らかく伸縮性のあるフィットネススイム用を。

髪の長い人が上手にかぶるには？

後頭部でまとめてから前に持ってきて、後ろからキャップをかぶせるようにする。

クッションなしから 度付きまでさまざま

通常は、肌に触れる部分にクッションがついているが、競泳用としてそれがないものもある。レンズが小さく目のくぼみにはめ込むように着ける。目の悪い人向けに度付きもある。

くもり止めのいい方法は？

レンズに油分を残しておくのがポイント。中性洗剤で洗うとくもりにくくなる。

公営プール派？ スポーツクラブ派？ 「行きつけ」プールを作ろう

どちらにもそれぞれ長所と短所がある

スポーツとしてスイミングを楽しむとすると、日常的に泳ぐためのプールが必要になる。考えられるのは「スポーツクラブのプール」と、地方自治体などが管理する「公営プール」である。

料金に関しては、公営プールが安く、スポーツクラブがより高いといえるが、設備に関しては、単純には軍配があげられない。公営プールは競技会開催を目的としたものもあるので、50ｍプールも珍しくない。だが、プール以外のジャグジーやシャワールームなどの設備は、スポーツクラブのほうが充実しているといえるだろう。

自分の泳ぎ方に合わせてプールを選ぶといい

通うプールを探すときは、道具を選ぶときと同じ。まず自分がどんな姿勢で水泳に取り組むか考え、それに合わせて選ぶといい。左の表を参考にしてみよう。

もしくは、平日は遅くまで開いている会社の近くのスポーツクラブ、休日は近所の公営プール、時間があるときは郊外の大きな県営プール、といった具合に、ライフスタイルに合わせ「行きつけ」のプールを何軒か持つのも面白いだろう。

料金や利用時間帯を考えて、ライフスタイルや泳ぎ方に合わせて選ぶ

	公営プール	スポーツクラブ
料金	● 1回の利用につき、500円前後。	● 会員制の場合がほとんど。フルタイム会員なら1万～1万5000円前後／月。ナイトタイム会員など、時間帯限定で利用する場合は、7000～1万円前後／月。
時間帯	● 2時間制が一般的。混む時期以外は、時間制限のないプールもある。 ●「夕方5時まで」など、わりと早く閉館。ビジネス街などでは、遅くまで営業（夜9時までなど）する場合も。	● ビジネスマンの利用客を見込み、遅くまで営業している場合が多い。
特徴	● 国体などのために作られた県営施設は、コースの長さや数が充実している。 ● プール以外の施設が少ない。 ● 土日や夏休み期間は、子どもを中心に利用客が増えて混雑する。	● プール以外に、ジムなども楽しめる。 ● クラブが主催する教室に参加できる。ただそのために、時間帯によっては自由に泳げるコースが限られることも。 ● タオルなどを完備している場合が多い。

スイミングの基礎知識 ④

持ち物はポーチひとつでOK。仕事帰りにひと泳ぎ

水泳に必要なものは意外に少ない

スイミングに必要な道具は、水着とスイムキャップとゴーグルだけ。軽いし、小さい。これだけなら持ち歩いても負担にならない。

スポーツクラブのプールは、タオルもシャンプーも完備しているのが普通。これだけ持っていれば、いつだって泳ぐことができるわけだ。

公営プールの場合、問題となるのはタオルだが、スイムタオルなら小さくたためるので、持ち運びにも便利。密度の高いスポンジのような素材でできていて、ぺらぺらの薄さだが、体の水分を吸い取る機能はすぐれている。絞るだけでほぼ乾いた状態になるので、1枚あればタオル何枚分もの働きをしてくれる。

いつも持ち歩いて時間があったら泳ぐ

必要な道具をコンパクトにまとめておけば、職場に持っていき、仕事帰りに泳ぐこともできる。いつも持ち歩いていれば、ちょっと時間ができたときに、プールに行くことだって可能だ。

持ち物を小さくすることで、スイミングはもっと身近なスポーツになるし、もっと楽しむことができるだろう。

POINT!

最近の施設では設備が充実している

スポーツクラブはもちろん、最近では公営プールも設備が充実。身に着けるもの以外、貸し出してくれる場合が多い。

基礎知識

スイムタオルと3点セットがあれば、いつでもプールに出かけられる

この基本セットに加え、たとえば、水虫の人は、足拭きタオル（バスマットを介して他の人にうつる場合があるため）を持っていくなど、自分なりの持ち物を検討してみよう。

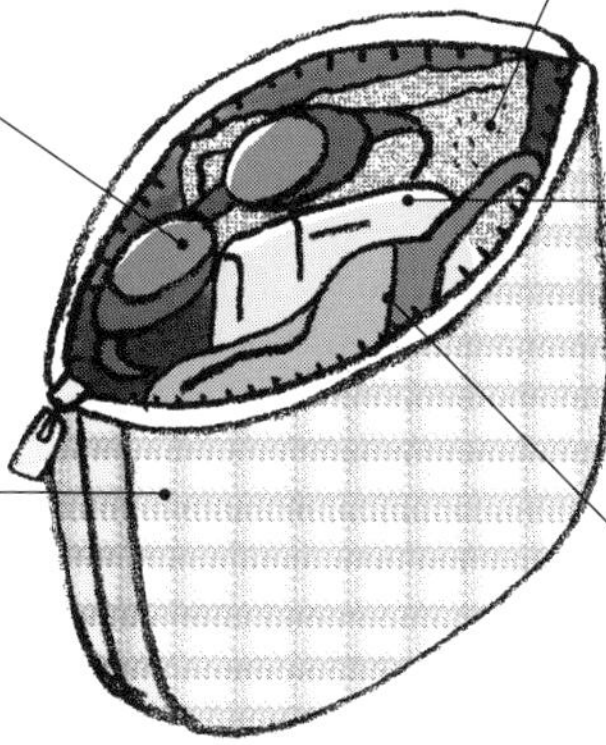

スイムタオル

高密度のスポンジのような素材。絞るとすぐ乾いた状態になる。

ゴーグル

くもり止め加工がしてあるものは、傷がつきやすい。ケースに入れて持ち歩く。

スイムキャップ

絶対着用が義務づけられている。忘れると水に入れないので注意。

水漏れしない素材のポーチ

濡れた水着をそのまま持って帰れるよう、水漏れしない素材のポーチに、ひとまとめにしておく。

水着

体に合ったもの（15ページ参照）を、小さくたたんで入れておく。

スイミングの
基礎知識
5

泳ぎ始める前にかならず、健康状態をチェックする

POINT!

油断は禁物。自主的な判断を

水中でおこなう運動なので、何かあったときの危険度は高い。少しでも気分がすぐれないときは、中止したほうが安全だといえる。

体調が悪いときには無理をして泳がない

スイミングは全身を使うなかなかハードな運動。健康状態に問題があるときには基本的にやめたほうがいい。

控えたほうがいいのは、かぜをひいているときや飲酒の後、睡眠不足のとき、吐き気がするとき、めまいがするとき、どうきがするとき、血圧が高いとき、耳の炎症があるときなど。常識で考えても当然だろう。泳ぐことで症状を悪化させてしまうかもしれないし、思わぬ事故につながる危険性もある。「これくらいなら大丈夫……」と軽く考えず、慎重に健康状態を見極めよう。

小さな傷くらいなら神経質にならなくていい

傷がある場合は、小さなものなら気にしなくていい。最近のプールは水質もきれいだし、絆創膏を貼っておけば問題はない。泳いだ後に患部を消毒し、新しい絆創膏に替えればいい。患部を濡らさない防水機能を持つ絆創膏もあるので、そういったものならさらに安心だ。

体調が悪いときには泳がないのが原則だが、肩こりだけは例外。腕を大きく動かし続けるため、血行がよくなって肩こりが解消することもよくあるようだ。

コンディションは万全に。こんなときは水泳を控えよう

吐き気

激しい運動で、吐き気がひどくなる場合が多い。無理しないように。

過度の睡眠不足

体を意思どおりスムーズに動かせないようなら、泳ぐのは危険。

飲酒後

血流が速くなった状態での運動は危険。ほろ酔い気分でも避ける。

かぜ

水に入ることで体が冷える。安静が基本のため、原則的に中止する。

耳の炎症

中耳炎など。症状によっては耳栓をして泳げる場合も。医師に相談。

高血圧

問題ない場合もあるが、泳ぐ前に確認。数値が高ければ控えて。

どうき

長時間泳ぐと、多少なりとも心臓に負担が。避けたほうが安全。

めまい

水泳中に平衡感覚をなくすと大変危険。水中歩行などにとどめる。

平井先生のワンポイントアドバイス

泳ぎ始める前は、空腹でも満腹でもよくないな

極端に空腹の状態や、食事直後の満腹状態で泳ぐのは感心しないな。空腹状態での激しい運動は不整脈の原因になるとも言われているんだ。ジュースや甘い飲み物で血糖値を上げておくといいね。

スイミングの基礎知識 6

着替えからシャワーまで。入水前のエチケットを厳守する

危険防止のためにアクセサリーははずす

プールに入る前には、自分の健康状態をチェックしておこう。最近は、血圧計などセルフチェック用の機器が備わっているプールが増えてきた。

水着に着替えるときには、アクセサリー類も忘れずはずしておく。水中に落ちたピアスなどは、誰かが踏んでケガをする危険性があるし、石のついた指輪は泳ぎながら周囲の人を傷つけるかもしれないからだ。コンタクトは、ゴーグルに水が入ってなくしてしまう場合もあるため、注意する。

次が準備運動。水泳中の事故やケガを避けるためには、欠かせないものだ。全身のストレッチングと一緒に、関節を柔らかくする体操をおこなっておこう。

プールの水質を保つためきちんとシャワーを浴びる

一人一人がきちんとシャワーを浴びないと、プールの水質悪化を招くことになる。快適なスイミングのためには、手を抜きたくないマナーだ。

プールに入る前には、キャップとゴーグルをきちんと着用する。いきなりとびこんだりせず、水深を確認してから入るようにしよう。

POINT!

同じ水を共有する人のことを考えて

水泳は陸上のスポーツと異なり、大勢の人間が同じ水を利用している。自分の不注意で他の人に迷惑をかけないよう、気配りが必要だ。

施設の決まりに従って、水泳のための準備を整える

START

その日の体調をチェックする

プールによっては、血圧計を備えているところも。健康チェックは自主的におこなう。

着替える

ピアスや指輪などは、落とすと危険。忘れずはずしておく。

準備運動をする

ケガ防止のために、ストレッチング（168ページ参照）などをおこなって、体をほぐそう。

シャワーを浴びる

汗や整髪料をしっかり洗い流す。女性の場合は、化粧を完全に落とすことを忘れずに。

キャップとゴーグルを正しく着ける

髪がキャップに納まっているか、ゴーグルのベルトがねじれていないか、などの確認を。

水深を確かめてプールに入る

いきなりとびこむのは危険。水深をちゃんと確認しながら、足から静かに入る。

スイマーの心得 ①

正しく利用するために マナーと決まりを知っておく

安全に利用するため スタッフの指示に従って

プールで多くの人が快適にスイミングを楽しむためには、守らなければならないマナーや決まりがある。

大原則は、監視員やスタッフの指示に従うということ。決められた時間に休憩タイムが設けられるなど、そのプールだけのルールもある。指示があった場合には素直に従うようにしよう。

プールに用意されているビート板などは、通常は自由に使うことができる。ただし、使い終わったら元の場所に戻すのがマナー、使うときにはスタッフに一声かける気配りがあるとなおいい。

コースで泳ぐときは ルールを確認しよう

スイミング用のコースがある場合、往復できるコースがほとんどだが、一方通行の場合もあるので注意したほうがいい。泳ぎ始める前に、そのコースのルールを、きちんと確認しておきたい。

コースロープを張っていないフリースペースは、基本的に長い距離を泳ぐための場所ではない。レーンが混んでいるからといって、プールを往復するような泳ぎ方をしていると、ひんしゅくをかうことになる。

POINT!

パドルやフィンは原則として禁止

手にはめて水かきのように使う「パドル」や足につける「フィン」など道具の持ち込みは禁止の場合が多い。使いたいときは確認を。

皆が気持ちよく水泳を楽しめるよう、正しいプールの利用法を覚える

ビート板などの浮き具類は自由に使用できる

浮き具類は基本的に自由に使ってよいが、スタッフに一声かけておくと安心。

スタッフや監視員の指示に従って

プールには安全管理のためのスタッフがいる。公営プールでは、休憩時間を義務づけたりすることも。指示に従い、分からないことは尋ねてみるといい。

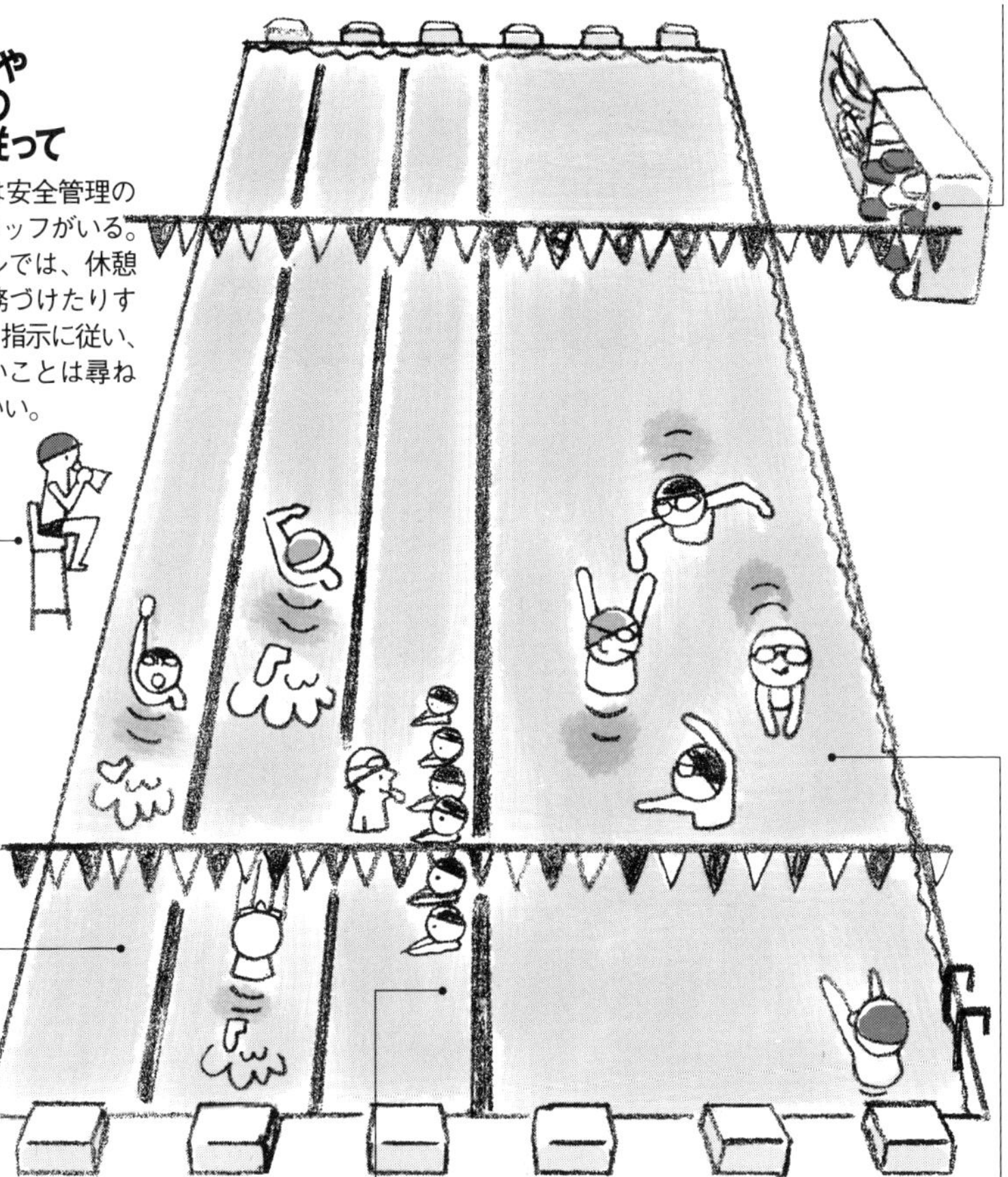

コースでは進行方向どおりに泳ぐこと

ほとんどのコースは右側通行だが、まれに一方通行の場合も。進行方向を守って泳ごう。

教室を開いているコースには勝手に入らない

スポーツクラブでは、時間帯により教室専用のコースが設けられる場合も。勝手に入らないように。

フリースペースでのトレーニングは控えよう

いろんな楽しみ方ができるスペース。人が少なければいいが、集中して泳ぎたいならコースの中で。

スイマーの
心得
②

これでスイマーの仲間入り。コース内の作法を身につける

基本は右側通行で追い越し禁止

ロープで区切られたコースで泳いでみよう。ただ、コースには暗黙の了解があるので、基本だけは覚えておくといい。

1つのコースで往復する場合、右側通行のことが多い。そして、追い越し禁止が原則。前を泳ぐ人が遅いとイライラすることもあるが、無理な追い越しは危険をともなうので守るようにしたい。

また、混雑時には、バタフライや背泳ぎは慎むべきだろう。バタフライは腕を戻してくるときに横を泳ぐ人にぶつかる危険性があるし、背泳ぎは蛇行して迷惑がかかることがあるからだ。

よほどの自信がなければ初心者コースから始める

コースは、初心者向け、上級者向けなどに分かれていることが多い。どちらで泳ぐべきか迷ったら、泳いでいる人たちのレベルを見て判断しよう。ただし、よっぽど自信があるなら別だが、そうでもない場合には、初心者コースから始めたほうが無難かもしれない。

コースを選ぶ基準は、泳ぎがうまいかどうかではなく、あくまでスピードだ。自分の泳ぎがそのレーンの流れに乗っているかどうか、ときどき確認しておこう。

POINT!

コース選びが最も大切だ

泳ぎ慣れしていない人が陥りやすいミスは、コース選び。多少余裕を持って泳げるところから入り、まわりのレベルを見て移動を。

コースには暗黙の了解がある。他のスイマーに迷惑をかけないよう配慮する

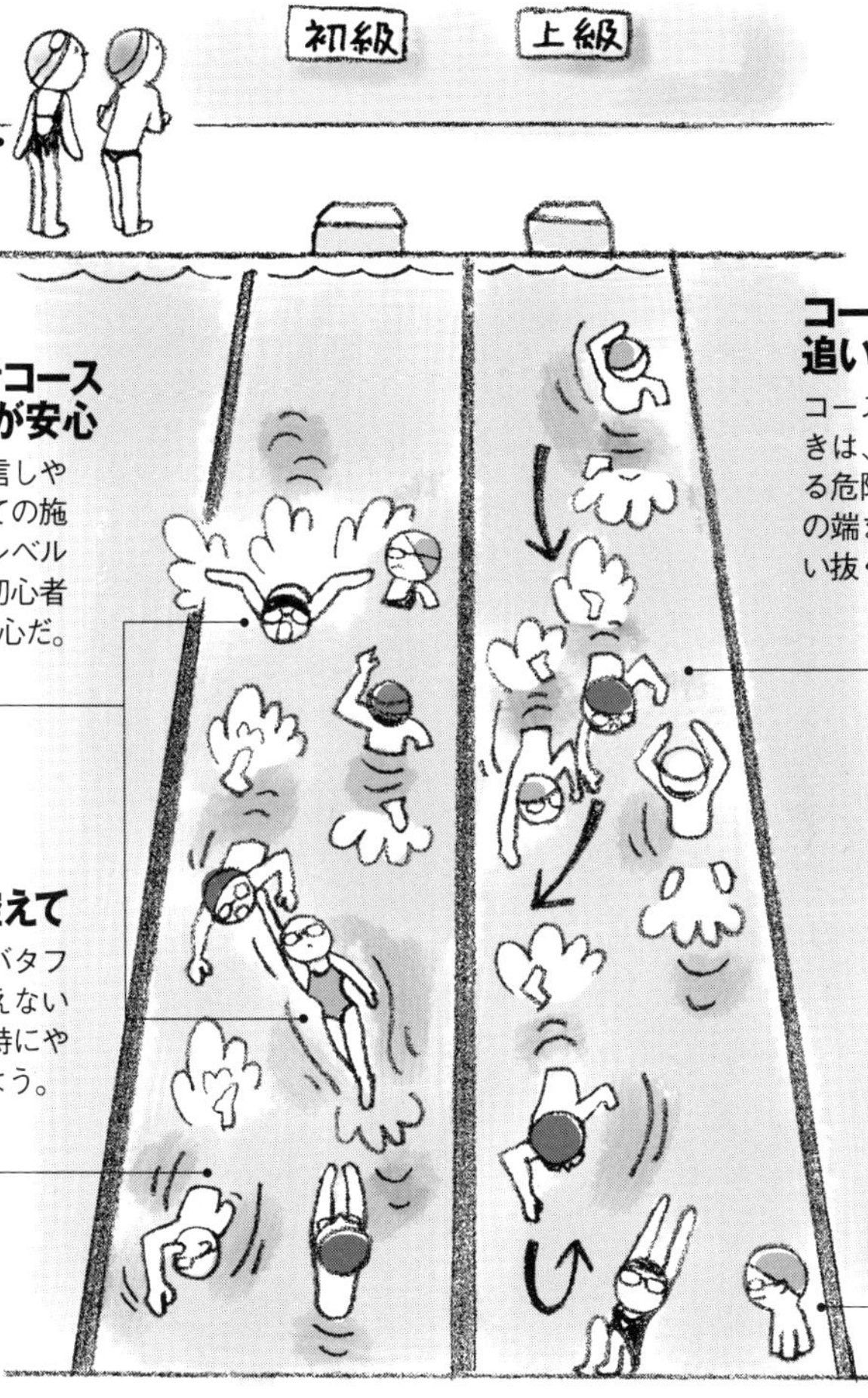

最初は初心者コースから入るほうが安心

自分の泳力は過信しやすいうえ、初めての施設ではコースのレベルが分からない。初心者コースのほうが安心だ。

バタフライや背泳ぎは混雑時には控えて

横に手を広げるバタフライや、前が見えない背泳ぎは、混雑時にやると危険。避けよう。

コース途中での追い越しは禁物

コース途中での追い抜きは、対向者と衝突する危険が。必ずコースの端まで行ってから追い抜くこと。

前の人との間隔は約5mは空ける

衝突事故を避けるため、前の人との間隔はじゅうぶんとる。ときどき顔を上げて確認を。

追い抜かせるときは端に寄る

後ろが詰まっていないか常に気を配って。追い抜かせるときは、コースの途中で止まらず、端まで来てから、脇に寄ること。

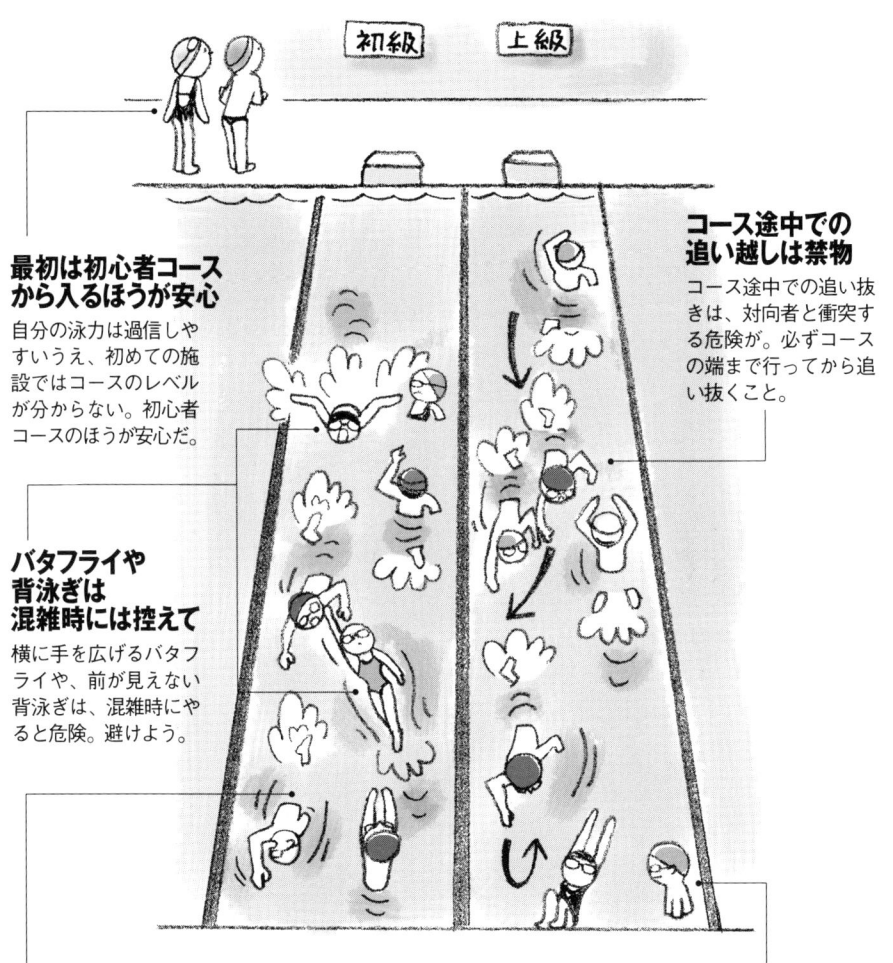

スイマーの心得 ③

自分のフォームは確認しづらい。正しい泳ぎは「感覚」で覚える

形よりも感覚を大切にしよう

自分がどんな泳ぎをしているのかは、誰でもけっこう気になる。ジョギングなど陸上のスポーツと違い、自分の手足の動きを見づらい。そのためちゃんと泳げているのだろうか、と気になってしまうのだ。

だが、泳ぎを上達させるためには、形にこだわるよりも、自分の感覚を大切にしたほうがいい。たとえば、手でかくときに、手のひらで水をしっかり感じているか。バタ足を打つときに、太ももから動かしているか。お腹や足など、余計なところに水の抵抗を感じることはないか。

このような感覚にこだわるほうが、形から入るよりも、実は上達が早いのだ。

ビデオで撮影すれば簡単に確認ができる

もっとも、協力してくれる人さえいれば、泳いでいるところをビデオで撮影するのは難しくない。水中の撮影は無理だとしても、水上に出ている部分を見ることはできる。

また、プールによってはスイムミラーを備えていることがある。泳ぎながら水中で自分の姿を見ることができる鏡で、フォームの矯正には大いに役立つ。

平井先生のワンポイントアドバイス

泳ぎの大きさを、自分でチェックしてみよう

泳ぎの大きさについてもチェックしておくといい。やり方はいたって簡単。25mを泳ぐのに何ストロークかかっているか、数えておく。初心者のうちは、大きくゆったりとした泳ぎを身につけることを心がけてほしいね。

マナー&注意点

スイマーの心得 ④

目標は1回で1000m。長く泳ぐための秘訣とは

ゆっくりペースを守り苦しさを乗り越える

運動としての効果を考えるとき、ベストな距離は人それぞれ。自分の泳力やその日の体調と相談して、決めるべきだろう。ただ、「途中に休みを入れてもいいから、プールに来たら１０００ｍ泳ぐ」という具合に、一つの目標を持っておくことは、トレーニングの励みにもなるからおすすめだ。

長く泳ぐためには、ゆっくり正確に泳いだほうがいい。しかし、正しい泳ぎをしていても、最初はあまり快適ではなく、３００ｍあたりで苦しくなるはずだ。ここで休憩する人が多いが、我慢して泳ぎ続けると、楽になる状態が訪れる。これがセカンドウインド。この状態に達すれば、大幅に距離を延ばせるだろう。

足を使いすぎない泳ぎを覚えよう

長く泳ぐのにはクロールが最適だが、初心者のクロールはキックに頼りすぎていて、足が疲労してしまうことが多い。長く泳ぐには、キックに頼りすぎない泳ぎを身につける必要があるだろう。

泳法を変えると、使われる筋肉が変わるので楽になる。クロールを中心に、平泳ぎや背泳ぎを入れてみるといい。

POINT!

スピードよりも正確さを大切に

少し泳ぎのコツがつかめるとスピードを出したくなるものだが、焦りは禁物。正確に長く泳ぎ続けるほうが、運動としては効果的だ。

5つのポイントを押さえれば、誰でも長く泳ぎ続けることができる

Step1

いろいろな泳ぎ方をする

一つの泳法で泳ぎ続けると、同じ筋肉を同じように使うため、疲れやすくなる。いろいろな泳ぎ方をしよう。

↓

Step2

足の運動をがんばらない

泳ぎ慣れていない人は、キックに力が入りがち。速く強く蹴ろうとして体力を使ってしまう。小さく控えめに蹴ろう。

↓

Step3

最初はゆっくり泳ぐ

最初から全力で泳がない。しばらく泳いでいるうちに、体が水に慣れてきたと感じたら、徐々にスピードを上げる。

↓

Step4

セカンドウィンドまでがんばる

泳力によって違うが、300m前後で苦しさのピークが来る。ここを乗り切ると、楽になる（セカンドウインド）。

↓

Step5

休みを少しずつ入れる

「絶対足をつかない！」などと力まず、短い休憩を時折入れる。力んで泳ぐほど、長く休みたくなるので注意。

スイマーの心得 5

ペースクロックで心拍数を測り、体に合ったペースを見つける

プールサイドの時計をうまく利用しよう

プールサイドには大きな時計がある。ペースクロックと呼ばれるもので、タイムを測りながらトレーニングする場合に使われる。

このペースクロックを使って、泳いだ後の心拍数を3回のタイミングで測定しておくと、トレーニングの強度を客観的に知ることができるし、どのくらい体にダメージがあったかも判断することができる。心拍数を数えるのは、胸に手を当てる方法でもいいし、手首や首筋の脈拍を数えてもいいだろう。

3回目の数値が高いのはダメージが大きい証拠

心拍数を計測する3回のタイミングは、泳ぎ終わった直後の10秒間と、30～40秒後の10秒間、60～70秒後の10秒間。この3つの心拍数を合計した数値が高いほど、そのトレーニングの強度が高かったということになる。自分にとって、どの程度の数値が妥当なのか、把握しておくといいだろう。

もう一つ注目すべきは、3回目の心拍数。これがあまり落ちないときは、乳酸という疲労物質が筋肉にたまって、ダメージが大きいことを物語っている。

泳ぎ終わった直後から3回測定。下がり具合を観察しよう

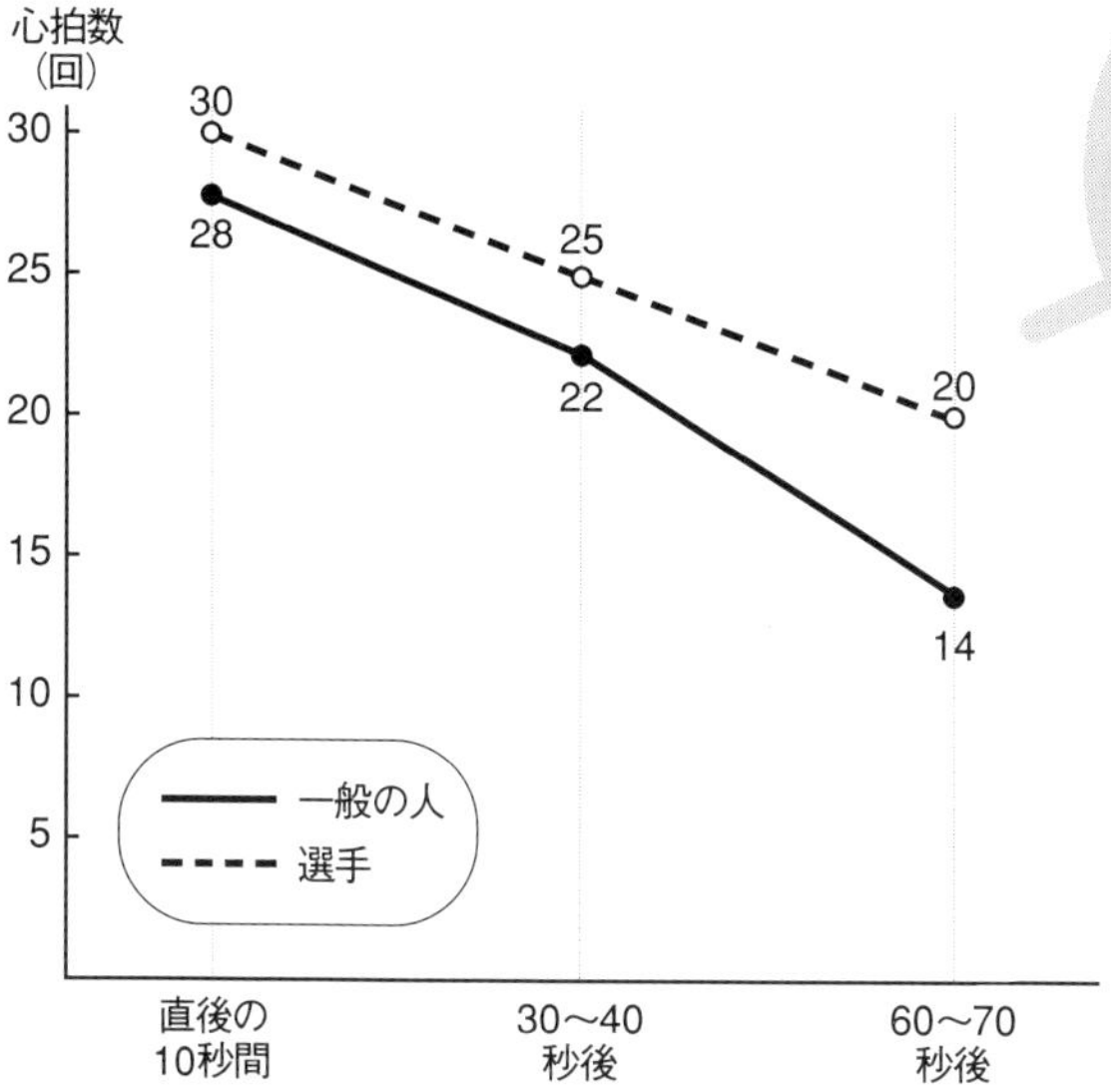

3つの数字の合計が高いほど、トレーニングが激しかったということ。泳ぐペースや距離を考えるときの目安にするといいだろう。

20秒おきに、10秒間の心拍数を測ってみる

まず泳ぎ終わった直後、10秒間の心拍数を測る。20秒置いてまた10秒間、さらに20秒置き10秒間、という間隔で測る。左のグラフが基準値だ。

マナー&注意点

スイマーの心得 6

水泳によって減る体重のうち99%は水分だ

水の中にいるのに体内の水分は不足する

スイミングも他のスポーツと同じで、長時間続ける場合には水分補給が必要になる。水の中にいるのに、水分を補給せずに泳ぎ続けると、体は脱水状態に陥ってしまうのだ。

水分が失われる最大の理由は汗をかくため。プールの中にいると気づかないが、スイミングのような運動量の多いスポーツをしていれば、当然のことながら、たくさんの汗をかいている。体内水分が不足する前に、こまめに給水していくことが大切なのだ。

理想的な飲み物は薄めたスポーツドリンク

飲むのは水かスポーツドリンクがいいだろう。スポーツドリンクはミネラルや糖分が摂れるが、体脂肪を落とすために泳ぐのなら、ノンカロリーのものがいい。糖分が多いと胃にとどまって吸収に時間がかかるので、甘い飲み物は水分補給には向かない。スポーツドリンクも、少し薄めたもののほうが吸収が早い。

飲み物の温度は、常温よりも冷たいほうが吸収がいい。ただ、水中で体が冷えているので、冷たすぎるものは避けたほうがいいだろう。

POINT!

喉が渇いたと思う前に水分補給を

水が欲しくなった時点で、すでに体の中からはかなりの水分が失われている。喉が渇かなくても、こまめに口にする習慣をつけよう。

体に足りないものを補いながら こまめに少しずつ摂取する

水分と一緒に ミネラル分を摂る

発汗により、体の塩分も失われる。カリウムなどのミネラル分を一緒に摂取できるスポーツドリンクを、水で薄めるといいだろう。

一度に摂る量は ほんの一口でいい

一気にたくさん飲むと、腹痛や下痢の原因に。一口ずつにし、その分回数を増やしてこまめに摂るように。

常温よりも少し冷たい くらいのものを選ぶ

水中では体温が下がりやすいため、飲み物で体を冷やす必要はない。常温か、少し冷たいくらいのものを。

スイマーの心得 ⑦

足がつっても慌てずに。よくあるトラブル解決法

POINT!

焦らずゆっくり伸ばすことが大切

足がつったときは、ゆっくり伸ばすことが大切。急に伸ばしたりすると、筋肉を傷めてしまうことがあるので注意が必要だ。

足がつるのは準備運動不足が主な原因

スイミングで起こるトラブルといえば、最もポピュラーなのは足がつることだろう。足がつるという現象は、筋肉がけいれんすることで起こる。多くはふくらはぎの筋肉に見られる。いわゆる、「こむらがえり」と呼ばれるものだ。激しい運動をした場合、ごくまれに太ももに起こることもある。この場合はこむらがえりより、もっと強い痛みをともなう。

原因はさまざまだが、じゅうぶんなウォーミングアップをしないで泳ぎ始めたこと、冷たい水で筋肉が冷えたこと、筋肉を酷使したことなどが考えられる。

プールサイドに上がり筋肉を伸ばす応急処置を

では、泳いでいる最中に足がつったら、どうしたらよいか。軽いものならその場で立って処置をしてもよいが、プールサイドが近ければ、上がってから処置を。水の中ではバランスをとりにくいため、適切な処置がしにくいからだ。

応急処置としては、けいれんしている筋肉をゆっくり伸ばす。ふくらはぎの場合なら、床にすわって足を伸ばし、つま先を手前に引き寄せるようにすればいい。

痛みがどの程度あるかによって臨機応変に対処法を変える

足がつった!!

軽い場合

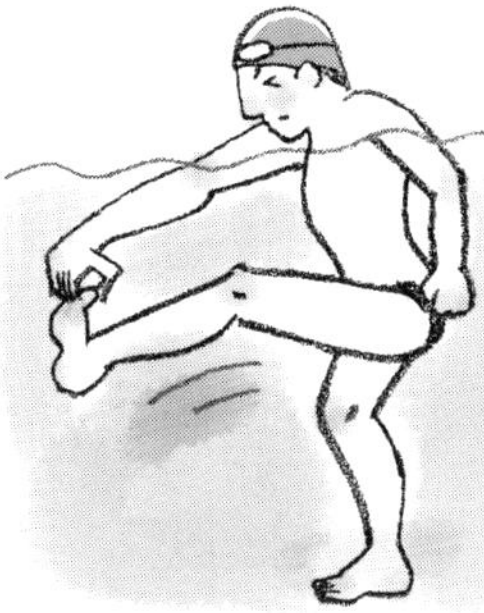

足がつく場合はその場で対処を

つま先を持って筋肉を緩め、ゆっくり伸ばす。余裕を持って立てる深さでなければ、水から上がって対処しよう。

重い場合

プールサイドまで辿り着いて

太ももがつると激痛が。焦らず片足で立ち、手でかきながらゆっくりプールサイドへ。

ジャグジーなどでよく温めよう

筋肉を時間をかけてほぐした後は、毛布で覆ったり、ジャグジーに入るなどして温める。

どちらにせよ、泳ぐ前に足のストレッチ（P172参照）を念入りにやっておくことが、一番の予防策だ

平井先生のワンポイントアドバイス

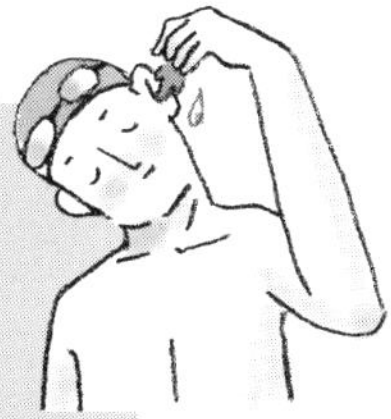

耳に水が入ったら、さらに水を足す。康介はいつもこの方法でやっている

足のつりと同じくらい多いトラブルに、耳に入った水が出ないというのがある。中耳炎につながることもあるから、出してしまったほうがいいな。康介はいつも、耳にさらに数滴水を入れ、それを呼び水にして出しているよ。

おまけの
水中運動

水中運動

簡単水中エクササイズで泳ぐときと異なる筋肉を鍛えよう

ウォーキングで、全身の筋肉をバランスよく強化

　水中エクササイズは泳げない人がやるもの、などと考えないほうがいい。エアロビクス（有酸素運動）なので心肺機能を向上させるし、スイミングとは異なる筋肉を強化することができる。全身をバランスよく強化するには、水中エクササイズを取り入れるといいだろう。

　浮力が働くため、膝などに体重の負担がかからないのが最大の利点。体重がある人でも安心しておこなうことができる。水の抵抗が負荷となるため、ゆっくりした動きなのに、運動強度は意外と大きいのが特徴。やってみるとけっこうきつい。

リハビリから生まれたトレーニング方法

　水中エクササイズは、陸上競技や球技で足などを故障した競技者のリハビリとしておこなわれてきた歴史を持っている。たとえば、膝を痛めた選手が、膝に負担をかけないように運動するには、水中でトレーニングをおこなうのが理想的だったわけだ。こうして、足に負担をかけずに、心肺機能や筋力を維持するトレーニングが開発され、それがフィットネスの分野で取り入れられるようになったのだ。

POINT!

泳ぐときと同様、ゆっくり長く続ける

ダイエットのために取り組むなら、20〜30分で、10〜15往復（25mプールを）を目安に。ゆっくり長く歩くことがポイントだ。

ゆっくりいろいろなポーズで歩き、日頃使わない筋肉を鍛える

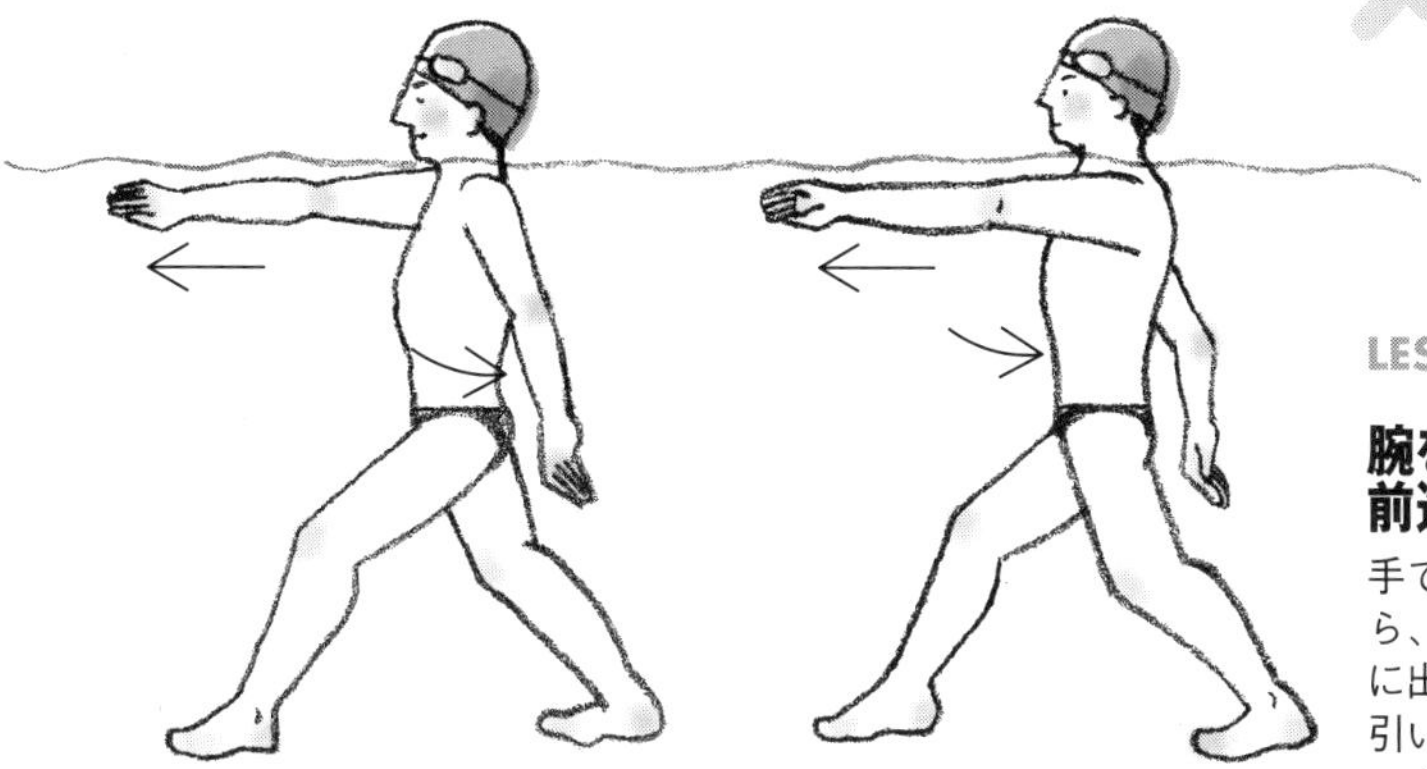
あごを軽く引いて、上体が曲がらないよう意識する

LESSON 1

腕を大きくかきながら前進する

手で水を後方へとかきながら、両足を大きく交互に前に出して歩く。軽くあごを引いて、上体がふらつかないよう注意しながら進もう。

通常の歩行と同じように、かかとからつけて、つま先で蹴る

LESSON 2

一歩ごとに膝を高く上げて前進する

足を前に踏み出すときに、膝を胸に引きつけるようにして高く上げてから下ろす。上体が前かがみにならないよう気をつけて。

LESSON 3

背中を軽く丸め後ろ向きに進む

腰を軽く曲げ背中を丸めた姿勢で、後ろ向きに歩く。前進歩行では、水圧により腰が反り気味になる。腰の負担を解消するため、ときどき後ろ向きを取り入れる。

水圧で腰が伸びる。腰痛のある人にもおすすめ

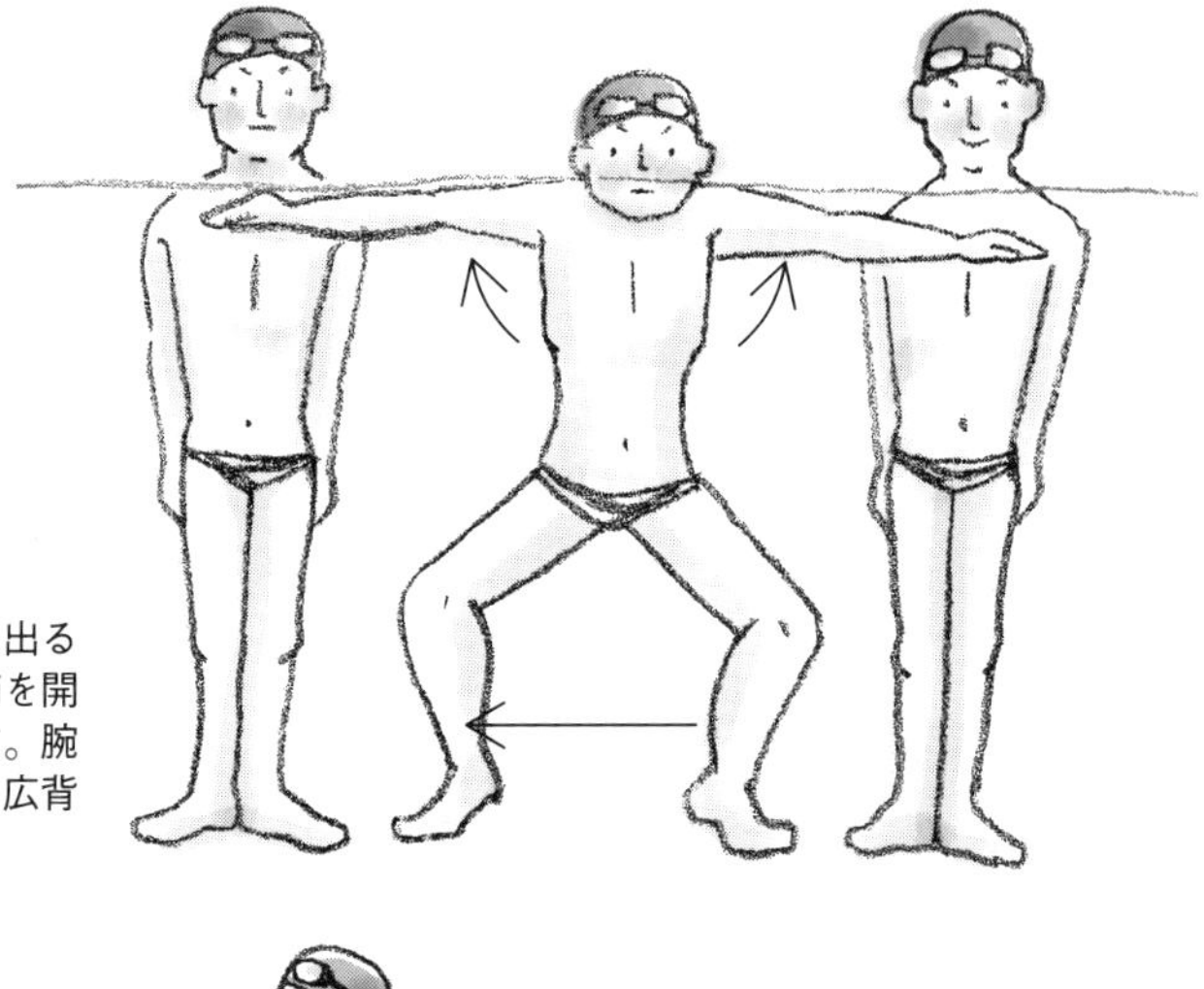

LESSON 4

横向きになって一歩ずつ前進する

一歩ずつ横向きに進む。前に出るときは、腰を落とし、股関節を開くようにして大きく踏み出す。腕は、足に合わせて開閉する。広背筋に効く。

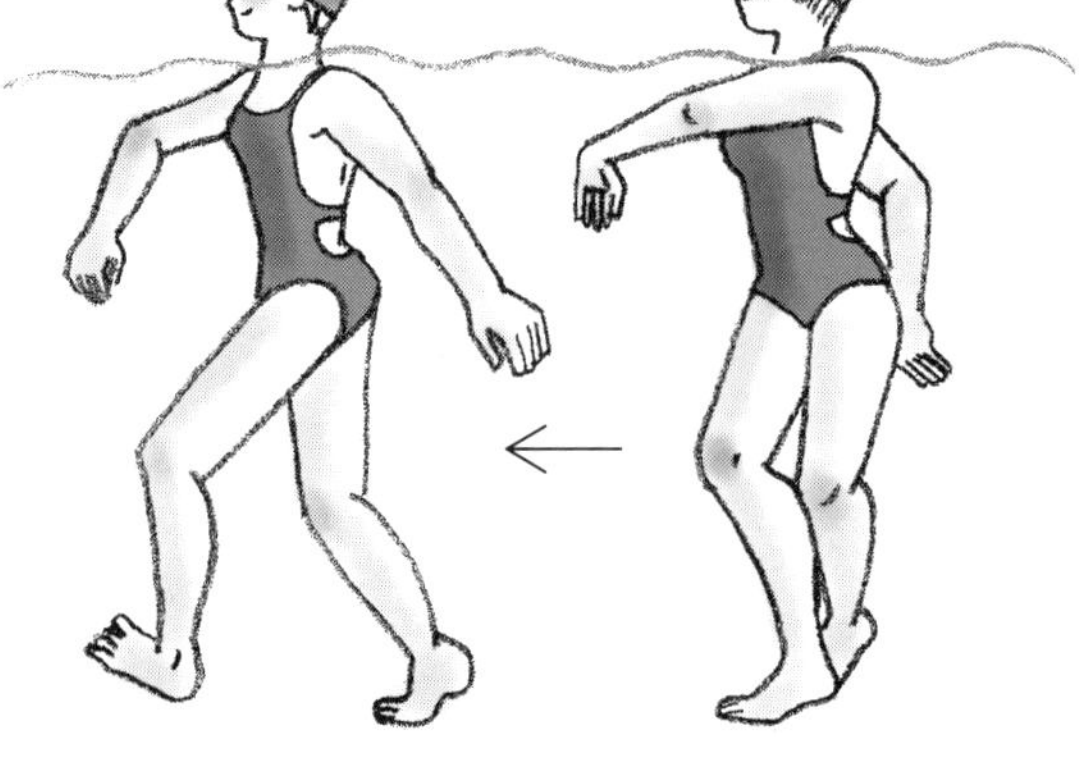

LESSON 5

体をひねりながら前進する

体の中央のラインを意識し、左右交互にまたぐように足を出す。反対側の手で水をかき、上体を反対方向にひねりながら進む。腹筋、背筋の運動に。

LESSON 6

つま先立ちで歩いてみる

かかとを浮かせた状態で、つま先だけを底につけて歩いてみる。特に平泳ぎで使われる前脛骨筋の運動に。

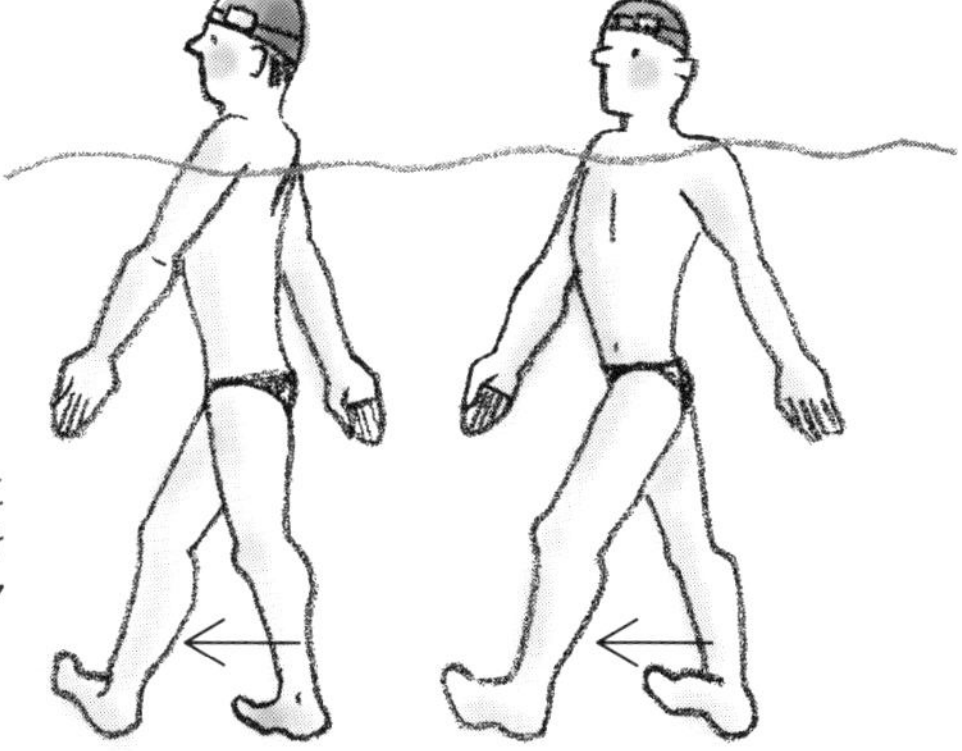

筋や腱に負担をかけるため長くやりすぎない

LESSON 7

かかとだけつけて歩いてみる

6とは反対に、つま先を底につけずにかかとだけをつけて体を支えながら進む。アキレス腱が鍛えられる。

平井先生のワンポイントアドバイス

しっかり泳げるようになるまでは、水中エクササイズで体力アップ

スイミングの初心者は、ダイエット効果が期待できるほど長くは泳げない。そんな人には、泳ぎの技術練習と水中エクササイズを勧めたいね。これで筋力や心肺機能がアップすれば、スイミングにもいい影響があるはずだ。

column

海や川で泳ぐときはベストスポットで

水深や水域によって
水温に差がない
流れや潮流が
ゆるやか。流れが
急に変わるところや、
渦ができやすい
河口近くはNG
海の場合、
遠浅の海水浴場を
選ぶ
水底に凹凸がなく、
安定して立てる
ガラス片やゴミなど、
危険物がない

流れの速さと深さを把握してから泳ぐ

泳ぎの練習は、基本的にプールでおこなったほうがいい。水質もきれいだし、設備も整っているから、安心して練習できる。ただ、ある程度練習を重ねて、泳力がついてきたら、川や海などで練習してみるのも、泳力アップのためには効果的。より水に慣れて、泳ぐことの楽しさを改めて感じることができる。

その際は、安全に泳ぐことができるよう、細心の注意を払うこと。自然の水泳場では、深さや水底の状態、流れの速さなど、水の状態が分かりにくいもの。上の条件を満たすような場所を、あらかじめ探しておくことが大切だ。地元の人に聞いて、危険な場所や泳ぐのに適した穴場を教えてもらってもいいだろう。

第2章
「クロール」を完璧に覚える

一般的に知られる4泳法の中でも、
最も簡単で覚えやすい「クロール」。
ポピュラーな泳法だからこそ、
基礎から見直し、完成度を上げたい

※4泳法とは、クロール、平泳ぎ、背泳ぎ、バタフライの4種を指す

理想の泳ぎをイメージ

最初は腕の力に頼らなくてもいい。手も足もゆっくり動かそう

速く、楽に泳げる最も合理的な泳ぎ方

クロールは、最も速く泳げる泳ぎ方だし、長く泳ぐのに最も適した泳ぎ方でもある。ということは、人間にとって、最も合理的で、最も無理のない泳ぎ方であるといえるだろう。

キックはいわゆるバタ足で、ストロークは左右の腕を交互に回転させる。うまくなると、推進力の約8割はストロークで生み出されると言われるが、初心者のクロールではそうはいかない。腕を動かしていても、推進力の多くをバタ足に頼った泳ぎになるのが普通だ。

POINT!

抵抗が少ない姿勢を身につけておこう

クロール上達のためには、水の抵抗が少なく進みやすい姿勢、つまり「蹴伸び」の姿勢を覚えることが大切。54ページで正しい姿勢をチェックしよう。

平井先生のワンポイントアドバイス

泳いでいるときは前を見ないで、自分の真下を見るように

泳いでいるときに前を見ていると、どうしても頭が上がってしまう。そうすると下半身が沈むし、背中の筋肉も無駄に緊張してしまう。体をいいポジションに保つには、自分の真下を見ることが大事だね。

1

右手を伸ばし、左手を水から抜き上げる

右手を伸ばして水平姿勢を保つ。バタ足を続けながら、左手を肘から抜き上げる。

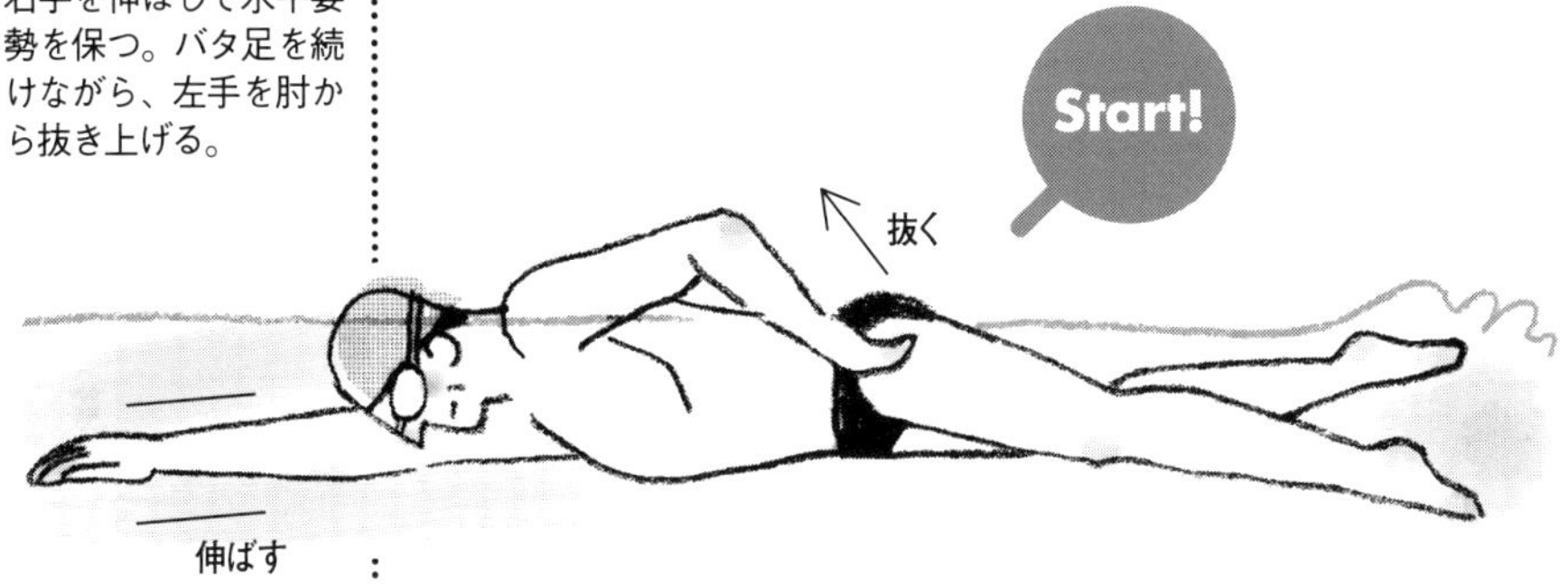
Start!
抜く
伸ばす

2

右手をかき始め、左手を前に持ってくる

右手をかき始める。同時に、抜き上げた左手を、肘の高さを保ちながら前に回してくる。

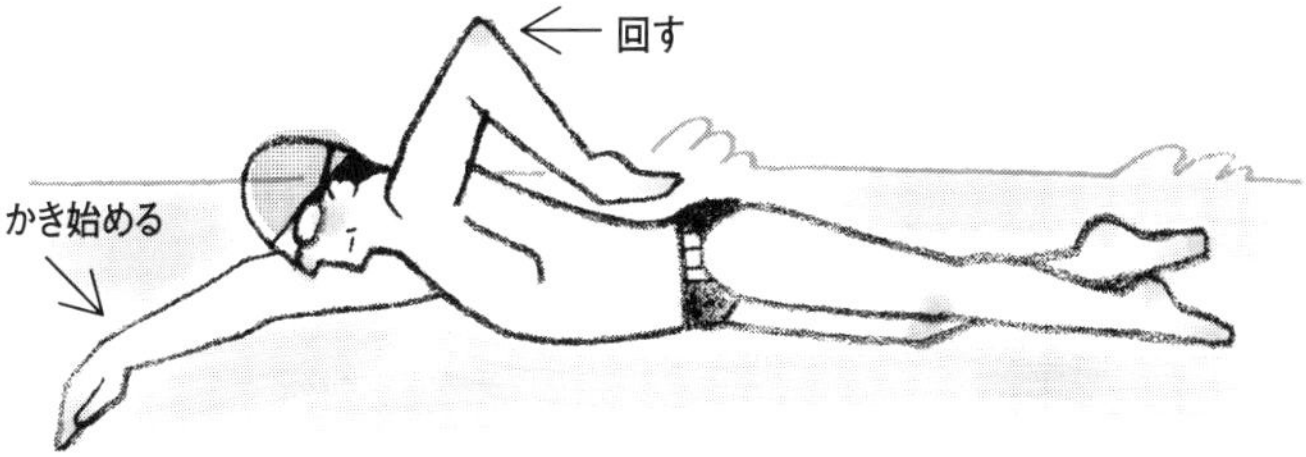
回す
かき始める

3

右手をまっすぐ後ろへかきながら、左手を水に入れる

右手は後方へまっすぐかいていく。前に持ってきた左手を、指先から水に差し込む。

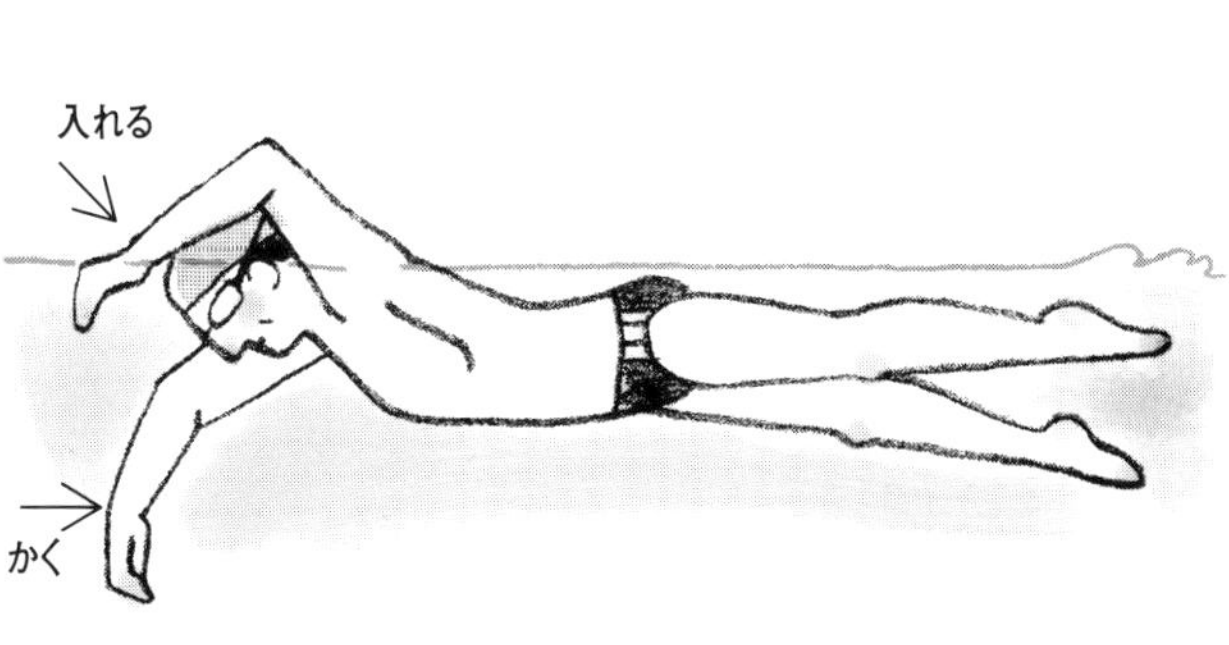
入れる
かく

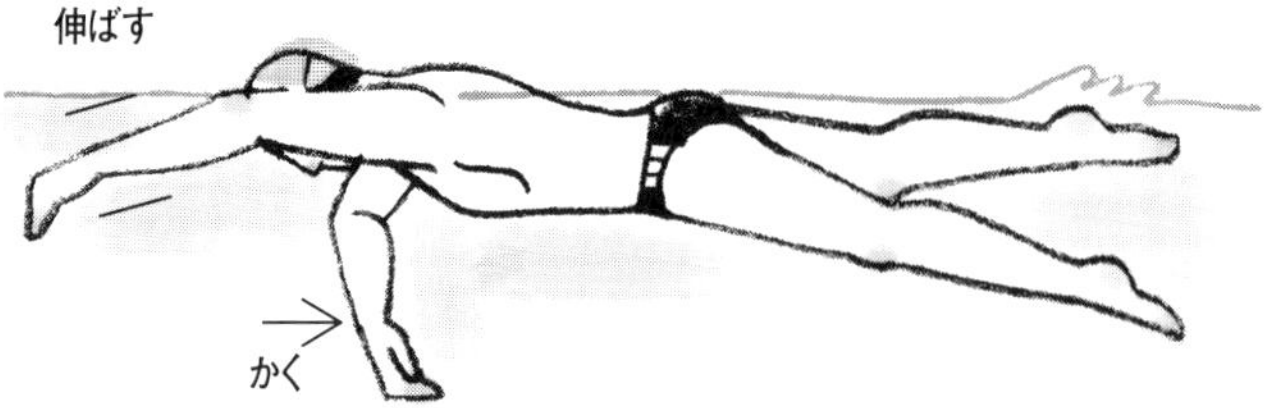

4

右手を かき続けながら、左手を伸ばす

右手で体の真下をかいていく。左手を前方に伸ばし、右手で作った推進力を生かす。

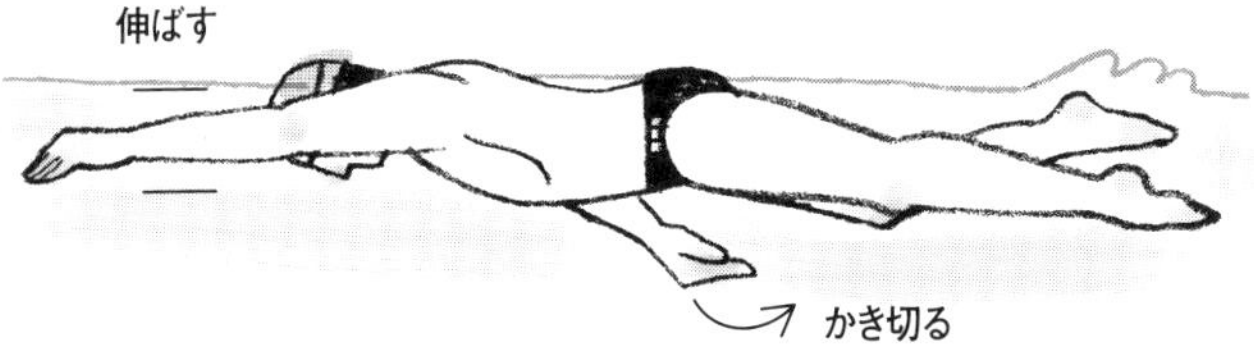

5

左手は 伸ばしたまま、右手をかき切る

左手は伸ばしつつ、右手を、水から抜き上げやすい太ももの付け根あたりまでかき切る。

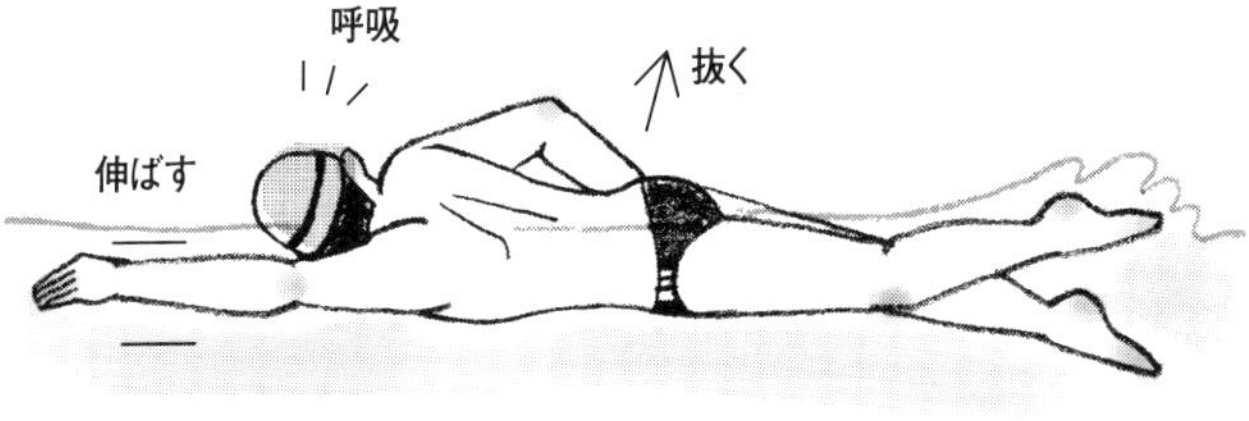

6

右手を水から 抜いて回し始め、同時に呼吸する

かき切った右手を水から抜き上げる。体の傾きに合わせて顔を横に向け、呼吸。

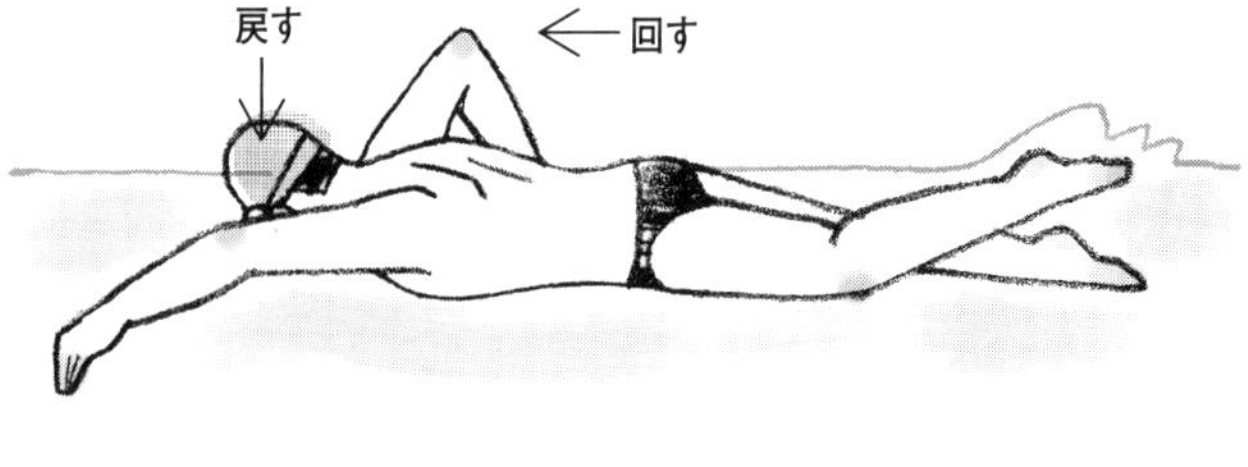

7

顔を戻しながら、右手を前に 回していく

顔を下向きに戻しながら、肘の高さを保ちつつ右手を回して前に持っていく。

8

左手をかき始め、右手を水の中に差し入れる

伸ばしていた左手を、下に向かってかき始める。右手を指先から差すように入れる。

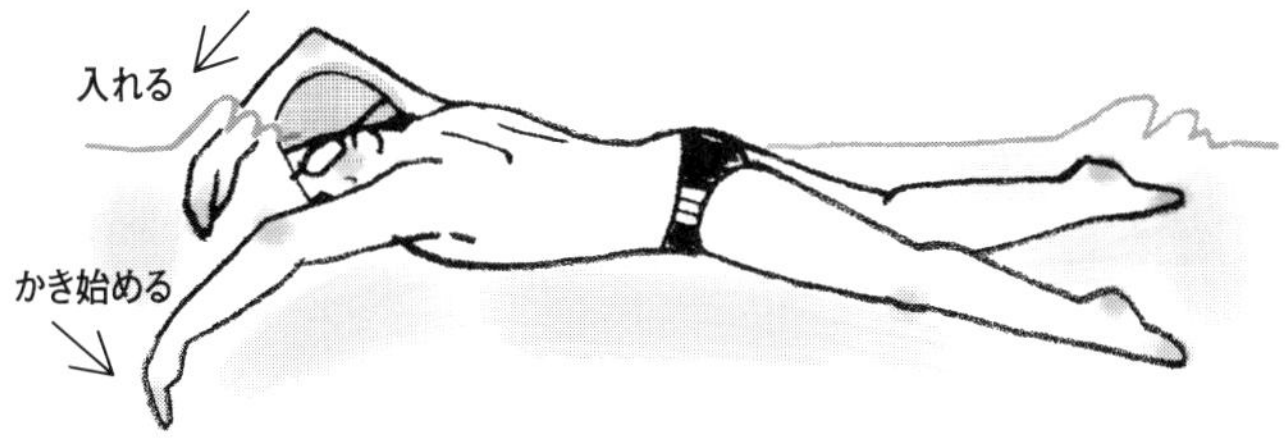

9

左手でまっすぐかき、右手を伸ばす

左手を後方へかいていく。水に入れた右手は前方に伸ばし、左手の推進力を生かす。

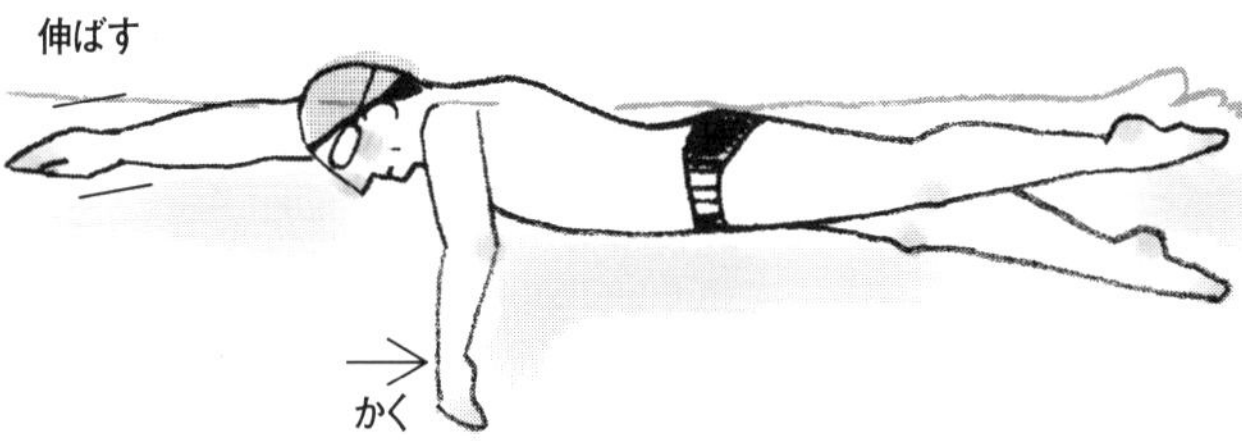

平井先生のワンポイントアドバイス

基本的な動きを身につけるため、難しいことは考えず、ゆっくり大きくかくことを心がけよう

ストロークが小さくなると、呼吸する時間が短くなるので、あわただしい泳ぎになってしまう。ゆったりと大きなストロークで泳げば、呼吸だって楽にできるし、余裕が生まれて正しい動きを身につけられるんだ。

STEP 1
基礎チェック
①

クロール上達のコツは、力を抜いて水に浮かぶことだ

水に浮かぶことが、すべての泳法の基本

クロールをはじめとして、すべての泳ぎの基本は水に浮くことにある。泳げない人はもちろん、「そんな簡単なことはもうできる」という人も、ぜひ基本に立ち返って〝浮き身〟の練習に取り組んでほしい。

肺に空気をいっぱい吸い込み、プカーと水面に浮かんでみよう。最終的には、手足を伸ばした姿勢で、全身が水面に浮くことを目標にしよう。

実際にやってみると、足のほうが沈んでしまう人が多いだろう。体に無駄な力が入っていると、必ず沈んでしまう。力を抜くことが大切なのだ。

力をうまく抜くと、長く美しく泳ぐことができる

初心者の泳ぎは力が入りっぱなしだが、上級者になると、必要なところで力を入れ、それ以外では力が抜けている。だから、疲労せずに長く泳ぐことができる。

水泳はある程度形ができてきたら、あとはいらない部分の力を抜いていくことで上達する。全身の力を抜いて浮かぶ練習をしておくと、形になってからの進歩が早く、より長い距離を美しく泳ぐことができるようになるのだ。

POINT!

力の抜き方と一緒にバランスのとり方を学ぶ

伏せた状態や仰向けの状態など、体勢によっては、ただ力を抜くだけでなく、意識的にバランスをとらなければならない。何度も試してコツをつかもう。

全身の力を抜いて水に浮かび リラックスしてみよう

1 大きく息を吸い込んで潜る

練習は、立ったときに胸くらいの深さのところで。効率よく浮かぶために、息を大きく吸い込み、肺を空気で満たしておく。

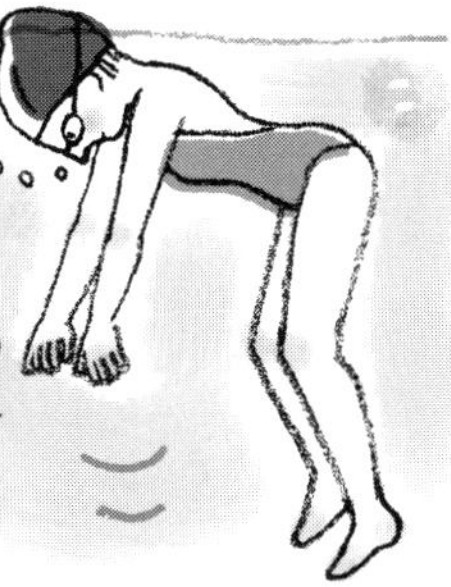

2 真下を向き、全身の力を抜く

あごを引いて、自分の真下を見る。手から足まで全身の力を抜くと、背中からゆっくり浮かび上がってくる。

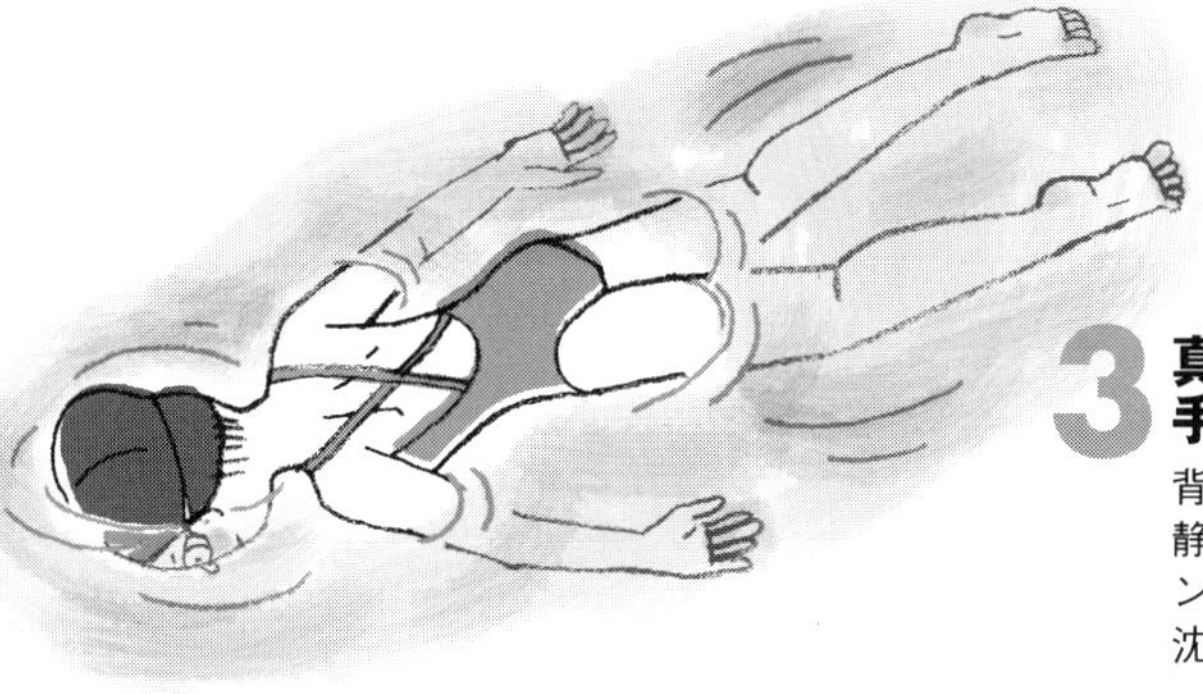

3 真下を見たまま、手足を静かに伸ばす

背中が水面まで浮いたら、静かに手足を伸ばしてバランスをとる。頭を上げると沈むため、目線は真下に。

平井先生のワンポイントアドバイス

いろいろな姿勢での浮き身にチャレンジしてみよう

クロールの基礎となるのは、ここで練習した〝伏し浮き〟だ。しかし、それだけにこだわらず、いろいろな姿勢での浮き身を試して、体をうまく浮かせる感覚をつかんでほしい。仰向けに浮く練習もしておいたほうがいいね。

STEP 1
基礎チェック②

潜る

しっかり深く潜らないと、推進力が作り出せない

しっかり潜ることは浮くことよりも難しい

浮くことができる人でも、〝深く〟潜るとなると、意外とできなかったりする。潜るなんて簡単そうだが、実は浮くことよりずっと難しいのだ。潜ることも水泳の基本なので、きちんとクリアしておくべきだろう。

潜れなくても泳ぐのに支障がないと思っている人もいるが、実はそうではない。練習で泳ぎ始めるときには、潜った状態で壁を蹴ってスタートするし、ターンのときだって潜る必要がある。自由に潜ることができるというのは、スイマーにとって欠かせない基本技術なのだ。

息を吐き出せば、体は沈みやすくなる

ごく初歩的な練習である蹴伸び（54ページ参照）だって、いったん潜ってからスタートする。しっかり潜れないと、ザバザバと水面を進むことになり、水の抵抗が大きくなってスピードが出ない。

うまく潜れない人は、息を吐きながら潜ってみるといい。肺にたくさん空気が入っていると、浮き袋になって体が浮かんでしまう。肺の空気を吐き出していくと、体は沈んでいくものだ。深く潜れるように練習しておこう。

POINT!

足の間をくぐる練習もやってみよう

潜り方を覚えるには、とにかく慣れること。左の練習のほか、プールの底に触ったり他の人に立ってもらい足の間をくぐったりして感覚をつかもう。

息をゆっくり吐き出しながら、深く潜ってみる

1

潜り始める前に、大きく息を吸い込む

練習では、息を少しずつ吐きながら深く潜っていく。潜り始める時点で、肺の中に空気がたくさん入った状態にしておこう。

2

息を吐きながら潜り始める

少しずつゆっくり息を吐き出しながら、膝を曲げて潜っていく。

3

さらに息を吐き、深く潜っていく

もっと深く潜ってみよう。浮いてしまいそうな場合は、下から上へと水をかき上げて浮力に逆らうといい。

ブクブクブク
息は、鼻と口から「ブクブクブクー」と吐き出していく

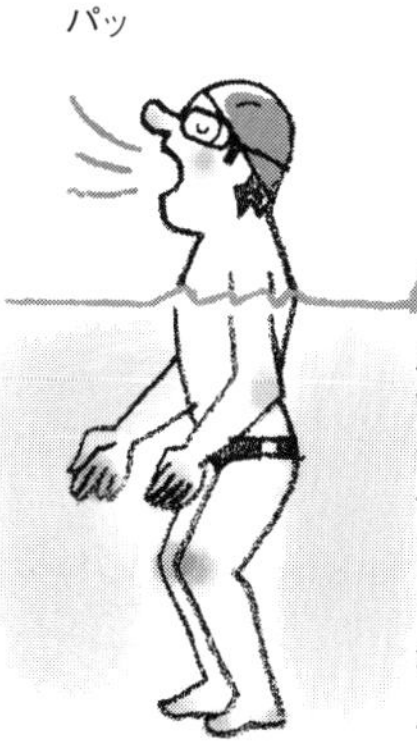
パッ

4

浮かび上がって息を吸う

十分な深さまで潜り、息が苦しくなってきたら練習終了。手で水を押すようにして浮かび上がり、息を吸う。

STEP 1
基礎チェック③

ブクブク、パーッのリズムを〝洗面器練習〟からつかもう

息を吐き切らないと空気は入ってこない

初心者にとって、クロールの呼吸はなかなか難しい。手足の動きに合わせ、横向きに、しかも素早く呼吸しなければならないからだ。スムーズにできるよう、洗面器練習によって、呼吸の基礎を身につけておくとよい。

水中で口と鼻から息を吐き、顔を出して口から空気を吸い込むのが基本。うまく呼吸ができない初心者は、吸うことに執着して息を吐かないことが多いが、これでは空気が入ってくるはずがない。まず、しっかり息を吐き出すことが大切だ。

慣れてくると一瞬で空気を吸える

洗面器練習では、水に顔をつけながら息を吐き、顔を出して息を吸う。これを繰り返し、「ブクブク、パーッ」というリズムを身につけよう。ポイントは、しっかりと息を吐き切ること。肺に空気が残っていると、浅い呼吸になってしまうからだ。

慣れてくると、息を吐き出したら瞬間的に息を吸い込めるようになる。しかし、最初からそれを望むのは難しい。ゆっくりおこなって、リズムをつかむことに専念したほうがよい。

POINT!

洗面器から浴槽へ段階を踏みチャレンジ

最初は、水圧のない洗面器での練習から始める。次にお風呂、そしてプール、という具合に、徐々に水圧のかかった状態での呼吸練習に移行しよう。

洗面器に張った水に顔をつけ、吐き方と吸い方のコツを覚える

2 顔を上げて口から息を吸う

顔を上げ、口から息を吸う。水中で息を吐き切れないときは、顔を上げたとき「パッ」と発音するといい。その反動で瞬間的に吸うことができる。

1 鼻と口の両方から息を吐き切る

水に顔をつけて口を軽く開け、鼻と口の両方から、「ブクブクブクー」と思い切り息を吐き出す。

3 プールの中で同じことをやってみよう

1と2を繰り返し、リズムがつかめてきたら、プールでやってみる。立った状態や、両手を前に伸ばした状態など、いろんな姿勢でやってみよう。

平井先生のワンポイントアドバイス

体が水中にあるときは、空気を吸い込みにくくなるんだ

洗面器練習に比べると、プールの中では呼吸がしづらくなる。水圧によって体が圧迫されるので、肺に空気が入ってきにくいためなんだ。プールで練習するときには、意識してしっかり空気を吸い込むようにしよう。

STEP2
イメージ

水の抵抗を最小限にするため、水中で水平姿勢を作る

蹴伸び

1 最初の時点で深く潜っているか

壁を蹴り始める時点で、深く潜っていることがポイント。水面近くだと、水の抵抗も大きくなり、蹴伸びの推進力が生きてこない。

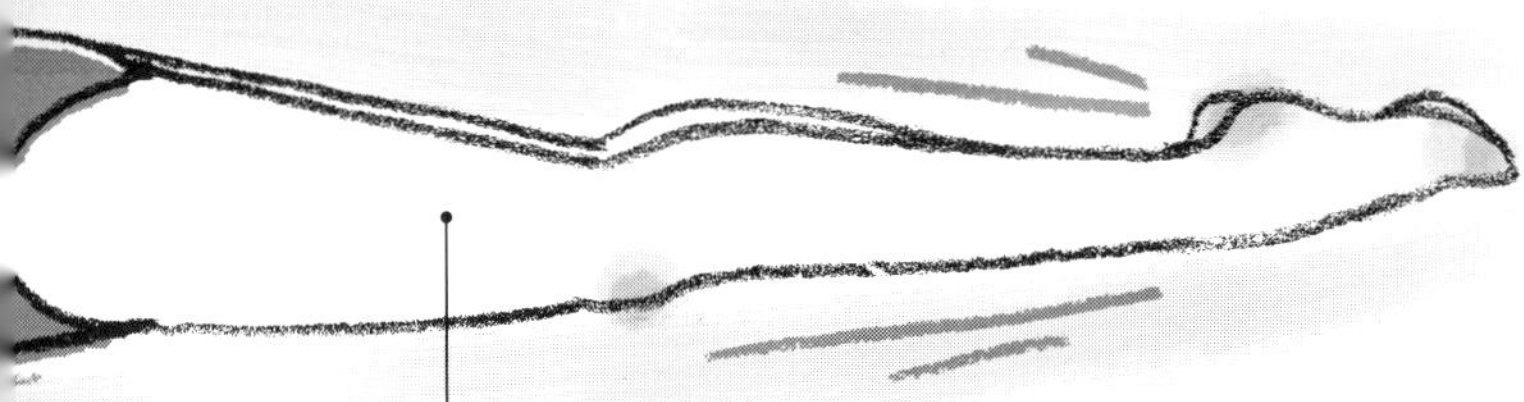

2 足が開いていないか

進むときに水の抵抗を受ける体の面積を、できる限り小さくすることが大切。足は膝から足先までを揃えるように閉じておく。

すべての泳法に共通する基本姿勢

水中に潜り、プールの壁を蹴って進むのが蹴伸びだ。腕は耳を挟むようにしてグッと前方に伸ばし、体を水平にして、水の抵抗が最も小さくなるようにする。この姿勢をストリームラインという。正しい姿勢がとれていると、体はスムーズに水中を進んでいく。

ストリームラインは、クロールはもちろんのこと、すべての泳法に共通する基本姿勢。ちょっとした姿勢の崩れで進み方が違ってくる。繰り返し練習して、よく進む姿勢を体に覚え込ませよう。

❺ 腕はリラックスして伸びているか

両手は親指を組むようにして合わせ、前に向けて伸ばしておく。伸ばすことを意識しすぎ、腕から肩にかけて力が入ってしまわないよう注意。

❸ 頭を中に入れ、真下を見ているか

顔面で、水の抵抗をまともに受け止めてしまうことのないよう、頭を両腕の間に入れておく。このとき自分の真下を見るようにすると、頭が起きない。

❹ 両腕で耳を挟んでいるか

両腕は前へ伸ばして揃える。これも抵抗を小さくするため。耳を両腕で挟むようにすると、腕をしっかり伸ばすことができ、頭を中に入れやすくなる。

平井先生のワンポイントアドバイス

最初は5mを目標にしよう。一流選手は15～20mも進むよ

正しい姿勢ができていれば、蹴伸びで進める距離が長くなる。初心者なら、最初の目標は5mラインでいいだろう。だんだん距離を延ばしてほしい。一流選手の蹴伸びは、水の抵抗が小さいので15～20mも進むよ。

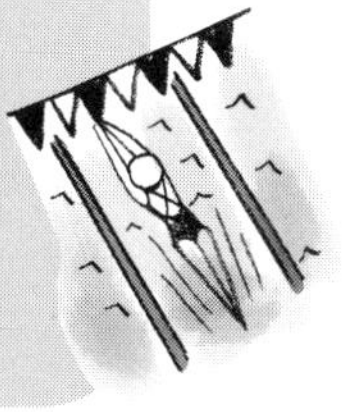

STEP2
練習

深く潜ってから壁を蹴り、蹴伸び姿勢で進んでみよう

「ジャンプ」「潜る」「蹴り出す」3つの動作を順番にやってみよう

1

軽くジャンプする

プールの底に立った状態から、大きく息を吸い込みながら、軽くジャンプ。手は自然に下に下ろしておく。

2

両足を素早く曲げて壁につける

ジャンプしたら、素早く両膝を曲げ、足の裏を壁につける。上体をわずかに前に傾け、潜る準備を。

〝水面〟ではなく〝水中〟を進むことを意識

蹴伸びのコツは、いったん深く潜ってからプールの壁を蹴ることだ。水面に浮かんだ状態で壁を蹴っても、無駄な波を作るだけで、うまく進むことができない。

　正しい腕のポジションをとるため、耳を挟むように腕を伸ばした状態を作ってから、潜って蹴り出す方法もあるが、これだと潜りにくい。蹴り出しながら腕を伸ばすといいだろう。最初は潜ってから蹴り出すまでの動作を、細切れにして考えると分かりやすい。慣れてくると、一連の動作をスムーズにつなげられる。

3 頭を中に入れて水の中に潜る

潜る。膝をじゅうぶん曲げて蹴り出す体勢を整えながら、両腕を小さく〝前にならえ〟の状態に。

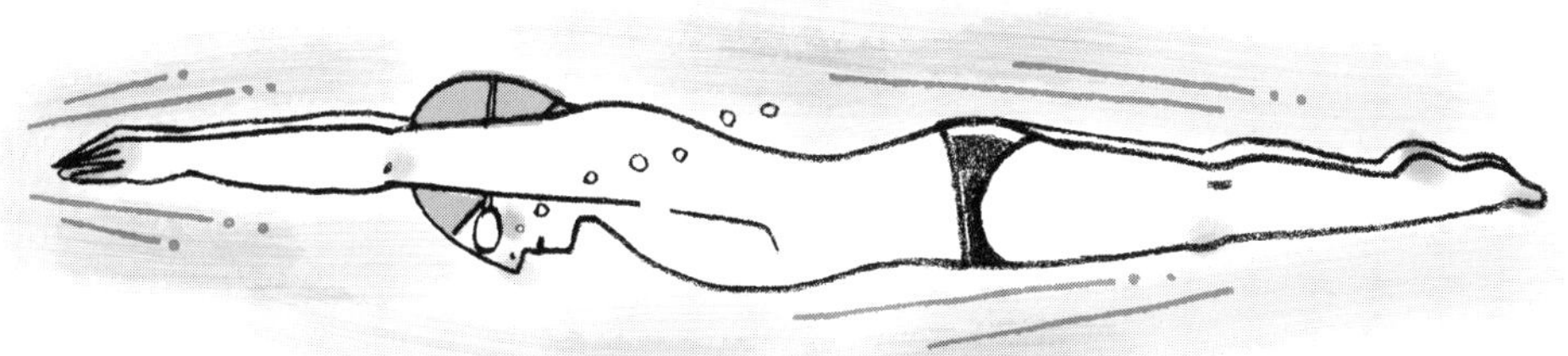

4 蹴り出すと同時に手を伸ばす

蹴り出すと同時に、頭を中に入れていくようにして、手を前方へ伸ばす。指先からつま先まで、まっすぐの状態を意識しよう。

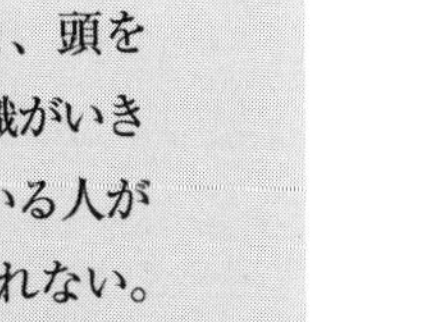

平井先生のワンポイントアドバイス

頭だけ水中に入れて、お尻が浮いている人がいるぞ

初心者の蹴伸びを見ていると、頭を水中に入れることにばかり意識がいきすぎ、お尻が浮いてしまっている人がいる。これではうまく壁を蹴れない。最初にしっかり潜るようにすれば、お尻が浮かずにうまくいくよ。

蹴伸び

よくある失敗

Q&A

Q 力いっぱい蹴っているのに、なかなか進まないのはなぜ？

A 体勢が崩れ、水の抵抗が大きくなっているからだ

しっかり壁を蹴っているのになかなか進まない場合、まず考えられるのは、ストリームライン（54ページ参照）がきちんとできていないこと。自分ではよい姿勢を保っているつもりでも、体がまっすぐに伸びていなかったり、水平になっていなかったりするのかもしれない。

体を伸ばして進んでいるときに、体のどこに水圧を感じるか、チェックしてみよう。それによって、なかなか進まない原因が明らかになる。たとえば、足が下がってしまっている人なら、進んでいるときに大腿部に水の抵抗を感じるだろう。顔まわりに水圧を感じるとしたら、自分の真下を見ずに、前方に視線を向けているせいかもしれない。

しっかり潜れずに水面を進むと波ができて、抵抗が大きくなる

初心者の中には、うまく潜ることができないために、体が水面に浮いた状態のまま、ストリームラインを作ろうとしている人もいる。これだと、波による抵抗が生まれ、ブレーキがかかってしまう。しっかりと潜ってから壁を蹴るようにしよう。無駄な波ができず、体のまわりをなめらかに水が流れるようになれば、もっとよく進むようになるはずだ。

POINT!

蹴りで生まれた力をどう生かすかが勝負

効率よく進むポイントは、蹴り出した力を、うまく推進力として利用できるかどうか。蹴る力を強くするだけでなく、抵抗を減らすことを考えよう。

体のどの部分に抵抗を感じるかで、体勢の間違いが分かる

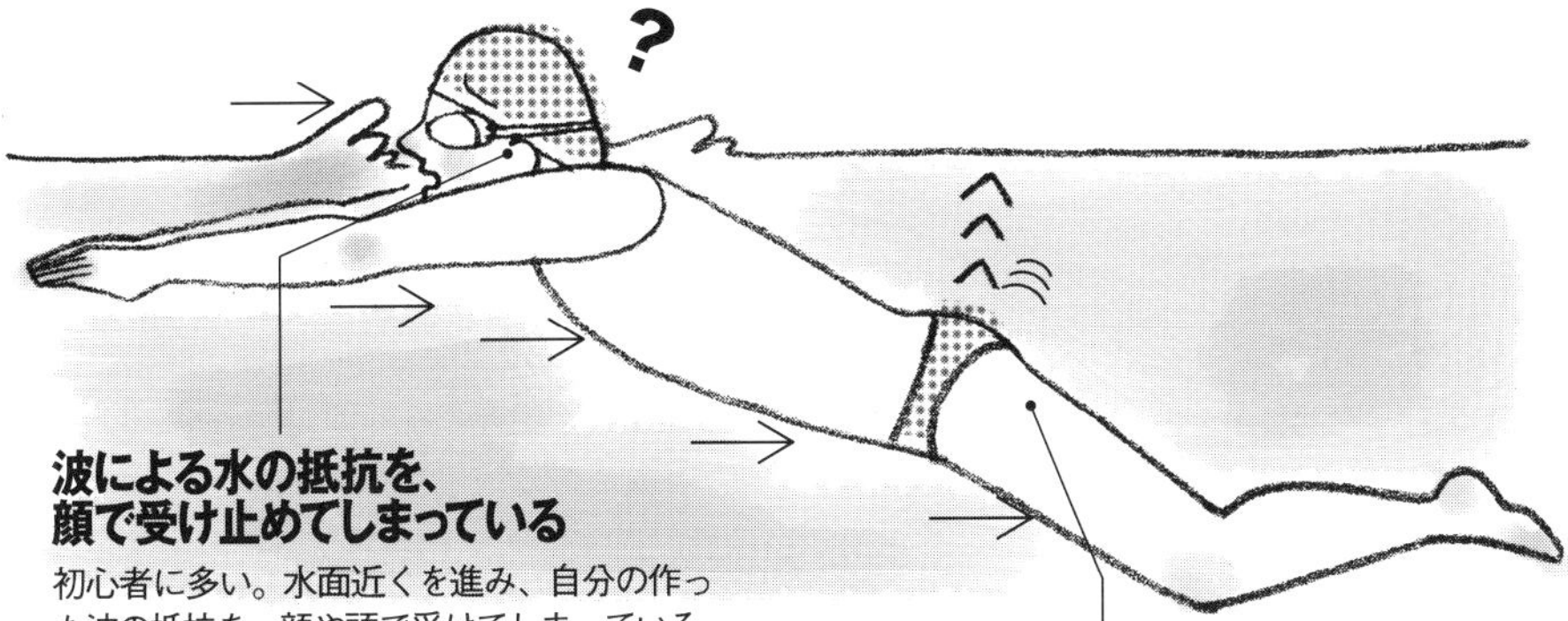

波による水の抵抗を、顔で受け止めてしまっている

初心者に多い。水面近くを進み、自分の作った波の抵抗を、顔や頭で受けてしまっている。しっかり潜って、頭を中に入れよう。

腰から下が下がることで、より広い範囲で抵抗を受けている

下半身が下がり、太もものあたりにより大きな抵抗がかかっている。進行方向に沿った正しいストリームラインを作ろう。

STEP3
イメージ

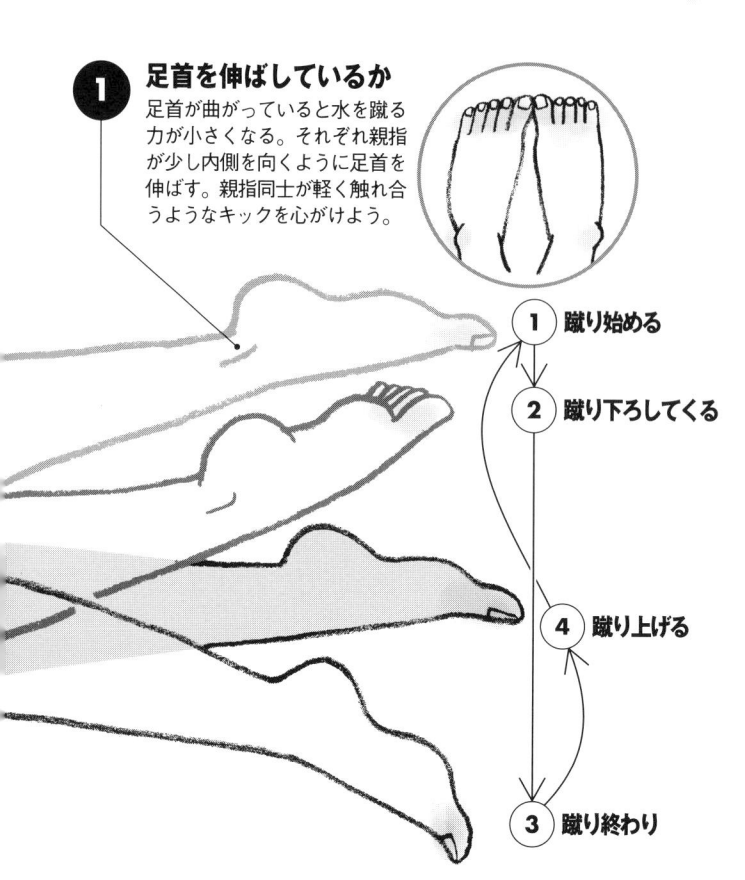

足首を伸ばした柔らかい蹴りが、大きな推進力を生む

1 足首を伸ばしているか
足首が曲がっていると水を蹴る力が小さくなる。それぞれ親指が少し内側を向くように足首を伸ばす。親指同士が軽く触れ合うようなキックを心がけよう。

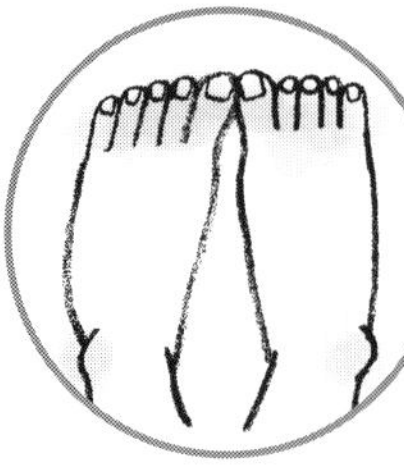

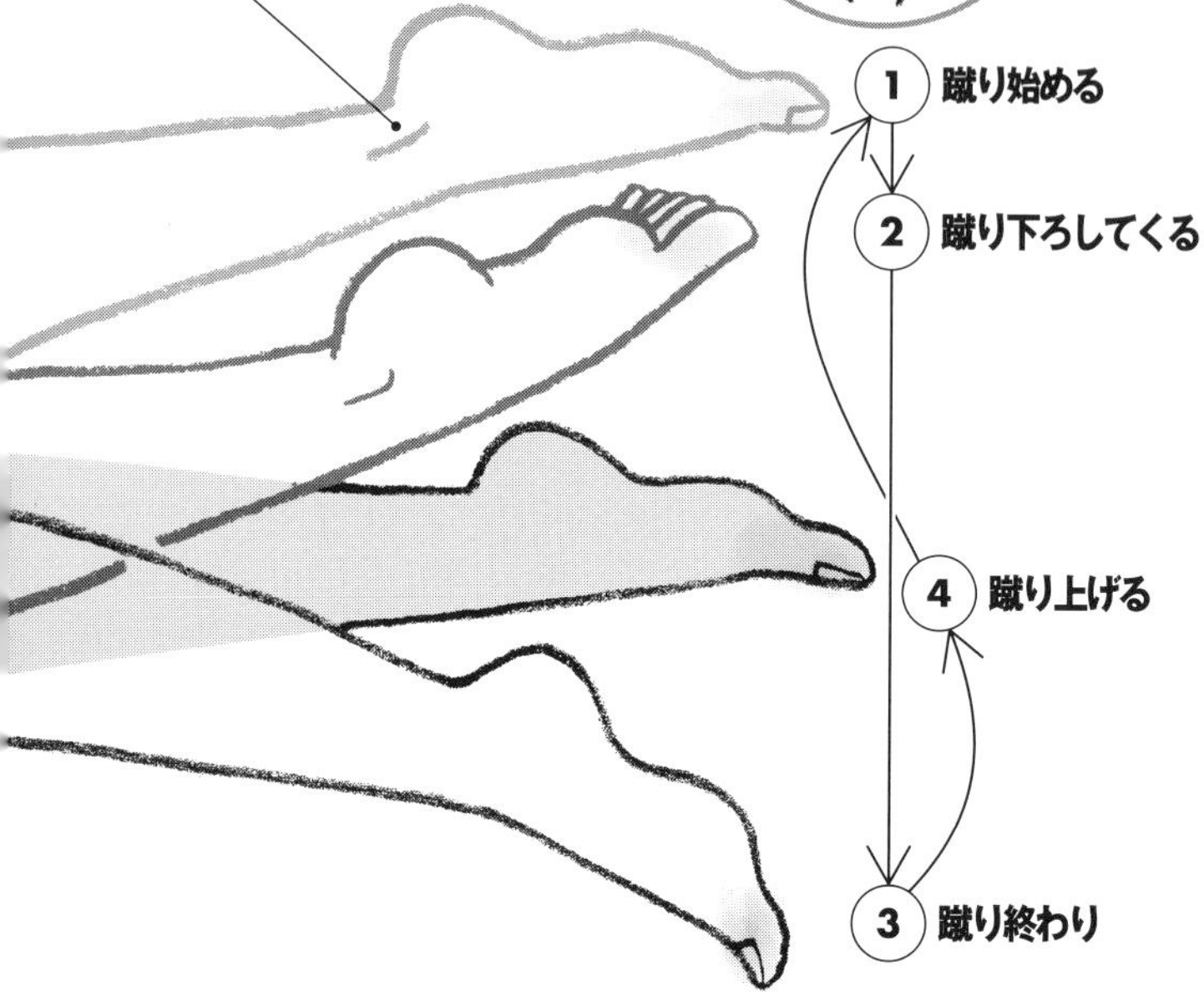
1 蹴り始める
2 蹴り下ろしてくる
4 蹴り上げる
3 蹴り終わり

太ももから運動させ、ムチのように足を使う

クロールのキックは、いわゆるバタ足。簡単そうに見えるが、大きな推進力を得るには高度な技術が必要になる。

左右の太ももを動かし、ここで生み出された力を足先に伝えるようなつもりで、ムチのようにしなやかに足を上下させる。足を上から下へ蹴り下げる動きを「ダウンキック」、下から上に蹴り上げる動きを「アップキック」という。ダウンキックでは実際にはわずかに膝が曲がるのだが、キックしている本人は、膝を伸ばしたまま蹴っているイメージでいい。

呼吸とバタ足をセットで練習してみる

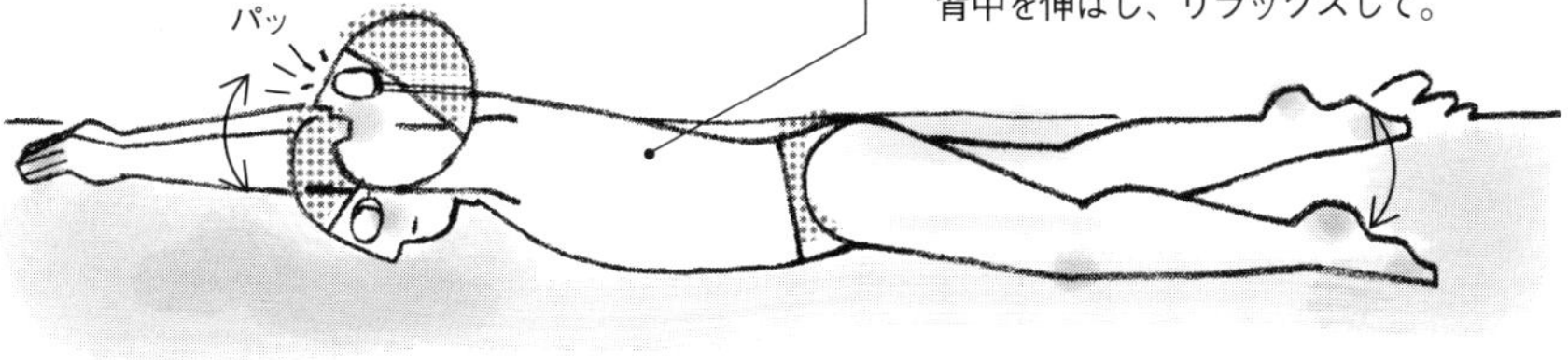

❷ 上半身がリラックスしているか

呼吸に慣れていない場合、スムーズな呼吸を意識するあまり上半身が硬くなりがち。腕と背中を伸ばし、リラックスして。

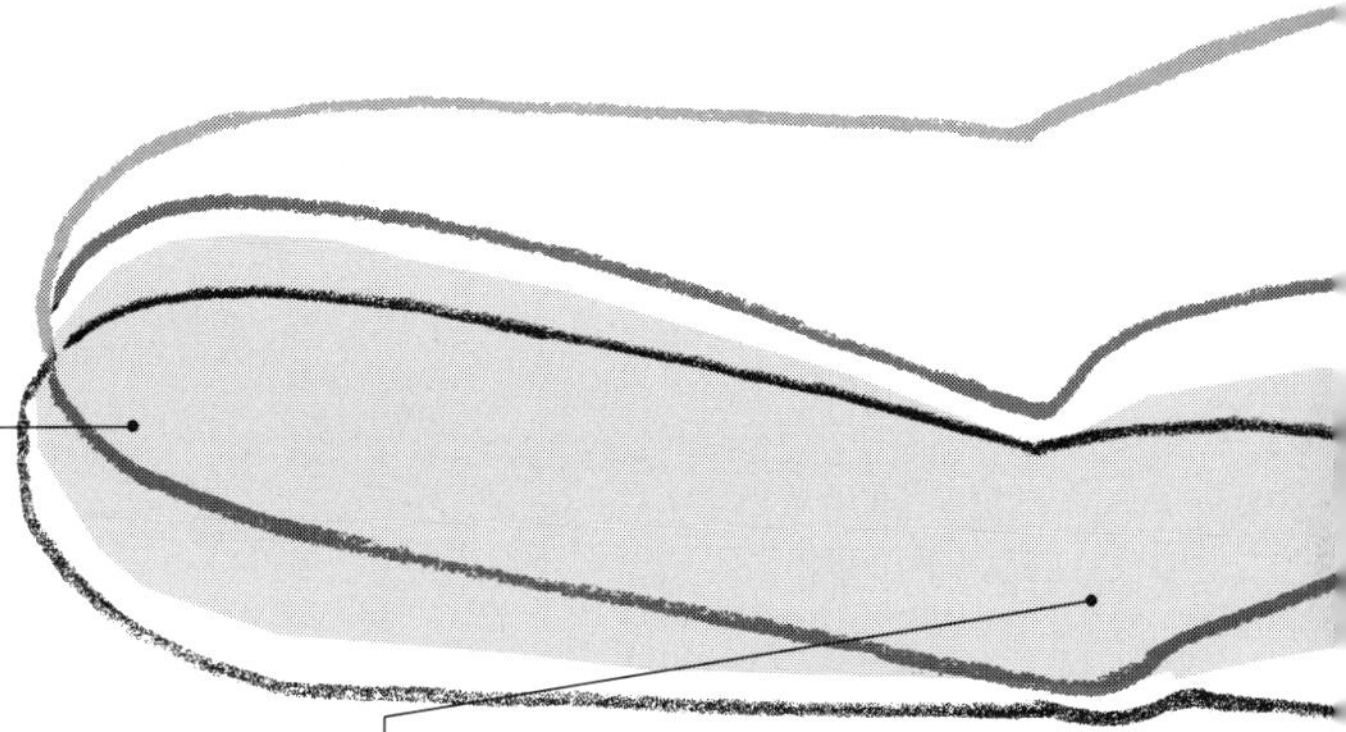

❸ 太ももから動かしているか

膝下だけを使ったキックにならないよう注意。太ももから膝、足先へと動きを伝え、全体をムチのように使うのが理想だ。

❹ 膝が曲がっていないか

ダウンキックでは膝がいったん曲がるものだが、それを意識的にやってはいけない。膝は常に伸ばしておくつもりで。

平井先生のワンポイントアドバイス

キックの練習をするときは、呼吸の練習も一緒にやろう

バタ足の練習をするときには、同時に息つぎの練習もするといいね。腕を伸ばして頭を水に入れると、上半身の力が抜けるし、腰が浮くので、いいキックが打てるようになる。頭を出していると、腰が沈みがちになるんだ。

STEP3
練習
❶

プールサイドに腰かけて、バタ足をやってみよう

足の動きを自分で観察し、正確なキックを覚えよう

プールサイドに腰かけてバタ足をしてみよう。なるべく浅く腰かけたほうがいい。深く腰かけると、太ももを動かしにくくなり、どうしても膝が曲がるからだ。

泳いでいるときは、自分の足がどう動いているのか、見ることができない。この練習では、自分の足の動きを見ながらバタ足ができる。太ももから動いているか、膝は曲がっていないか、足首は伸びているか、といったことをよく観察し、直すべき点があったらどんどん直していくといい。

足の甲できちんと水を押し上げる

この練習を始めると、ついバシャバシャと、しぶきを立てることに夢中になったりする。しかし、がむしゃらにバタ足を繰り返すだけでは、キックの技術は上達しない。泳ぎをイメージしながら、正しい動きを身につけることが大切だ。

基本的な動きに注意しながら、アップキック時もダウンキック時も、足先でしっかりと水を〝とらえて押し出す〟感覚をつかもう。それができるようになると、より大きな推進力が得られ、スピードアップにつながる。

POINT!

蹴り下ろすよりも蹴り上げる動作に集中

この練習では、上から下へ水面をたたくことに集中してしまいがち。足の甲で水をとらえて蹴り出す感覚をつかむため、蹴り上げる動作を意識しよう。

足の動きから、水しぶきの大きさまで自分のキックをよく観察する

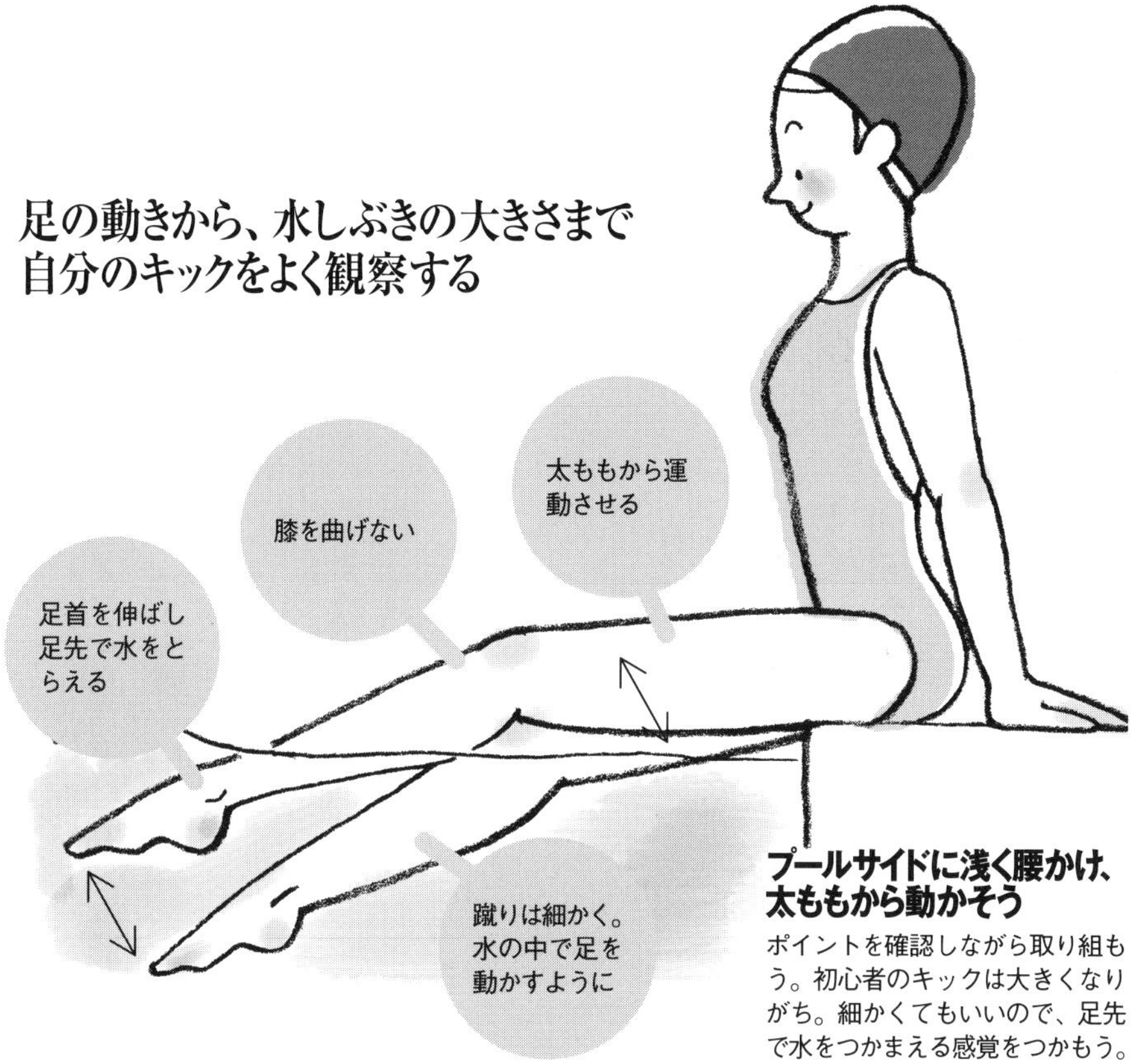
太ももから運動させる
膝を曲げない
足首を伸ばし足先で水をとらえる
蹴りは細かく。水の中で足を動かすように

プールサイドに浅く腰かけ、太ももから動かそう

ポイントを確認しながら取り組もう。初心者のキックは大きくなりがち。細かくてもいいので、足先で水をつかまえる感覚をつかもう。

平井先生のワンポイントアドバイス

上から下にたたきつけるのではなく、下から蹴る動きにポイントを置こう

クロールのためのキック練習だということを忘れないように。足の甲で水を押すのが、クロールの場合のダウンキック。この動きにポイントを置いてやるといい。水面に足の裏をたたきつけるようなバタ足はだめだよ。

STEP3
練習②

キック&呼吸

プールサイドにつかまって、呼吸とバタ足をセットで練習

上半身の力を抜いて足の動きに集中する

プールサイドに手をかけ、水に顔をつけてバタ足をしてみる。「ブクブクブク、パーッ」という呼吸練習も加えよう。バタ足に力強さは必要だが、上半身まで力んでしまってはいけない。肩や背中につい余計な力が入ってしまうので、意識してリラックスするようにつとめよう。特に呼吸するために顔を上げたときは、上半身に力が入りやすいので要注意だ。

バタ足をするときに力んでしまうと、がんばっている割に進まないものだ。足をムチのように使うバタ足は、リラックスから生まれるということを忘れないでほしい。

呼吸するときにも足を止めないように

キックの練習と呼吸の練習は、初歩の段階から一緒にやっておくといい。なぜなら、キックができて、ストロークができるようになっても、呼吸を組み合わせたとたん、そのときだけ足が止まってしまうという人がけっこう多いからだ。

そこで、バタ足を止めずに呼吸する練習をしておくといい。これが普通にできるようになれば、ストロークが加わっても足が止まることはないだろう。

POINT!

顔を中に入れることで次の動作が楽になる

頭を中に入れて練習しよう。実際の泳ぎに近い状態で練習することで、腕の動きを合わせやすくなるし、呼吸も一緒に覚えられる。

呼吸を組み合わせても、バタ足を続けられるようになろう

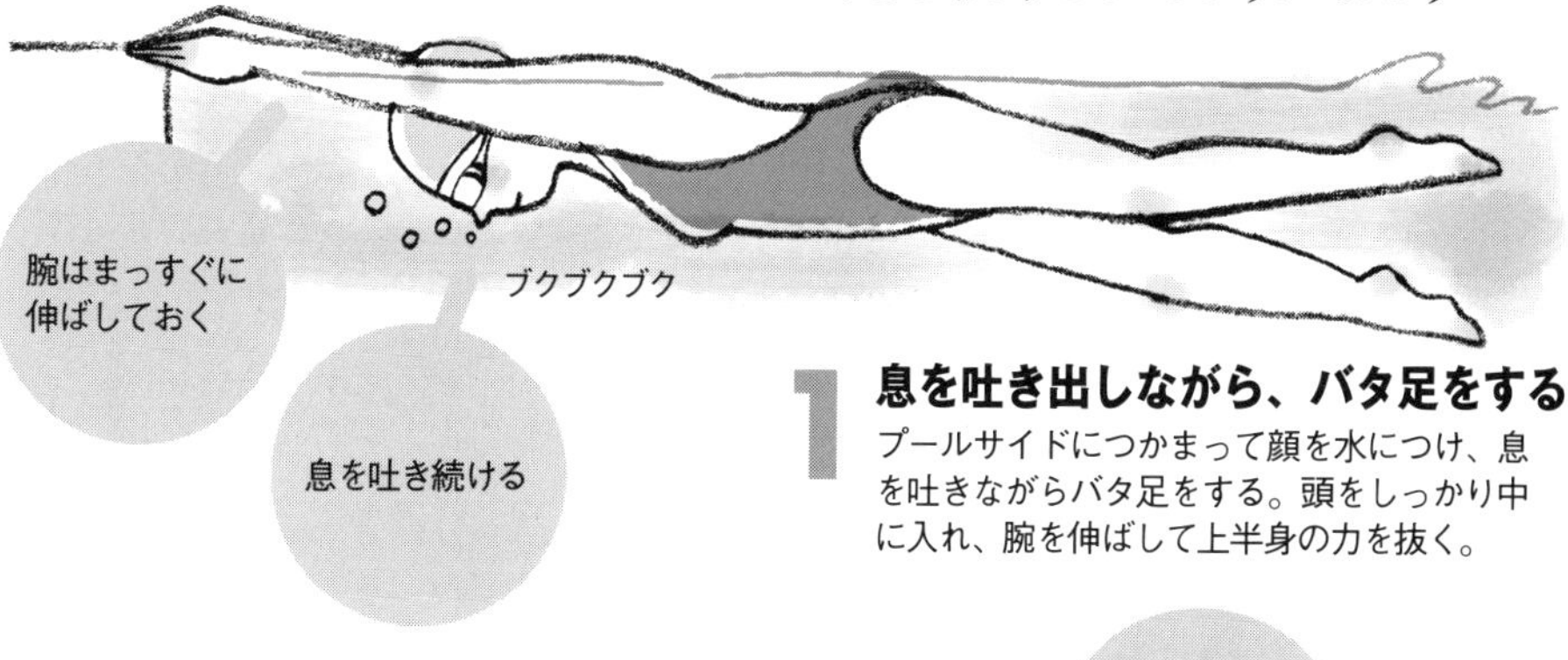
腕はまっすぐに
伸ばしておく
ブクブクブクブク
息を吐き続ける

1 息を吐き出しながら、バタ足をする

プールサイドにつかまって顔を水につけ、息を吐きながらバタ足をする。頭をしっかり中に入れ、腕を伸ばして上半身の力を抜く。

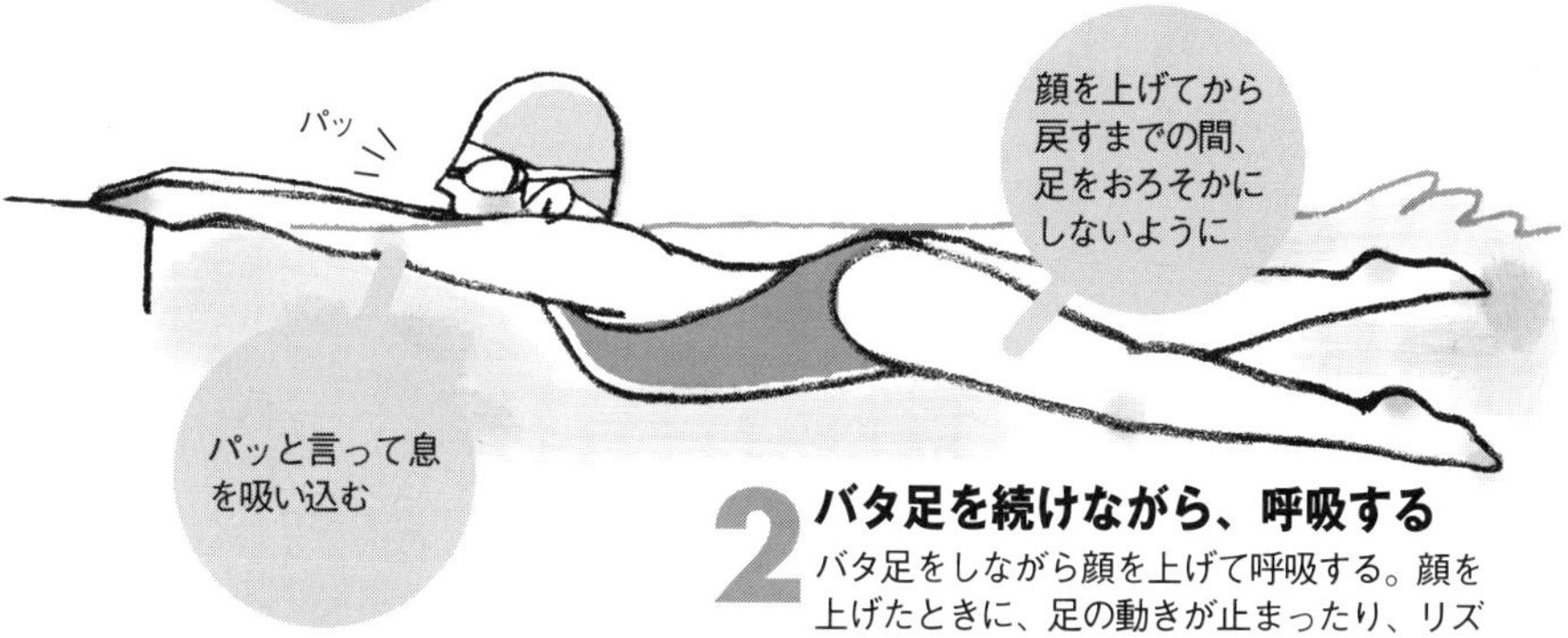
パッ
顔を上げてから
戻すまでの間、
足をおろそかに
しないように
パッと言って息
を吸い込む

2 バタ足を続けながら、呼吸する

バタ足をしながら顔を上げて呼吸する。顔を上げたときに、足の動きが止まったり、リズムが乱れたりしないよう注意しよう。

平井先生のワンポイントアドバイス

バタ足のリズムに合わせ呼吸できるようになろう

呼吸はストロークやキックのリズムに合わせてする。だからこの練習でも、バタ足何回につき呼吸1回というふうに決めておく。「2ストローク1ブレス（呼吸）6キック」が一般的と言われるけれど、自分なりのリズムでいい。

STEP3
練習③

ビート板に手を載せて、バタ足で前進しよう

「どうしたらよく進むか」考えながらキックする

ビート板を使ったバタ足の練習だ。顔は水面につけ、呼吸の練習も一緒におこなう。プールサイドにつかまってやるときに比べると、不安定な状態でキックしなければならない。そのため、体に無駄な力が入りやすいので注意しよう。

この練習では実際に体が前進するので、正しいバタ足ができているかどうかを進み方でチェックできる。あまり進まないとしたら、どこかに原因があるはず。どうしたらよく進むのか、基本の動きを守りながら、いろいろ試してみるといいだろう。

膝が伸びているか、泳ぎながらチェックする

泳いでいる最中に自分の足を見ることなんてできない、と思っている人が多い。しかし、水面に顔をつけ、足のほうに視線を送ると、蹴り下げた足を見ることができるのだ。

このとき、自分の膝ではなく、足先が見えていれば、膝の伸びたキックができている証拠。膝が見えて足先が見えなかったら、蹴り下ろすときにしっかり膝を伸ばし切るようにしよう。ちょっとしたことで推進力が大きくなる。

POINT!

実際進んでみることで、効果的なキックを探る

実際に進んでいるときは、キックを目で確認しづらい。進み具合や足先周辺の水の動き方に意識を集中させて。最も気持ちよく進める蹴り方を探ろう。

顔をつけて蹴伸びの姿勢になると、余分な力を抜くことができる

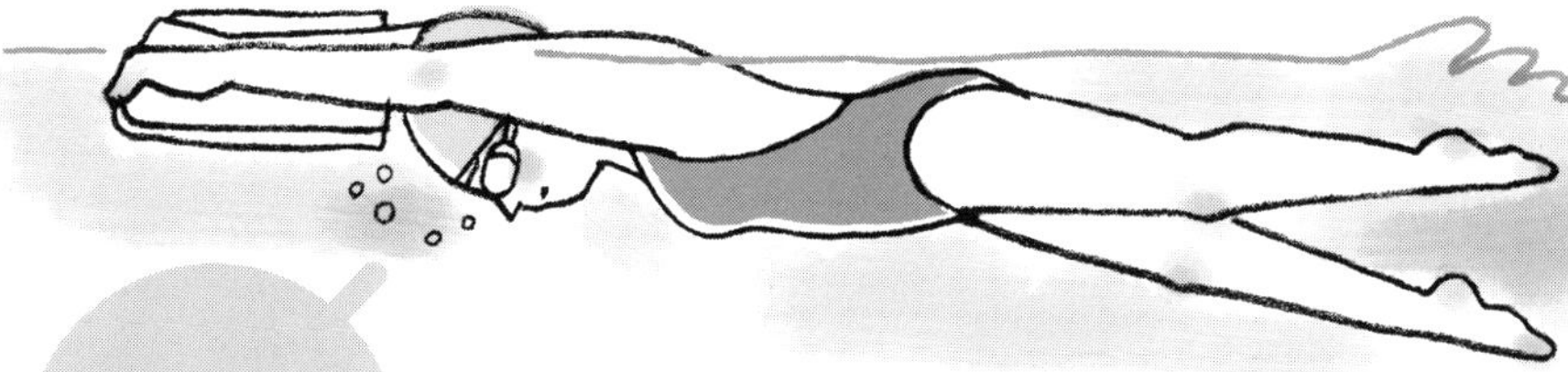

顔をつけている間は息を吐き続ける

1 ビート板を使ってバタ足で前進

ビート板は、両腕を乗せて先を軽く持つ。腕から首、背中にかけて力が入らないよう気をつけながら、バタ足で前進する。

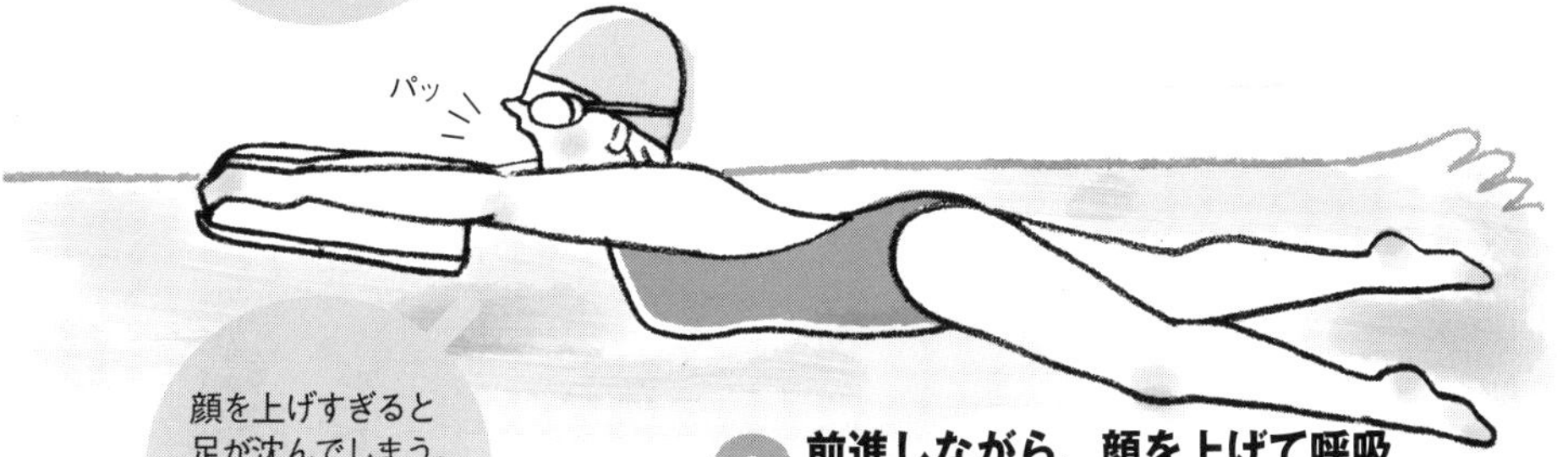

顔を上げすぎると足が沈んでしまう。素早く息を吸って顔を戻して

2 前進しながら、顔を上げて呼吸

バタ足が止まったり遅くなったりしないよう、意識して足を動かし続けながら、顔を上げ、素早く呼吸する。

平井先生のワンポイントアドバイス

ビート板は力を入れてつかまない。手を載せて軽く指をかけるといいね

ビート板をギュッとつかんでしまうと、腕や上半身全体に力が入りやすい。ビート板に手を載せ、先端に軽く指をかけるだけにしたほうがいい。よく腕が伸びるし、リラックスした状態でキックの練習ができるからね。

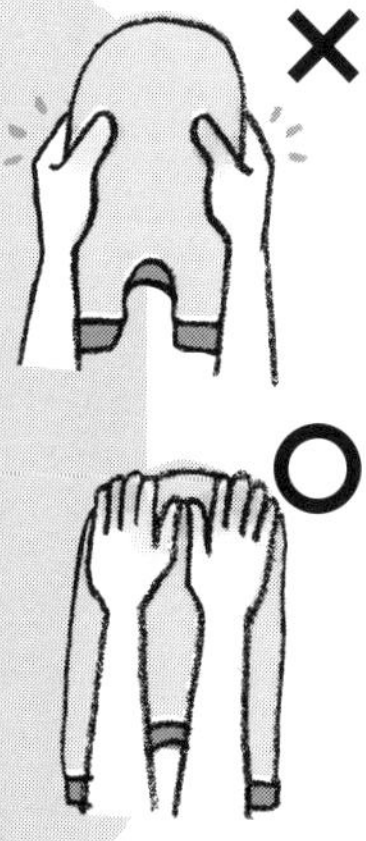

Q 水しぶきは派手なのに、ちっとも前に進みません

A 足が水面から出てしまい、蹴る力が推進力として伝わっていないからだ

上級者のバタ足は、あまり水しぶきが上がらないのによく進む。バタ足は、水中で水をキックすることによって推進力を生み出すのだから、水しぶきが上がる必要はないのだ。

水しぶきが派手に上がるのは、足が空中に出て、水面をたたいているから。空中に出ている足はまったく推進力を生み出さない。派手に水しぶきが上がるバタ足は、あまり進まなくて当然といえるだろう。がむしゃらに足を動かすのではなく、きちんと水を蹴る感覚をつかみ、丁寧にキックしてほしい。

膝から先だけ動かすキックは、水しぶきが上がりやすい

派手に水しぶきが上がる人は、膝から先だけを動かすバタ足になっていることが多い。このようなバタ足だと、アップキックで膝が大きく曲がって足が水面から出るので、ダウンキックで水をたたいてしまうのだ。

太ももからしっかり動かすように心がけると、足が空中に出なくなり、水しぶきが抑えられる。もちろん、そのことでより大きな推進力が得られ、スピードアップにつながることは間違いない。

×

進まないバタ足は、甲で水面をたたいているだけ

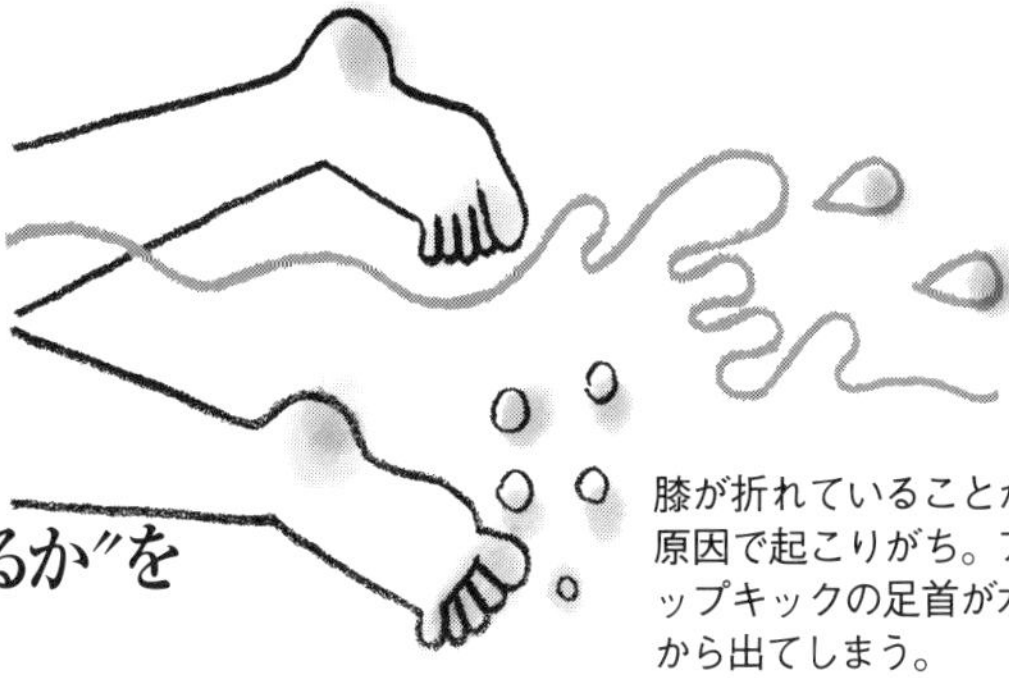

膝が折れていることが原因で起こりがち。アップキックの足首が水から出てしまう。

足の甲で〝どこを蹴っているか〟を意識してキックしよう

○

上手なバタ足は、甲で水をとらえて押し出している

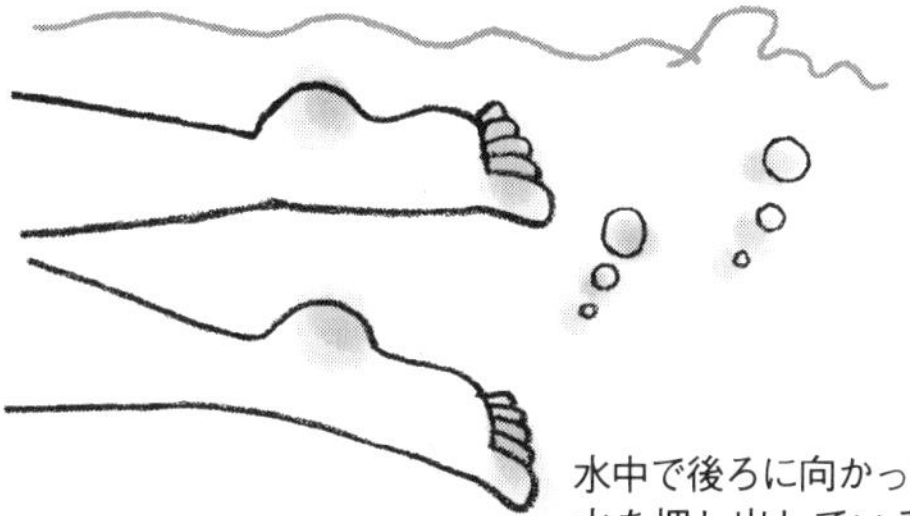

水中で後ろに向かって水を押し出している。効果的に推進力を生み、水しぶきも小さい。

Q 呼吸するたび下半身が沈み、泳ぎ続けられなくなります

A 呼吸に慣れていないと姿勢や他の動きに支障が出るんだ

考えられる原因は2つある。

一つは、息をしようと顔を上げたときに、上半身が起きてしまい、下半身が沈んでしまっていること。呼吸をするためには、顔を水面から少し出せばいいのだが、慣れていない場合はとかくこうなりやすい。上半身が起きて足が沈むと、水の抵抗が大きくなるため、どうしてもスピードが落ちてしまうのだ。

また、足が沈むにつれ、バタ足をしていても推進力は小さくなる。これも、スピードが落ちる理由だろう。

息をしているとき、瞬間的に足が止まる

もう一つは、息を吸うときに足が止まってしまっていることだ。本人はバタ足を続けているつもりでも、瞬間的に足が止まってしまう人がいる。これも初心者には決して珍しくないこと。呼吸に意識が集中するあまり、足に意識がいかなくなってしまうのだ。

呼吸したときスピードが落ちるように感じられるなら、足が止まっていないかチェックして。自分の足が動いているかどんな状態になっているかわからなければ、他の人に見てもらうとよい。

POINT!

息を吸い込むときは、体の動きが止まりがち

どんな動きでも同じだが、息を吐いているときは動きやすく、吸っているときは動作が止まりがちになるもの。休みなく続けるよう、意識しよう。

呼吸に執着しすぎると、他のところまで気が回らなくなる

パーッ
たくさん呼吸しようとして長く高く顔を上げる
足の運動が止まり、下半身から沈み始める

呼吸のリズムを もう一度復習して

余裕を持って呼吸できないために起こってくる問題。素早く、無理な体勢になることなく呼吸するために、リズムをつかんでおこう。

STEP4
イメージ

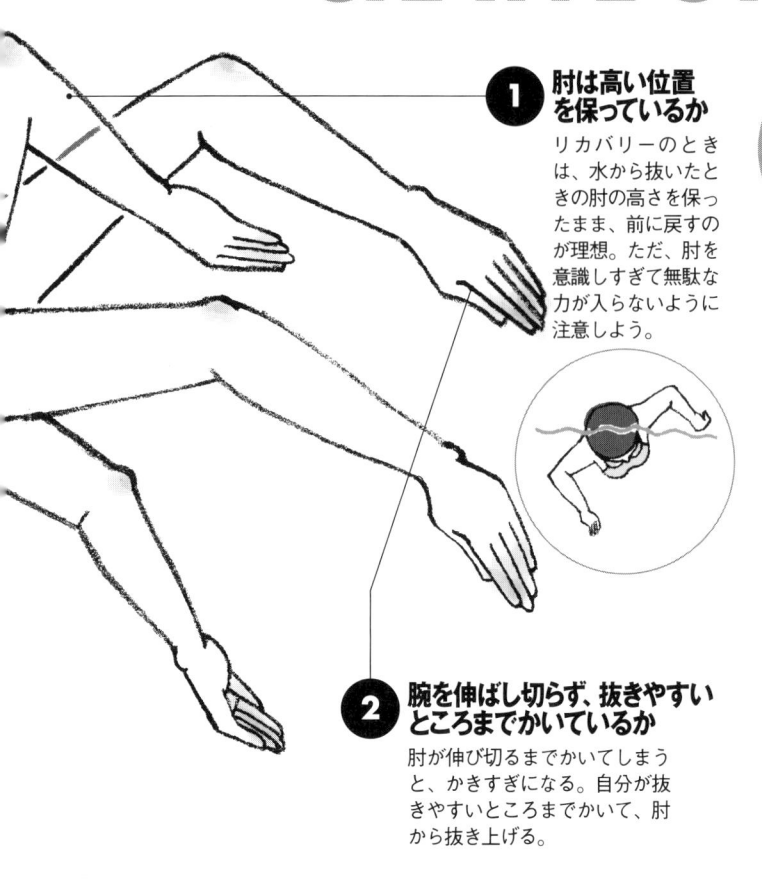

細かい動きにとらわれず、まっすぐ素直にかこう

ストローク

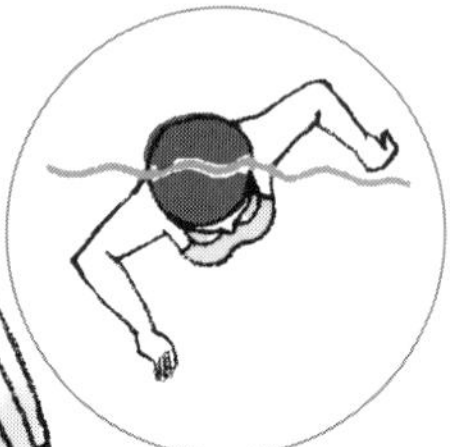

1 肘は高い位置を保っているか

リカバリーのときは、水から抜いたときの肘の高さを保ったまま、前に戻すのが理想。ただ、肘を意識しすぎて無駄な力が入らないように注意しよう。

2 腕を伸ばし切らず、抜きやすいところまでかいているか

肘が伸び切るまでかいてしまうと、かきすぎになる。自分が抜きやすいところまでかいて、肘から抜き上げる。

シンプルに力強くかくことが大切だ

クロールのストロークは、「グライド」「プル」「プッシュ」「リカバリー」の4つの場面に分けることができる。

グライドは、入水した後にまっすぐ腕を伸ばす部分。プルは、伸ばした位置から肩の下まで引っ張ってくる部分。プッシュは、肩の下から後方に押し出す部分。リカバリーは、水中から出した腕を前方に運ぶ部分で、入水までをさす。

細かな技術はいろいろあるが、最も重要なのは力強く水をかくことだ。そのために、シンプルな動きを身につけよう。

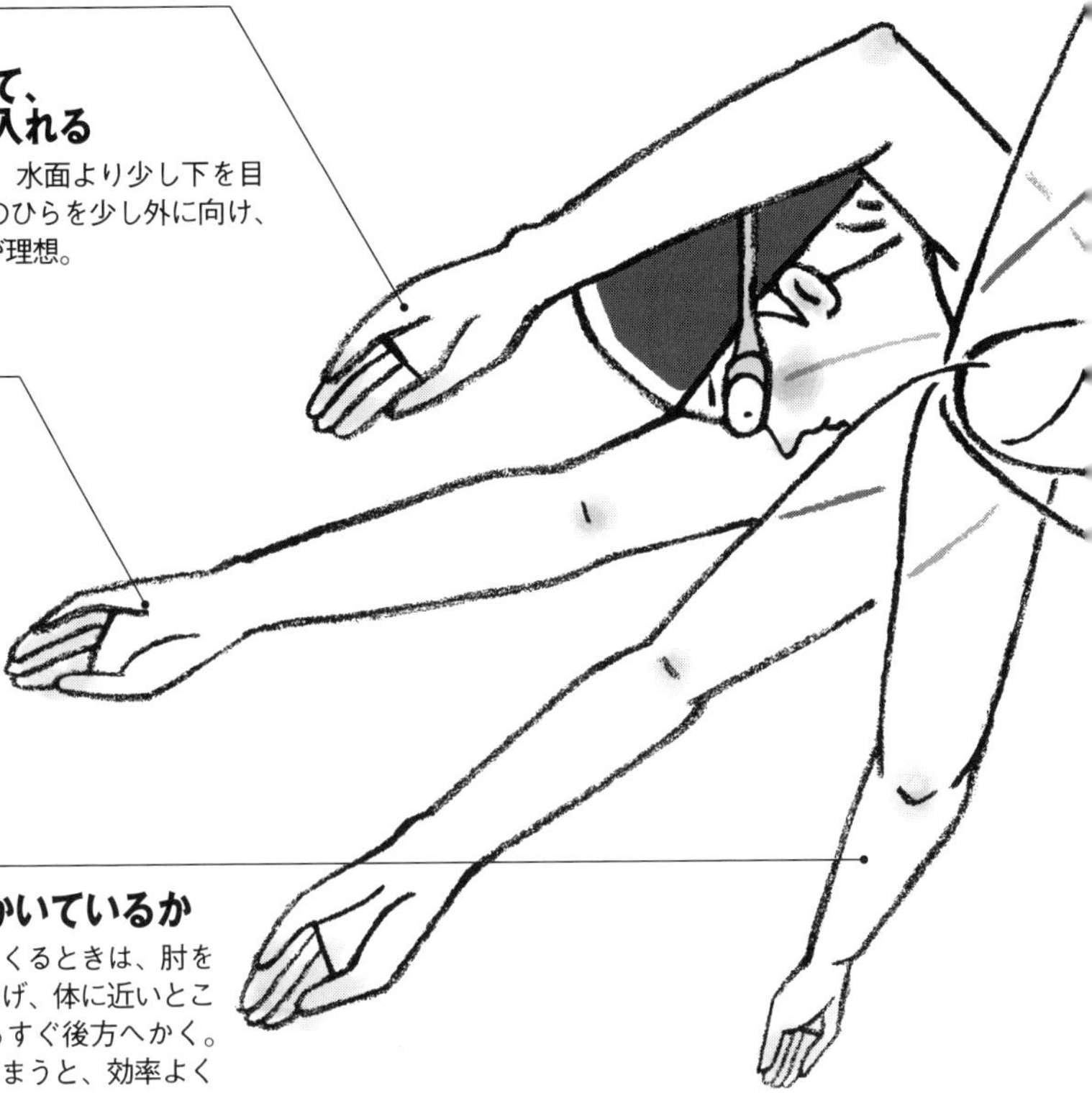

3

水面下に向かって、差し込むように入れる

前に戻してきた手を、水面より少し下を目がけて差し込む。手のひらを少し外に向け、親指側から入れるのが理想。

4

手のひらが、水をとらえやすい形になっているか

手のひらを自然に丸め、指は軽く揃えて、水をつかみやすい形を作る。指先が開き切っていると、水が逃げてしまう。

5

体の下をかいているか

水中をかいてくるときは、肘をほぼ直角に曲げ、体に近いところの水をまっすぐ後方へかく。肘が開いてしまうと、効率よくかくことができない。

平井先生のワンポイントアドバイス

プールサイドから上がるときの形が、最も効率よく水をかける形だ

プールサイドから上がるときには、肘を張って真下に押す。あの腕の形は、真下に押すのに最も都合がよく、力の入りやすい形なんだ。ストロークでも、水中であの形を作れば、効率よく水をかくことができるよ。

STEP4
練習
❶

水の中に立って、呼吸しながらかいてみる

ストロークのしくみと同時に、呼吸方法と上体の動きを覚える

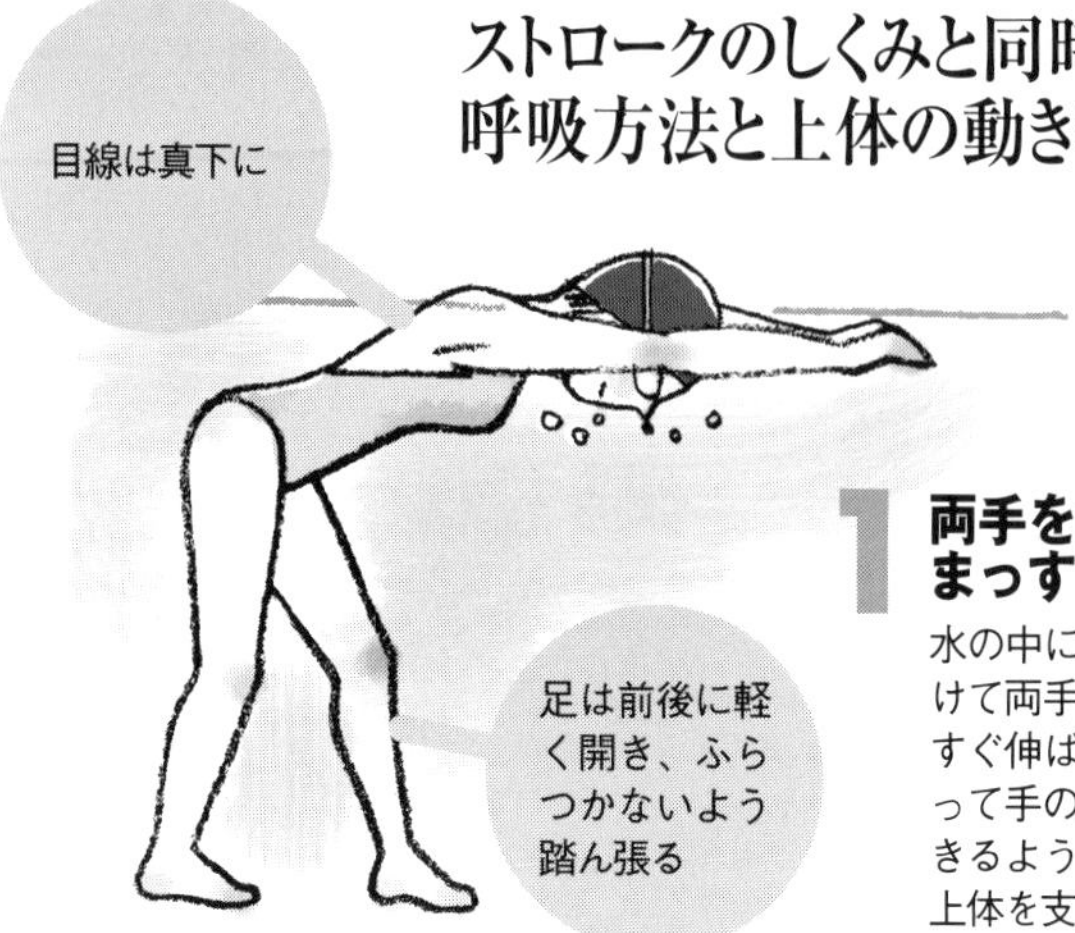
目線は真下に
足は前後に軽く開き、ふらつかないよう踏ん張る

1 両手を前方にまっすぐ伸ばす

水の中に立ち、顔をつけて両手を前方にまっすぐ伸ばす。余裕を持って手の動きに集中できるよう、足を開いて上体を支える。

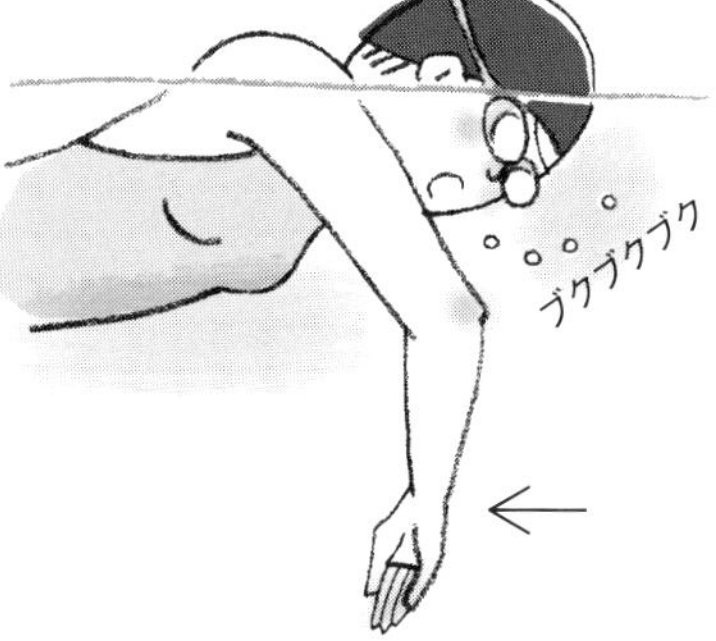
ブクブクブク

2 息を吐きながら、後方へかく

息を吐きながら、後方に向かってかいていく。肘はほぼ直角に。手のひらは後ろに向け確実に水をとらえよう。

手の動きと呼吸のタイミングを覚えよう

水の中に立った状態で、ストロークと呼吸のシミュレーションをしよう。沈む心配はないので、ゆっくりと正確に腕を動かし、それに呼吸を合わせるようにしよう。

呼吸する側の手を、グライド、プル、プッシュと動かしながら、息を吐く。プッシュした腕は肘から抜き、リカバリーへ。そのときに顔を横に向け、息を吸う。このタイミングをしっかり身につけておこう。慣れてきたら、水の中を歩きながらやってみてもいいだろう。

ストローク

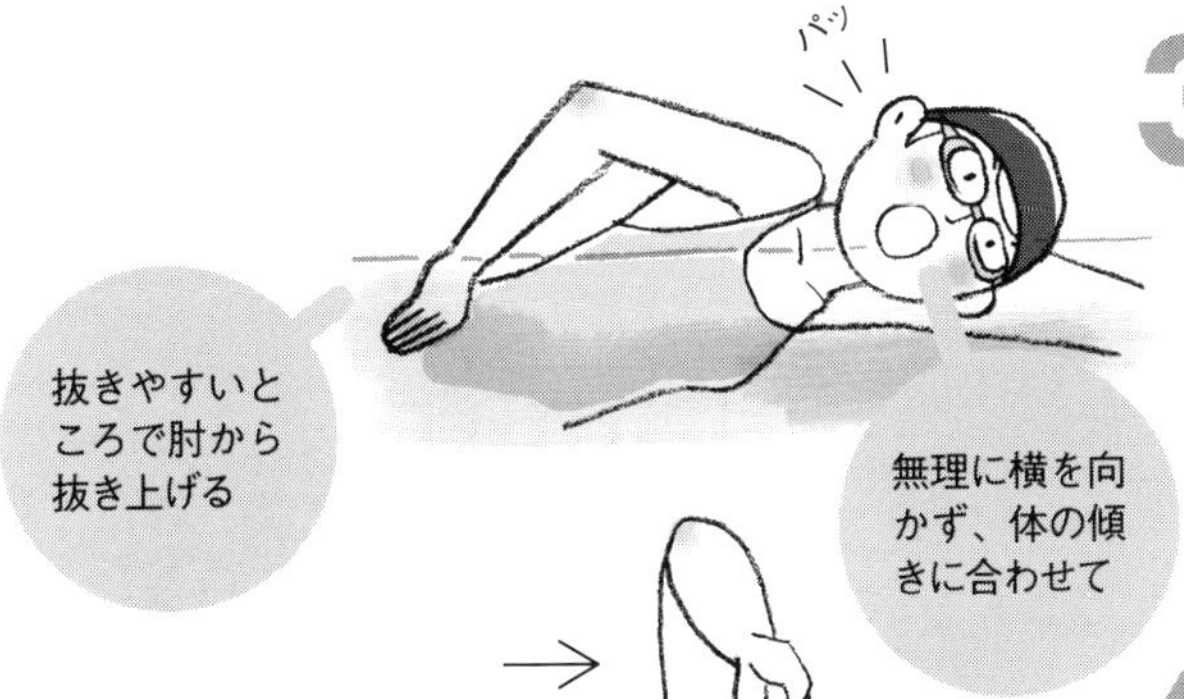
パッ
抜きやすいところで肘から抜き上げる
無理に横を向かず、体の傾きに合わせて

3 手を抜き上げながら顔を横に向け呼吸する

かいてきた手を抜き上げるときは、肘から抜く。自然と体が左側に傾くので、その傾きに合わせて横を向き、呼吸する。

4 肘を高く保ちながら手を前に戻して

呼吸を終えて顔を下向きに戻しながら、右手を前に戻して。戻すときは、肘の高さが下がらないように注意しよう。

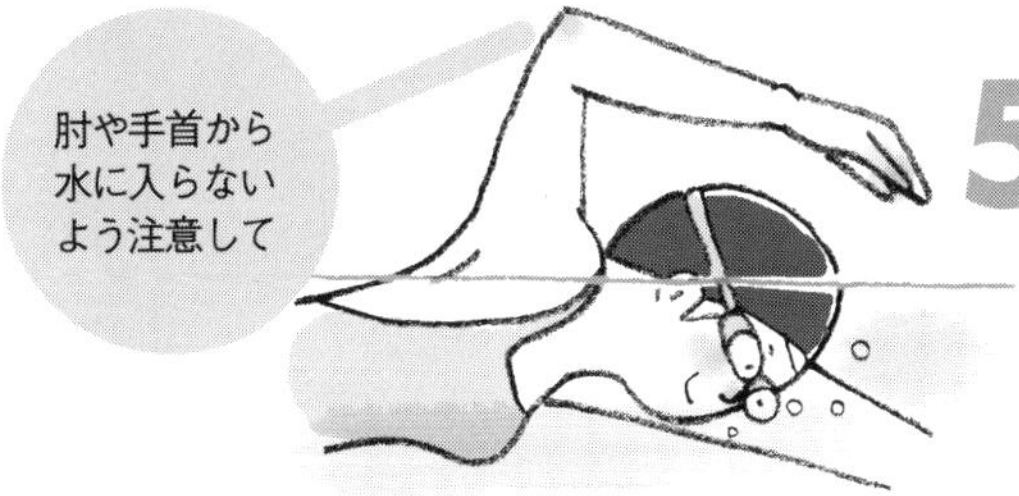
肘や手首から水に入らないよう注意して

5 顔を戻し、指先から手を差し入れる

顔を戻し、前に戻してきた右手を入水する。水面に置くのではなく、水面より少し下に向かって差し入れるようにすると、かき始める動作に移りやすい。

平井先生のワンポイントアドバイス

息を吐くとき真下を見ていれば、自然と横向きに顔を上げられる

クロールでは顔が横向きの状態で呼吸するが、慣れないうちは顔を起こしてしまいがち。息を吐いているときは、前方を見ないで真下を見ておくように。こうすると、自然と顔を横に向けて呼吸することができるんだ。

STEP4 練習❷

ビート板を使って、バタ足とストロークで前進する

腕を片方ずつかきながら呼吸を組み合わせてみよう

ビート板に両手を載せてバタ足で進みながら、ストロークと呼吸を合わせる。ストロークと呼吸のタイミングを確認しながら、休みなくバタ足を続ける練習だ。

　ストロークは片腕ずつやってみよう。たとえば、右腕を回し終えビート板に戻してから、左腕を回すという具合だ。肩の力を抜き、ゆっくりと大きく動かすようにしてほしい。

　呼吸は、どちらか自分のやりやすい側でおこなうといい。呼吸のとき、バタ足を続けることを意識して取り組もう。

呼吸しない側の腕でも大きな動作を心がけて

呼吸する側とそうでない側とでは、手の回しやすさがずいぶん違う。呼吸するときは自然と体が傾くので、高い位置で手を動かすことができ、リカバリーを無理なくおこなうことができるのだ。ところが、呼吸しない側の手は、顔を上げないためにリカバリーが小さくなりがち。左右のバランスが崩れる場合がある。

　呼吸しない側のリカバリーを大きくするには、肩から大きく動かすことを意識するといい。体にひねりが生まれ、リカバリーが楽にできるようになる。

POINT!

持ちやすい浮き具を選んで使ってみよう

この練習では、片手ずつビート板を持ち替える。持ち替えにくくスムーズにいかない場合は、右図のようなプルブイが便利。

ビート板を持ち替えながら、片腕ずつゆっくりかいていく

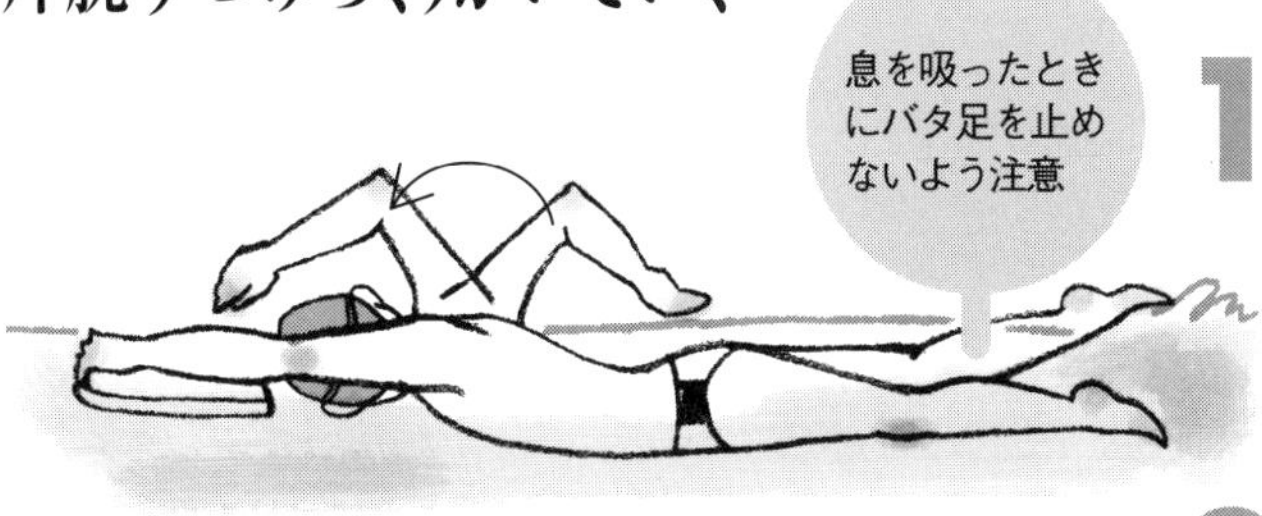
息を吸ったときにバタ足を止めないよう注意

1 呼吸しながら右手を戻してくる

左手は前に伸ばしてビート板を持つ。右手を水から抜き上げながら顔を横に向けて呼吸し、そのまま右手を戻してくる。

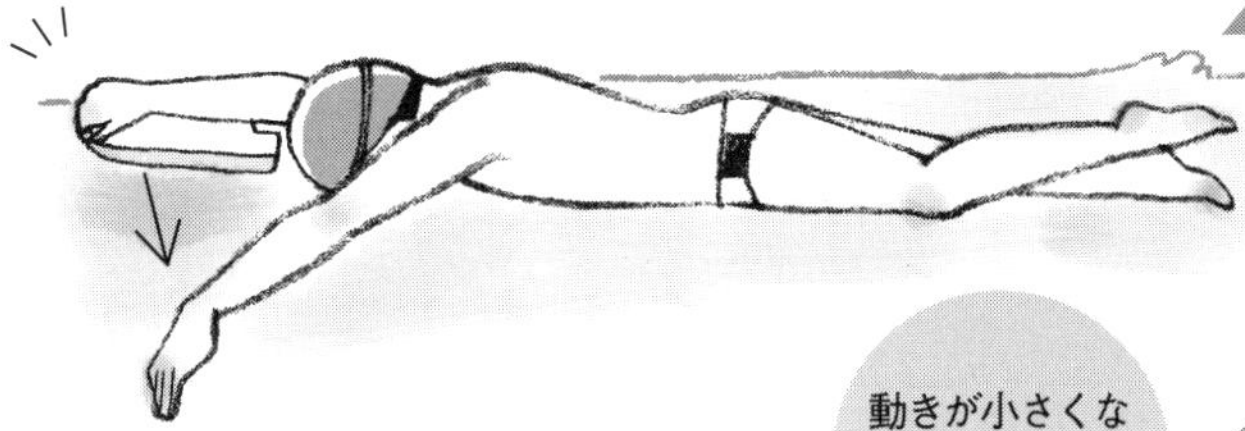

2 右手を戻したらビート板を持ち替える

右手を前に戻したら、まっすぐ伸ばしてビート板を持ち替え、左手をかき始める。バタ足も休まずに。

動きが小さくならないよう、気をつけて

3 息を吐きながら左手を回す

鼻と口から息を吐きながら、左手を回して前に戻してくる。大きくゆっくりと回し、次の呼吸までに息を吐き切る。

平井先生のワンポイントアドバイス

呼吸しない側の手を回すとき、息を吐くのを忘れないように

バタ足とストローク、呼吸。3つの動作に夢中になって、つい息を吐くことがおろそかになる人が多い。呼吸しない側の手を回すとき、ちゃんと吐いておこう。そうしないと、吸おうとしたとき空気が入ってこないからね。

STEP4
練習
③

足に浮き具をつけて、ストロークだけで前進しよう

手で水をとらえる感覚をしっかりつかみながら前進

ビート板を足の間に挟み、ストロークだけで進む練習をする。腰が浮きすぎるとやりにくいため、ビート板を挟む位置を調節しよう。

初心者のクロールは、推進力の多くをキックで得ているのが普通。ストロークが弱いのだ。そのレベルにとどまらず、上を目指すなら、「進むストローク」のコツをつかんでおく必要がある。

手はただグルグル回すだけでなく、しっかり水をとらえてかくことを意識する。そして、手が水の中にあるときに力を入れ、水の外ではリラックスさせるようにすると、無駄な力を使わずに効率よく体を前進させることができる。

左右のかきのバランスもチェックしておこう

足にビート板を挟んで泳ぐと、ストロークの左右のバランスも見えてくる。左右が同じように傾いていればいいが、どちらかに偏っている場合は、かきの強さのバランスがとれていないということだ。一般的に、呼吸しない側のストロークが小さくなっていることが多い。肩から大きく回して、呼吸しない側の手も動かすようにしよう。

POINT!

腰の位置が高くなると上体が立たなくなる

初心者の泳ぎは上体が立ってしまいがち。だが、足に浮き具をつけると腰の位置が高く保たれ、自然と重心が前にくるため、水平姿勢で練習できる。

左右のバランスをとりながら、リズミカルにかいていこう

後ろから見ると…

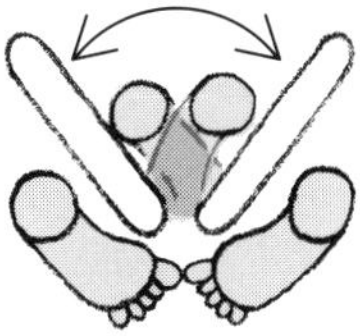

左右のかきのバランスがとれていると、進んでいるときの体の振れ方が、左右対称になる。

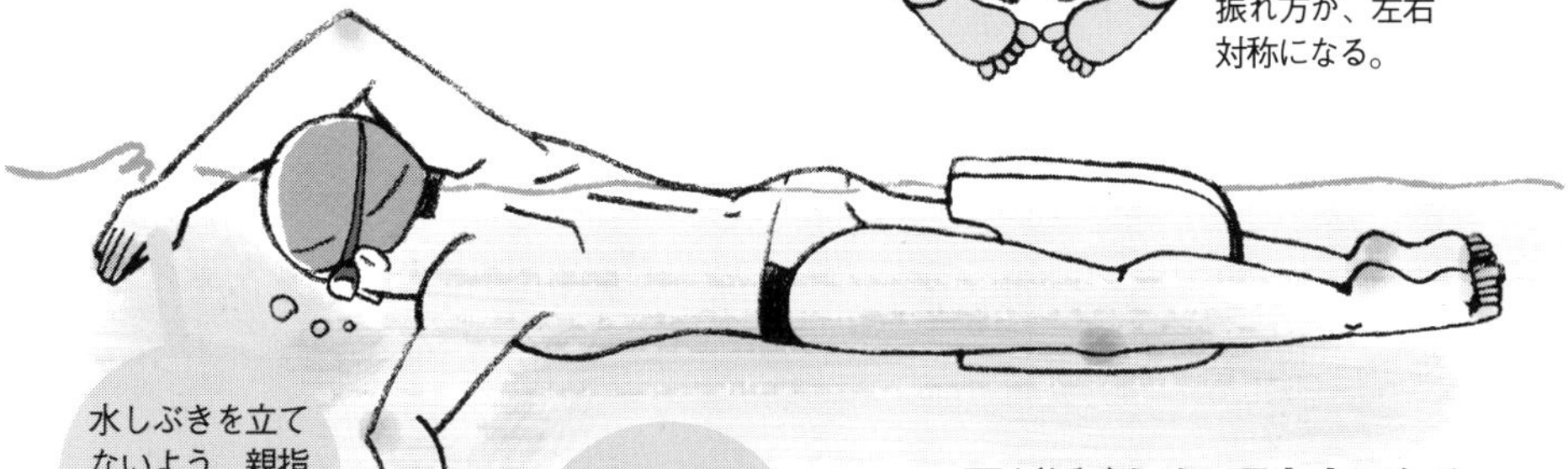
水しぶきを立てないよう、親指からなめらかに差し入れる
肘はほぼ直角に曲げ、まっすぐかいてくる

腰が浮くため、不安定になる。体の軸が振れないようにしよう

浮き具のおかげで足は沈まないが、腰が浮くことで上体が不安定になる。ぶれないようバランスをとりながら、まっすぐ進むことを目標にしよう。

平井先生のワンポイントアドバイス

手に泡がついてくるのは、ちゃんとかけていない証拠だぞ

ストロークはなるべく泡をたてないほうがいい。たくさん泡ができて手についてくるのは、ちゃんと水をつかまえていない証拠。指先から入水し、そのまま20cmくらいの深さまで伸ばしてからかき始めると泡はできにくいよ。

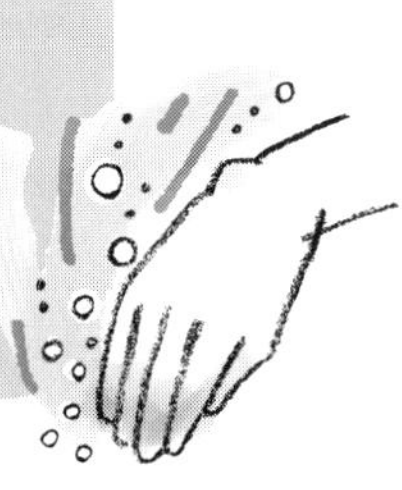

POINT!

片腕ずつかくことで、丁寧な泳ぎができる

ひとかきごとに両手を前で揃えるキャッチアップクロール。手を揃えるたびに、蹴伸びの基本姿勢に戻るため、丁寧に泳ぐことができる。

STEP4 練習④

キャッチアップクロールで泳いでみる

キャッチアップクロールなら大きなストロークが可能

ビート板も何も使わず、キックとストロークを組み合わせてみる。いよいよ完成形に近くなるのだが、初心者は慌ててしまい、小さなストロークになることが多い。そこで、まずはキャッチアップクロールで泳いでみるといいだろう。

キャッチアップクロールは、常に片方の腕を前に残しておき、一方の腕を回して前で手が揃ったら、次に反対側の手をかき始めるという泳ぎ方だ。片手ずつ動かすので一つ一つの動作を意識しやすいし、ゆっくりしたリズムになるので、大きなストロークが可能になる。

呼吸はどちらか片方でできれば困ることはない

呼吸は右か左のどちらか片方でできればよい。最終的には、両方でできるようにしておくのが理想だが、まずは片方でできれば困ることはない。両方でできることを目指すよりは、片側だけでいいので、スムーズに呼吸できるようにしたほうがいいだろう。

基本は１ストローク（左右１かき）・１ブレス（呼吸）。慣れてきたら、２ストローク・１ブレスや、１ストローク半・１ブレスも試してみてもいい。

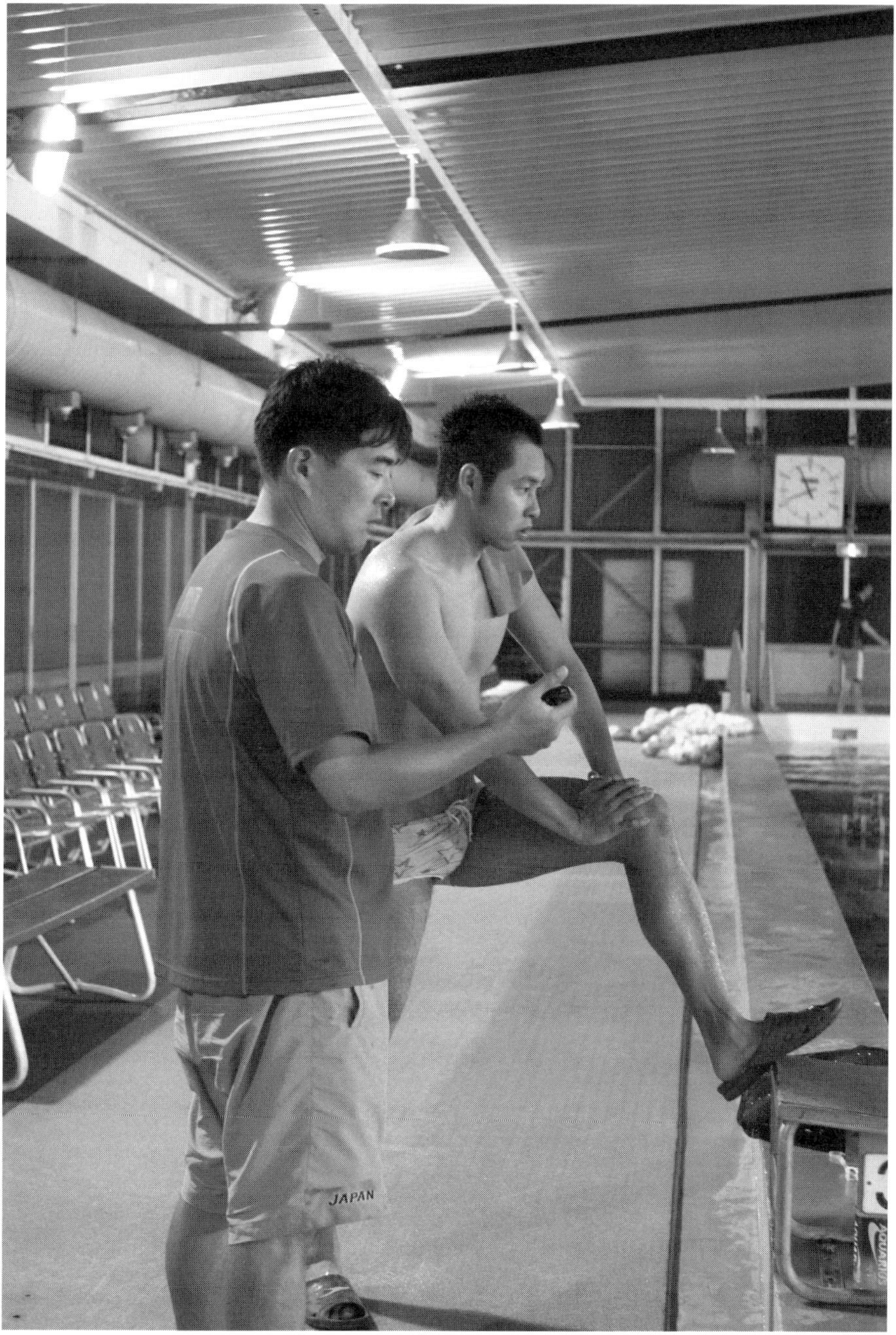
JAPAN

ストローク

よくある失敗

Q&A 1

Q "S字にかく"と習いましたが、難しくてできません

A 無理しなくても大丈夫。最近は"S字"と、教えなくなっているんだ

手の軌跡がS字を描くようにかくのがS字ストローク。水をかく距離が長くなるのに加え、揚力の力が働き、推進力が大きくなると言われている。

推進力で最も大きいのは抗力で、これは水を後ろに押しやるときに得られる。オールでボートを進めるときの力だ。これに対し、櫓で和船をこぐときに働いている力が揚力。つまり、まっすぐかくとオールの力しか利用できないが、S字ならオールと櫓の推進力を利用できるという理屈なのだ。しかし、最近はS字を意識しなくていい、という考え方が主流になっている。

S字を意識しなくても、肘を直角に曲げればできる

理由は2つある。一つは、揚力よりも抗力のほうがずっと大きいこと。揚力のことを考えるより、とにかく抗力を大きくする技術のほうが重要だと考えられるようになってきた。

もう一つは、本人がまっすぐかいているつもりでも、かくときに肘が曲がり、体が自然に傾くことで、結果的にS字を描くからだ。そこで、最近は無理にS字を意識しなくてもいいと言われている。

POINT!

後方にかき進むにつれ手のスピードを上げる

手の軌跡を考えるのは難しいが、要は「力強くかく」ことが大切。遠くに入水し、かき進むにしたがってスピードを上げることを意識してみよう。

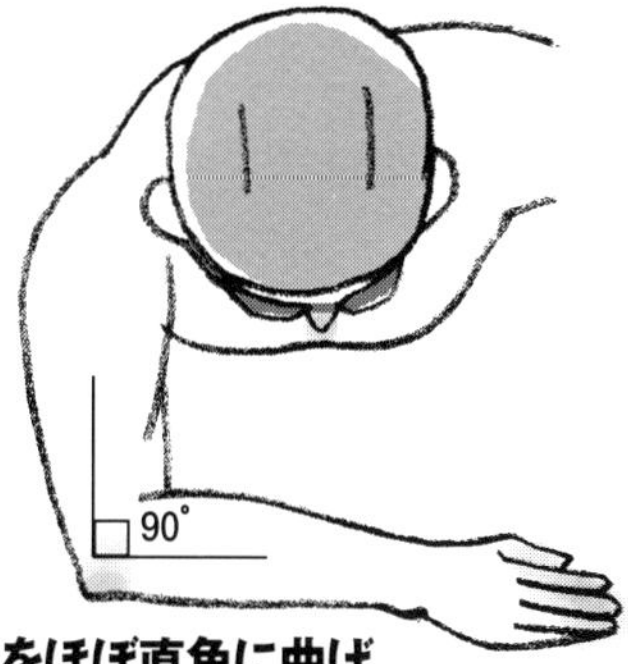

**肘をほぼ直角に曲げ、
体の真下をまっすぐかく**

肘を徐々に曲げながら、手のひらを後方へ向け、手が体の中心のラインを通るようにして、かいていく。真下では、肘はほぼ直角になる。

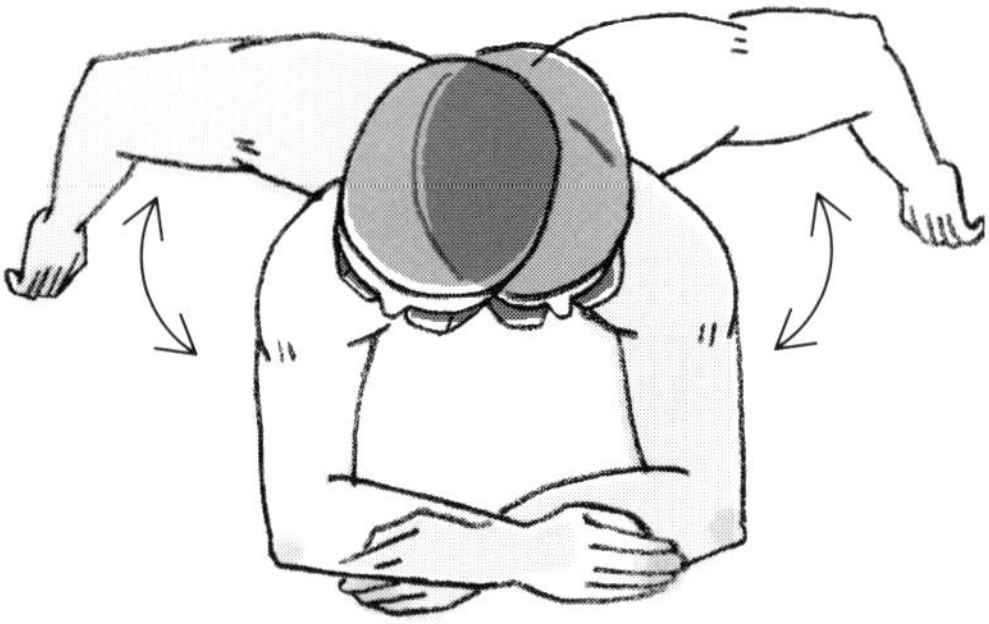

**肩から大きく回すと、
体が自然と左右に振れる**

右、左、右……と交互にかくたびにかいているほうの側に体が傾き、水面に対して肩のラインが斜めになる。

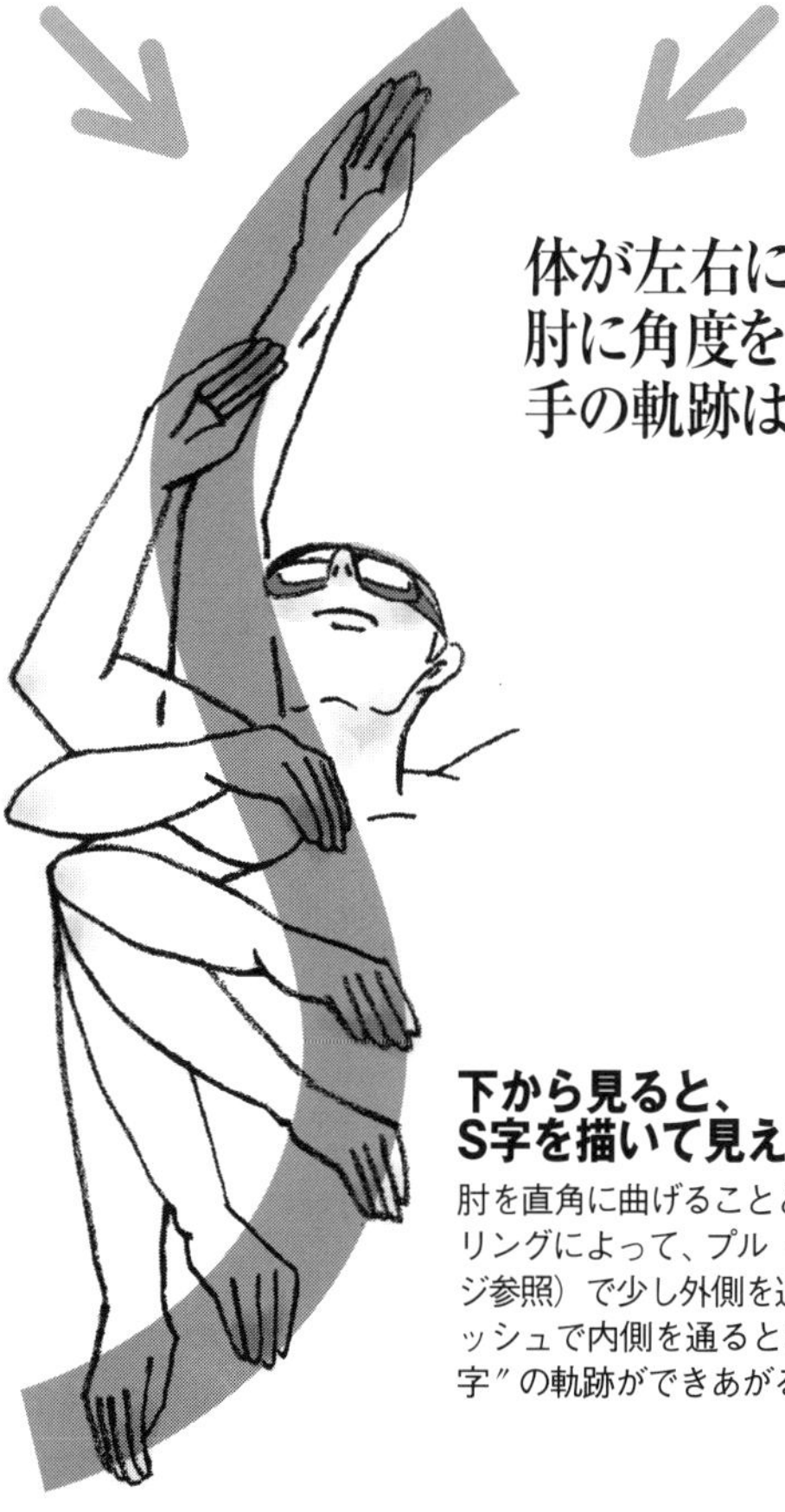

体が左右に振れるのと、肘に角度をつけることで、手の軌跡は自然とS字に

**下から見ると、
S字を描いて見える**

肘を直角に曲げることと、ローリングによって、プル（72ページ参照）で少し外側を通り、プッシュで内側を通るという〝S字〟の軌跡ができあがる。

ストローク

よくある失敗

Q&A

2

Q ゆっくり泳いでいるのに、腕がすぐ疲れてしまいます

A 力みっぱなしが原因だ。腕の力にオンとオフを

腕を動かしているときに、ずっと力が入りっぱなしになるのだろう。それが、すぐに腕が疲れてしまう最大原因と考えていい。慣れていないと、このようなガチガチの泳ぎになりがちだ。

力が入りっぱなしだと、無駄な力も使ってしまうが、それ以上に休む間がないのがつらい。水をかいているときは「オン」、腕を水から出して前に戻してくるときは「オフ」というように、切り替えることを心がけてほしい。

このようにメリハリがついていると、力強いストロークを続けていても、腕が疲れてしまうという事態には陥らなくてすむのだ。

堅苦しいフォームをやめ、自然体で泳ごう

フォームを細かく考えすぎて、ぎくしゃくした動きになってしまう人もいる。これも無駄な力を使うので、早く疲れる原因になってしまう。

たとえば、「リカバリーでは肘は高く」（72ページ参照）と教えられることが多い。しかし、これを意識するあまり、ガチガチの動きになってしまうとしたら逆効果だ。自然な動きが最も疲れないということを覚えておこう。

水の中ではオン、水の上ではオフ。腕の力をコントロールしてみよう

腕を前に回すときは、力を抜いて、自然に戻してこよう

腕を前に戻すときは力を抜き、ゆったりと大きく回す。前に伸ばして、できるだけ遠くの水に差し入れる感覚で入水する。

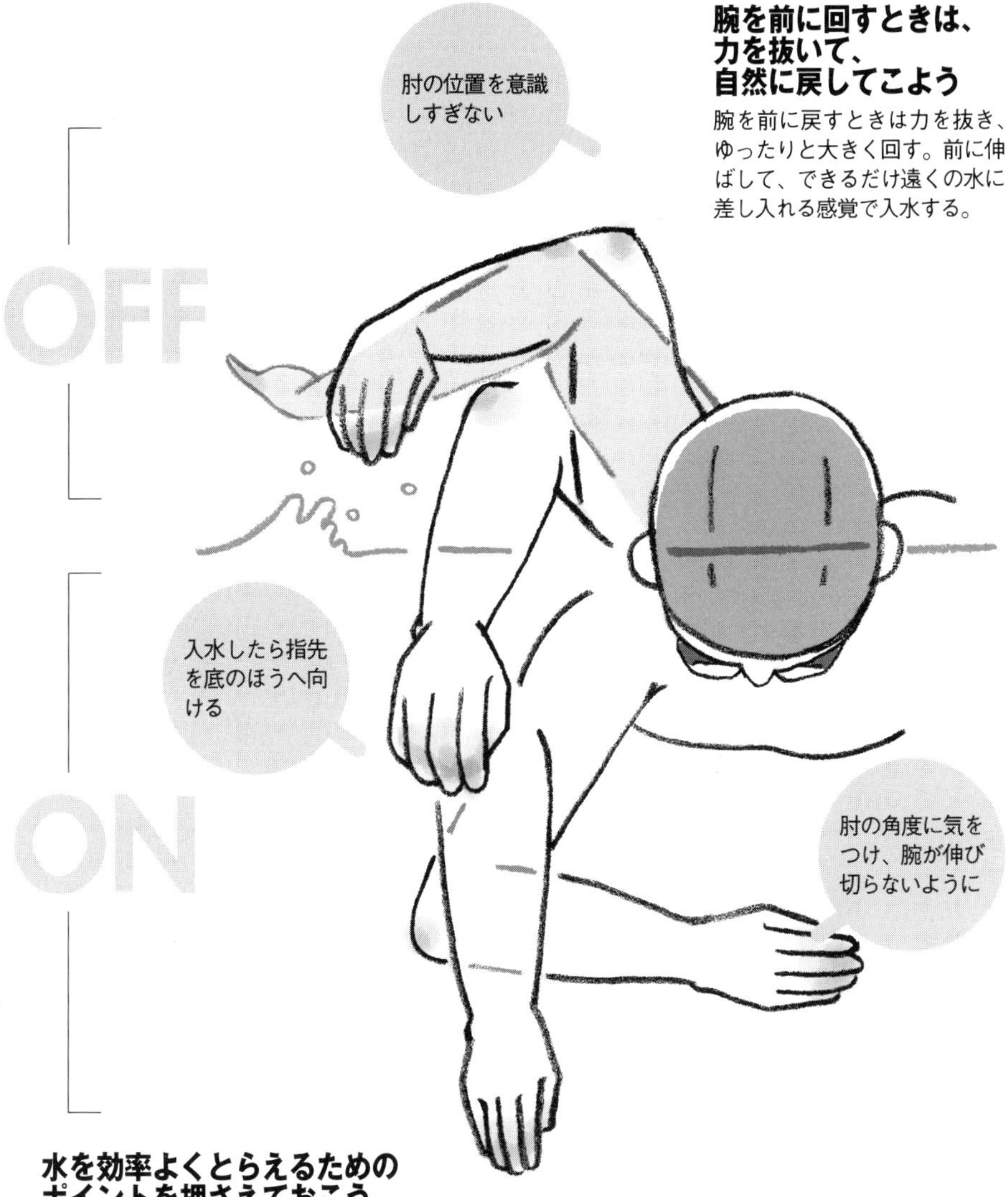

肘の位置を意識しすぎない
OFF
入水したら指先を底のほうへ向ける
ON
肘の角度に気をつけ、腕が伸び切らないように

水を効率よくとらえるためのポイントを押さえておこう

水中では、力強くかくことが最も大切。また、腕が生み出す抗力を最大限に生かすため、水をより確実にとらえられるよう、軌跡や手のひらの向きを工夫しよう。

Q 呼吸をする時間が短くて、すぐに息が苦しくなります

A 慌てずに動作を大きくし、呼吸のための時間をしっかり作ろう

上達すると吸い込みと吐き出しが瞬間的にできるようになるが、慣れないうちは、そう簡単にはいかない。呼吸のための時間をしっかり確保したいところだが、焦りもあり、どうしてもリズムの速い泳ぎになってしまいがち。大きくゆったりとした動きで泳ぐことを心がけたいものだ。

特にリカバリー（72ページ参照）が小さくなると、呼吸がしにくくなる。腕をリラックスさせて大きく動かすためには、手首の力を抜くようにするといい。肩から腕にかけての無駄な力が抜け、ゆったりとしたリカバリーが可能になる。

慌てて吸おうとせず 静かな呼吸を心がけよう

また、深い呼吸をしていないことも原因のひとつ。顔を出した瞬間に息を吸わなければいけないと思っていると、うまく吸えない。水面に出した顔を、しばらくそこに載せておくような気持ちでいると、時間的な余裕ができて呼吸がしやすくなる。

また、一度の呼吸で新しい空気を多く取り込むには、顔を水につけている間にじゅうぶん息を吐いておくことも大切だ。

瞬間的に吸うのが難しければ、呼吸の時間を長くとる工夫をする

○ 時間をかけて腕を回し、自然な体勢で呼吸する

大きくゆっくりと腕を回し、顔を長く傾けていられるようにする。首をリラックスさせ、水面に顔を載せるつもりで呼吸する。

× 短い時間で、たくさん吸おうと焦っている

顔を上げすぎることで、上体が起きてしまう。その結果、体が沈むため、焦って呼吸を急ぎ、たくさん吸おうと必死になってしまう。

ゆっくり大きく腕を回す
パッ

急いでたくさん吸おうとする
パーッ

平井先生のワンポイントアドバイス

上級のスイマーはみんな、波の谷間で呼吸しているんだ

船のへさきを思い浮かべよう。かき分けた水が波を作るね。あれと同じ波が、人間が泳ぐときもできる。上級スイマーの呼吸は、その波の低くなった部分を利用するんだ。そうすれば、顔をあまり上げずに呼吸できるからね。

Q 呼吸しようとすると、フォームが崩れて体が沈みます

A 呼吸時にあごが上がり体が立ってしまうから

顔を水につけているときには、自分の真下あたりを見ているのが基本だ。これなら水の抵抗も小さいし、呼吸のために顔を上げるときも、ちゃんと横向きのまま上げることになるので、呼吸するときに体が沈むようなことは起こらないだろう。

呼吸するときに体が沈むとしたら、自分の真下ではなく、前のほうを見ているのではないだろうか。前を見るためにあごが上がっていると、呼吸のときに頭が水面から出てしまうし、上体も起き上がることになる。こうなると、必然的に下半身が沈み、膝の曲がったバタ足になる。これでは、体が沈みやすくなるのは当然だ。

水平姿勢を保つにはリラックスすることが大事

体が沈むのを防ぐには、なるべく水平な姿勢を保つように心がけ、それを崩さないようにしながら、呼吸したりバタ足をしたりするといいだろう。

水平な姿勢を保つために必要なのは、全身のリラックス。上手に力を抜くことができるようになれば、だんだん緊張せずに泳げるようになり、体が沈むこともなくなるだろう。

体がちゃんと浮くかどうかは、泳いでいるときの目線で決まる

✕ 前方を見ているため、呼吸であごが上がり、上半身が起きる

顔をつけているときに前を見ていると、横を向いたときに頭が起きてしまう。すると、上半身が上がってバランスが崩れ、体が沈む。

○ 真下を見ているため、呼吸のときの顔の向きも自然

水中でしっかり頭を中に入れ、自分の真下を見ていると、横を向いたときも頭が倒れたまま呼吸することができ、水平姿勢が崩れない。

平井先生のワンポイントアドバイス

地上で顔を前向きに上げてみる。体が沈むことがよくわかるはずだ

うつ伏せになって顔だけ前向きにしてみると、首や背中の筋肉が緊張しているのが分かる。水に浮かんでやってみると、顔を上げたとたん、足から沈んでしまう。あごを上げて呼吸したとき体が沈むのも同じことだ。

column

日本古来の泳法 速さよりも〝技〟を重視

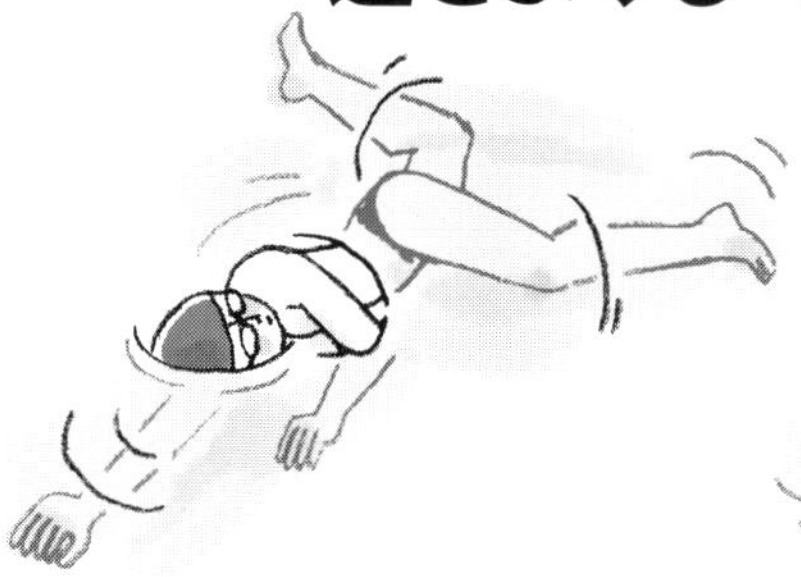

一重伸（水府流太田派）

足撃（小堀流踏水術）

手は平泳ぎ、足はバタ足に似た「足撃」や、甲冑をつけたまま泳ぐ「甲冑御前游」など、流派ごとに独特の泳法がある。同じ名前がついた泳ぎ方でも、流派によって細部が微妙に異なる場合もある。

甲冑御前游（小堀流踏水術）

武術から派生。家元制をとる流派も

「日本泳法」とは、水軍の兵法や武士のたしなみとして奨励されていた〝武術水泳〟にルーツを持つ、日本古来の泳法のことだ。南は鹿児島の「神統流」から、北は水戸の「水府流水術」まで、12の流派が日本水泳連盟により公認されている。それぞれ流派ごとに呼び方が異なり（水芸、水法など）、師範を置き、家元制をとっている流派もある。この本で取り上げられている4泳法と異なり、速さよりも技や型が重んじられるのが特徴だ。

ちなみに、4泳法が発展したのは明治・大正時代以降のこと。1920年のアントワープ大会に日本泳法でのぞみ、外国人選手のクロールの速さを目の当たりにしたのがきっかけだった。

第3章

正しい「平泳ぎ」をマスターする

フォームがおかしい、スピードが出ない。
我流で覚えた「平泳ぎ」は、
なかなかさまにならない。
より美しく速く泳ぐコツを知ろう

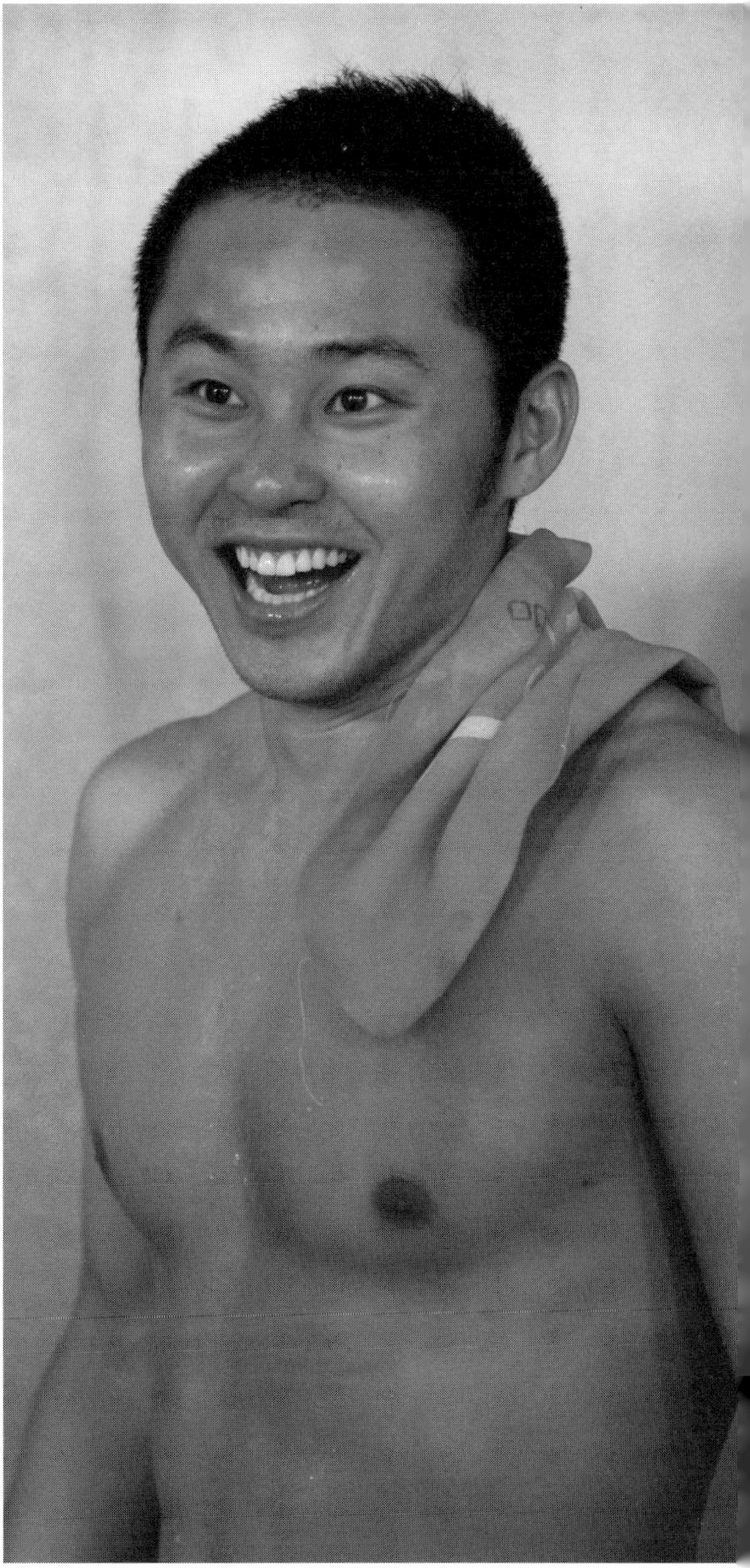

理想の泳ぎをイメージ

手足の動きと呼吸が合えば、ぐんとスピードアップできる

動きのタイミングを合わせ水の抵抗を少なくする

平泳ぎでは、1回のストロークと1回のキックを組み合わせ、手足は左右対称に動かす。手足のコンビネーションや呼吸のタイミングが、この泳ぎをマスターするときの重要ポイントだ。

推進力は大きいが、足を深く曲げたり、水の中で腕を戻す動作をおこなったりするため、水の抵抗が大きいのも特徴。動きのタイミングがずれると、推進力が得られず、抵抗ばかりが大きくなってしまう。「カエル泳ぎ」のイメージを持っていると上達の妨げになるので注意しよう。

POINT!

カエル泳ぎ＝平泳ぎと勘違いしやすい

平泳ぎは足と手を交互に運動させて進むのに対し、カエル泳ぎは足と手を対称に伸び縮みさせて進むもので、当然スピードも遅い。区別して覚える。

平井先生のワンポイントアドバイス

手、足、呼吸——それぞれの運動で、推進力を殺すことのないように

かいて、呼吸して、蹴って、伸びる。この一連の動きが、順序よく組み立てられているとよく進むんだ。順番が違ったりタイミングが悪かったりすると、大きな推進力が生まれない。まず、一連の動きをイメージしてみよう。

1

ストロークを始める前に蹴伸び姿勢を作る

かき始める前の状態。手のひらを下に向け、水面より15cmほど下に差し出し、伸びる。

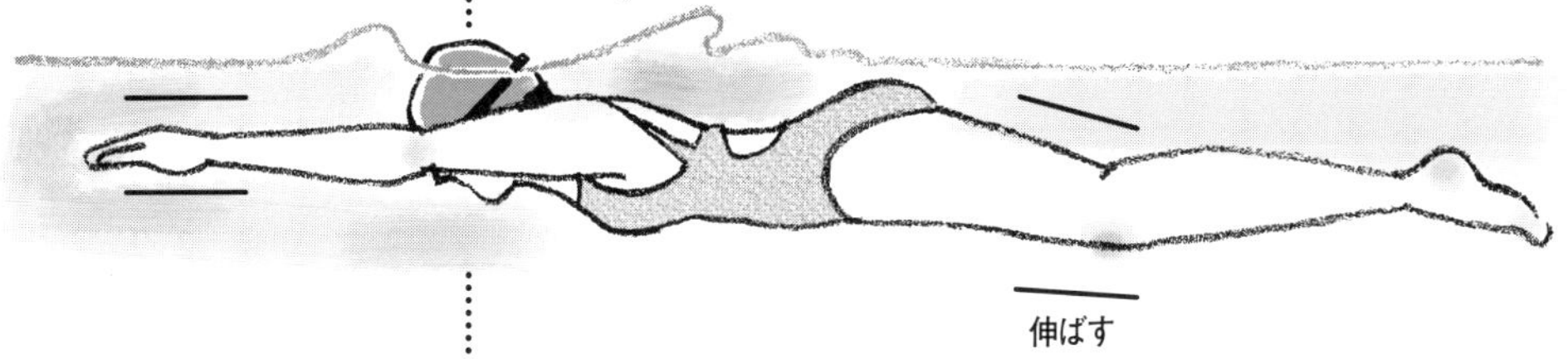

2

かき始めながら手のひらを外側に向ける

前に伸ばした腕を、左右に開いてかき始める。かきながら手のひらを外側に向ける。

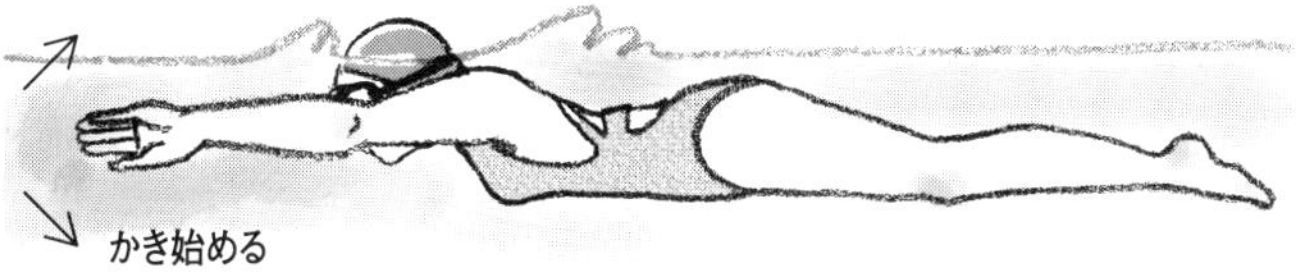

3

脇を開いた状態でかき進めながら呼吸する

脇を開き肘を張ったまま、手のひらを後方へ向けかき進める。同時に顔を上げて呼吸する。

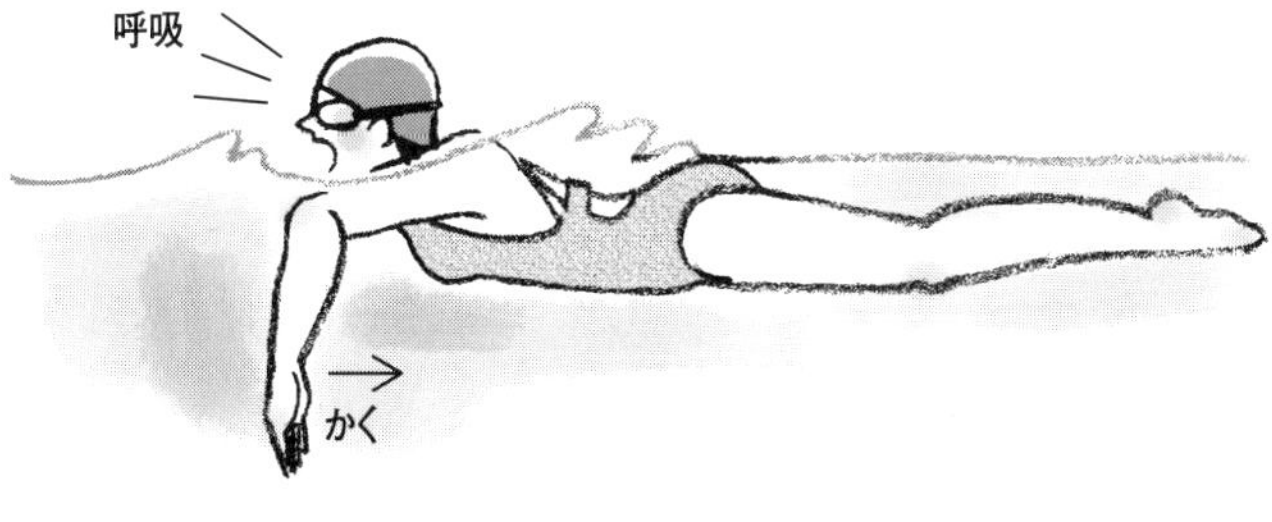

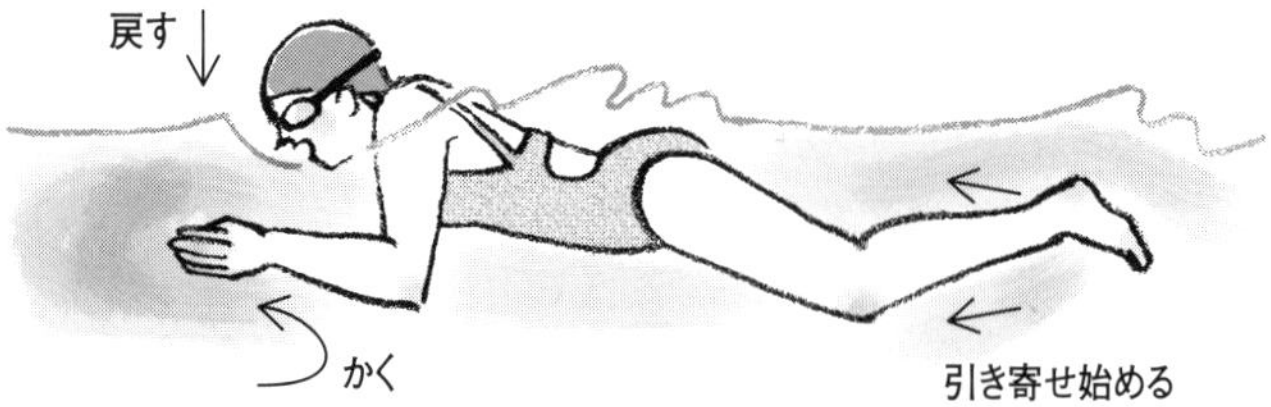

4

手のひらを内側に向け水をかき寄せる

肩よりも前で、手のひらを内側に向けて顔の下に水をかき込み、手を揃える。

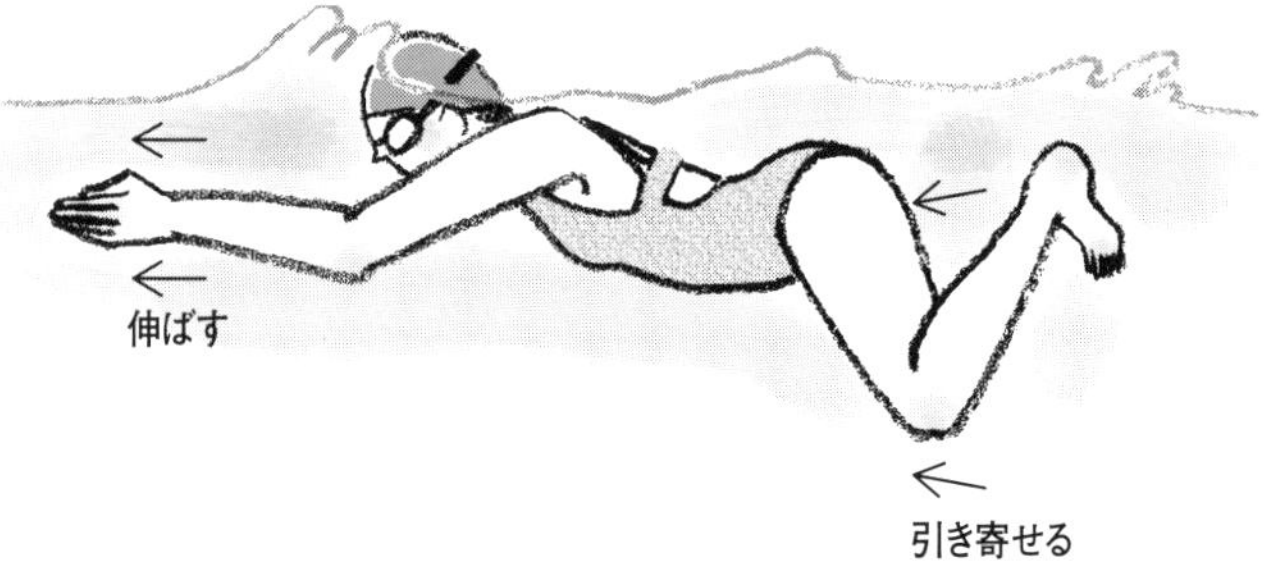

5

手を前方へ突き出しながら足を引き寄せる

顔の下で揃えた両手を前に突き出しながら、かかとをお尻へ引き寄せ蹴り出す準備をする。

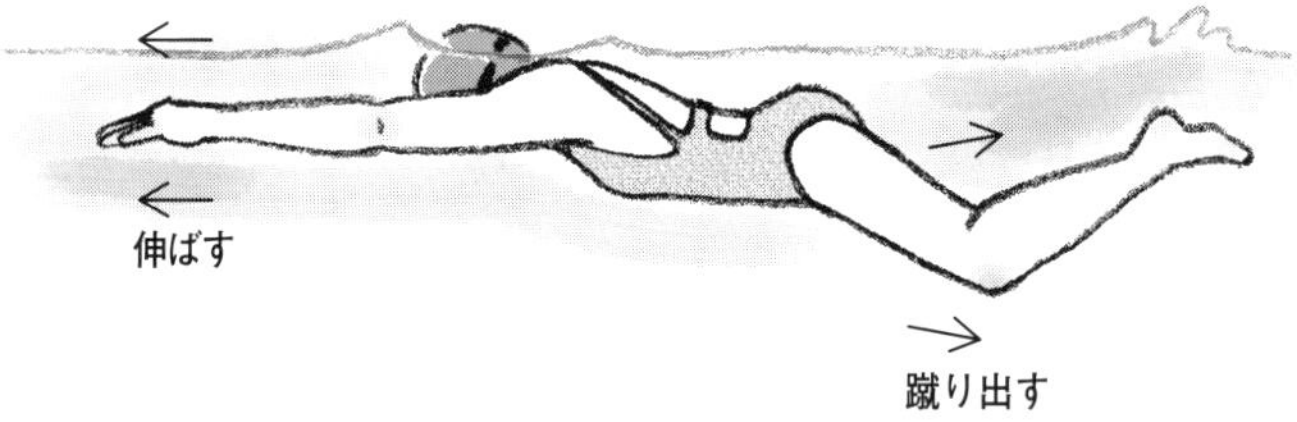

6

蹴り出しながら頭を中に入れ手を伸ばす

真後ろに向かって、両足で挟むように水を蹴り出しながら、真下を向き両手を伸ばす。

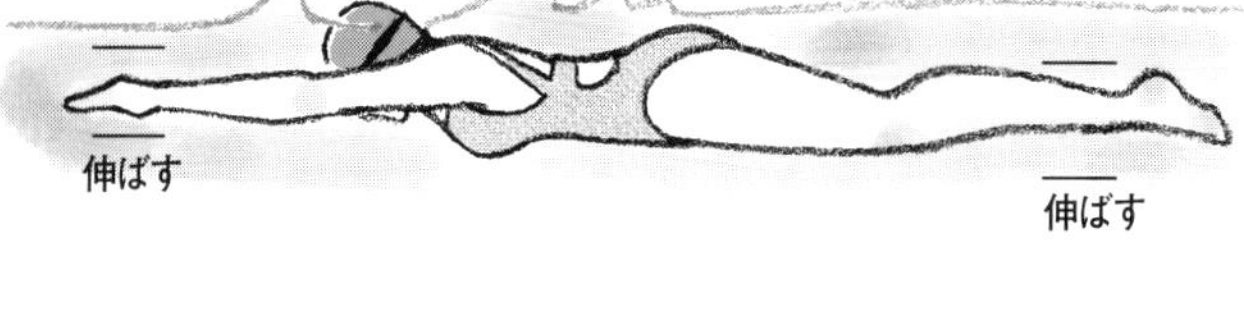

7

蹴伸びの体勢に戻って推進力を生かす

手も足も伸ばして蹴伸びの状態に。蹴りで生まれた推進力を妨げないよう、一直線になる。

2
7

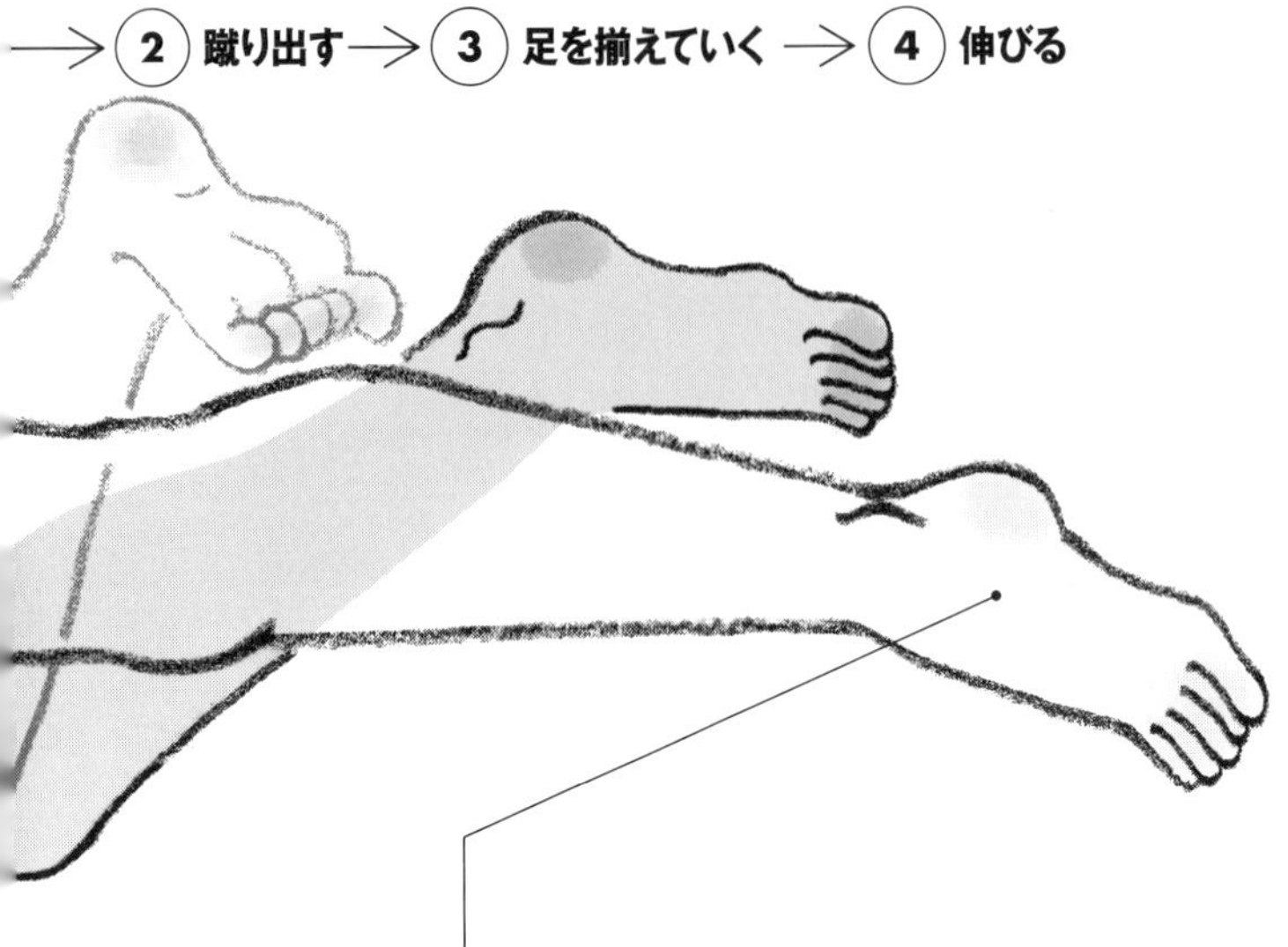
→ 2 蹴り出す → 3 足を揃えていく → 4 伸びる

1 両足を揃えた状態で伸びているか

蹴りで生まれた力を生かすため、水の抵抗が最も少ない蹴伸びの基本姿勢を、正しく作ることが大切。蹴り出した両足は、足首を伸ばし、かかとをつけるようにして揃えて伸びる。

STEP 1
イメージ

三角形を描くのではなく、真後ろにまっすぐ蹴り出す

外側に向かって蹴るとがんばっても進まない

平泳ぎはキックで大きな推進力が生み出される。正しいキックを身につけることが大切だ。しかし、平泳ぎのキック動作は、日常生活ではまずしない動きなので、マスターするのはちょっと難しい。最初は自分の足を見ながら練習するといいだろう。

キックは、引きつけた足を真後ろに蹴るのが基本。外側に蹴ってから、伸びた足を閉じるというキックをする人が多いが、あまり進まないので直したほうがいい。

① 引き寄せる

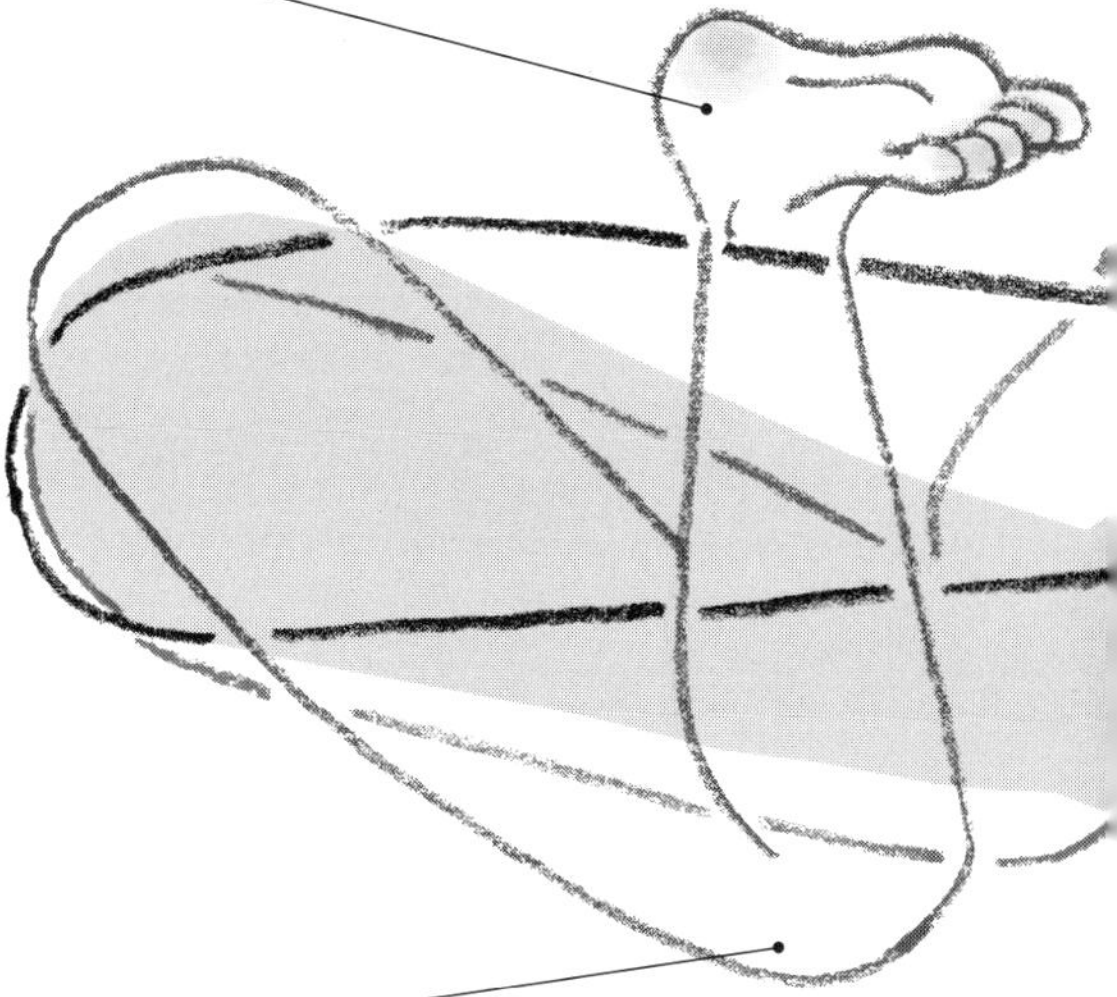

❷ 足首は曲がっているか

足首が伸びていると、蹴り出すとき足の甲で水を押すことになり「あおり足」に。親指を外側に向けて足首を曲げておくと、蹴り出しの動作に移りやすくなる。

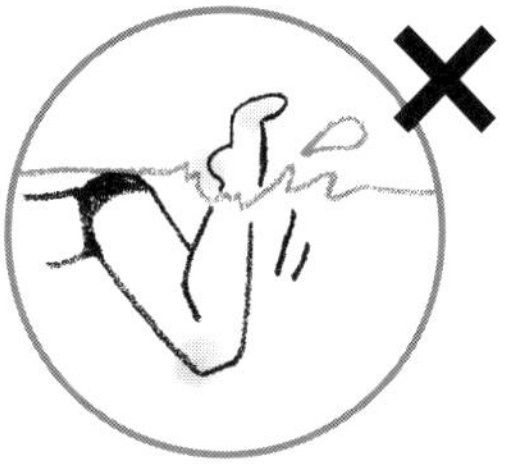

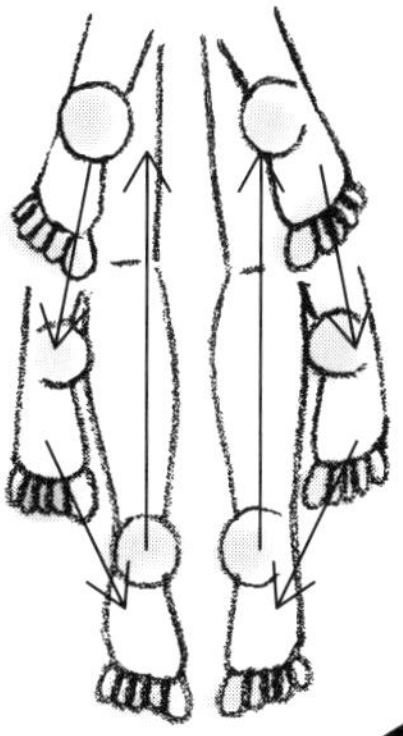

足先がまっすぐな軌跡を描くように蹴り出す

蹴り出すときは、まっすぐ後方へ。実際は、まっすぐより少し外側を通ることになるが、直線を描くよう意識して。

❸ 引きつけすぎて膝が下がっていないか

腰の位置に対して膝が下がりすぎていたり、体に引きつけすぎたりしていると、太ももにかかる水の抵抗が大きくなる。

平井先生のワンポイントアドバイス

呼吸とセットで練習しよう。かならず足が伸び切ってから呼吸を

呼吸はストロークと一緒にやると覚えやすい。だが、キックと呼吸のタイミングは大切。足が伸び切らないうちに呼吸し、スピードを殺してしまうミスが多いんだ。キックと一緒に、呼吸のタイミングを覚えてしまうべきだね。

STEP 1
練習
①

プールサイドに腰かけて練習。自分のキックを観察しよう

POINT!

股関節と足首を柔らかく使おう

真後ろに蹴るキックでは、股関節や足首を柔らかく使う。関節が硬くて難しい場合は、三角形のキックから始め、徐々に後ろに蹴る形に近づけよう。

足を引きつけるときに親指に力を入れる

キック練習の第1段階は、プールサイドに腰かけてのキックだ。できるだけ浅く腰かけ、足をお尻に引きつけてから蹴り出す動作を繰り返してみよう。

平泳ぎのキックでは、足の裏で水を後ろに押すことが大切。そのためには、足を引きつけたときに、足首が深く曲がり、つま先が外側を向いている必要がある。感覚がつかみにくい人は、引きつけるときに、足の親指側に力を入れて引くようにするとうまくいく。

引きつけた足は、そのままあまり開かないように蹴り出し、蹴り終わった足が自然に揃うようにする。

自分の足を見ながら正しい動きを覚える

平泳ぎのキックは難しいので、自分の足を見ながら練習するといい。見えないと感覚がつかみにくいが、見ながらやれば、どう動かすかが分かりやすいからだ。

ただ漫然と繰り返すのではなく、引きつけたときの足首の形、蹴り出すときの軌跡、蹴り終わった足の位置など、チェックしながらおこなおう。自分の足がどうなっているかが分かれば、それを改善するのは、そう難しくないはずだ。

蹴り出すときに どんな動きをしているか よく観察する

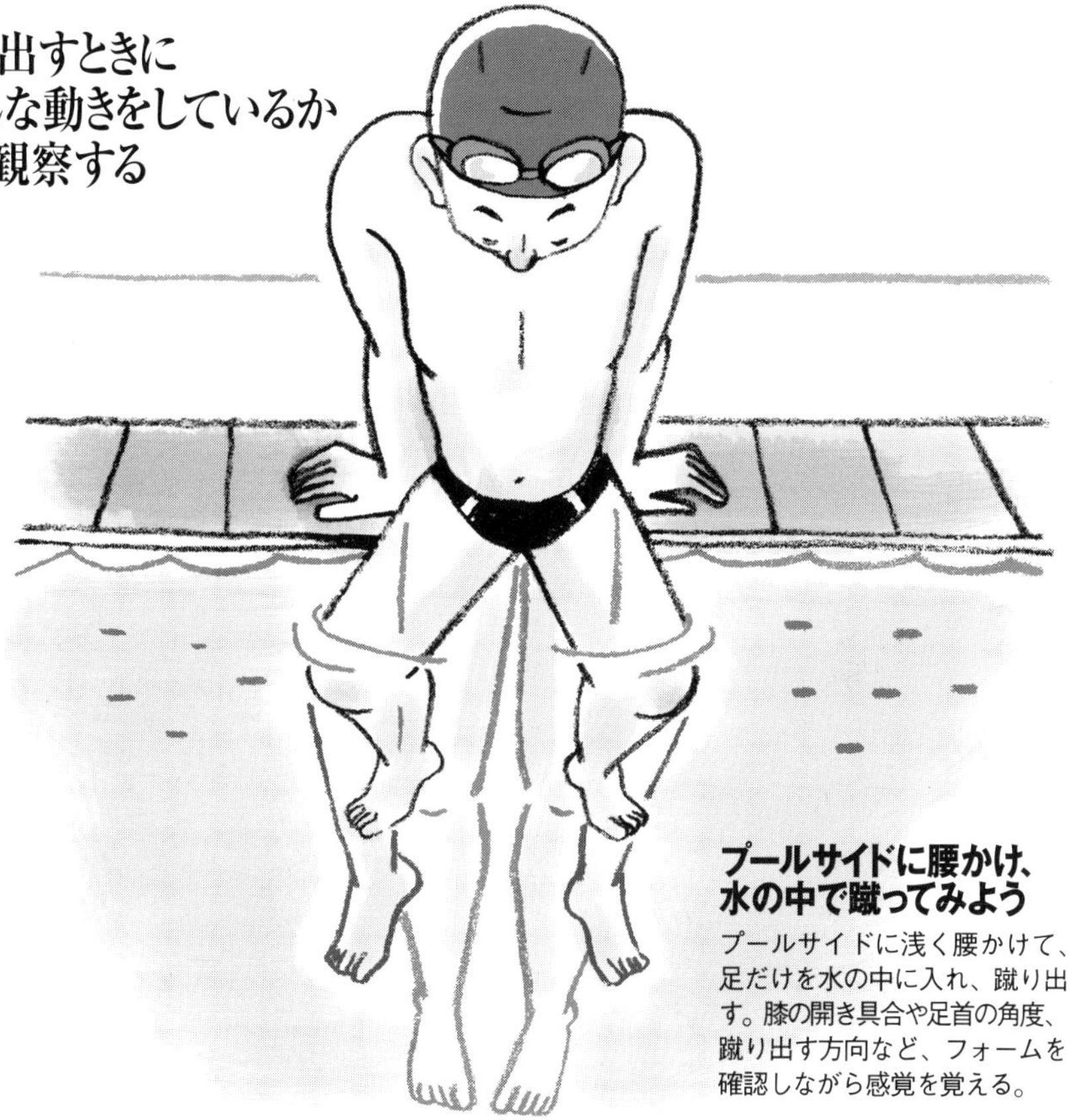

プールサイドに腰かけ、水の中で蹴ってみよう

プールサイドに浅く腰かけて、足だけを水の中に入れ、蹴り出す。膝の開き具合や足首の角度、蹴り出す方向など、フォームを確認しながら感覚を覚える。

平井先生のワンポイントアドバイス

「すねが疲れた」と感じたら、正しいキックができている証拠だ

足首を曲げて足を引きつけるには、すねの筋肉（前脛骨筋）を使う必要がある。ここが疲れるようなら、正しい引きつけができている証拠。この筋肉の強化には、床に広げたタオルを足の指でたぐり寄せる運動がいいよ。

STEP 1
練習 ②

上半身を固定して、キックの練習をする

上半身を固定して、
片足ずつキックの練習をする

コースロープとプールサイドにつかまり、片足ずつ練習しよう

プールサイドとコースロープにつかまり、体を安定させる。仰向けになって自分の足を見ながら片足ずつ練習。慣れてきたら、うつ伏せでやってみてもいい。

うつ伏せで練習する前に、正しい動きを覚えよう

まずは自分の足が見える姿勢で練習し、正しい動きを完全にマスターしておこう。プールサイドとコースロープに両手でつかまり、自分の足を見ながらキックしてみるといい。

うつ伏せのキック練習では、呼吸のタイミングも一緒に覚える。かならずキックが終わって全身が伸びてから、顔を上げよう。また、足を引きつけるとき、膝が自分の視界に入ってくるようなら、下がりすぎている証拠。膝が下がると抵抗が大きくなる。直すようにする。

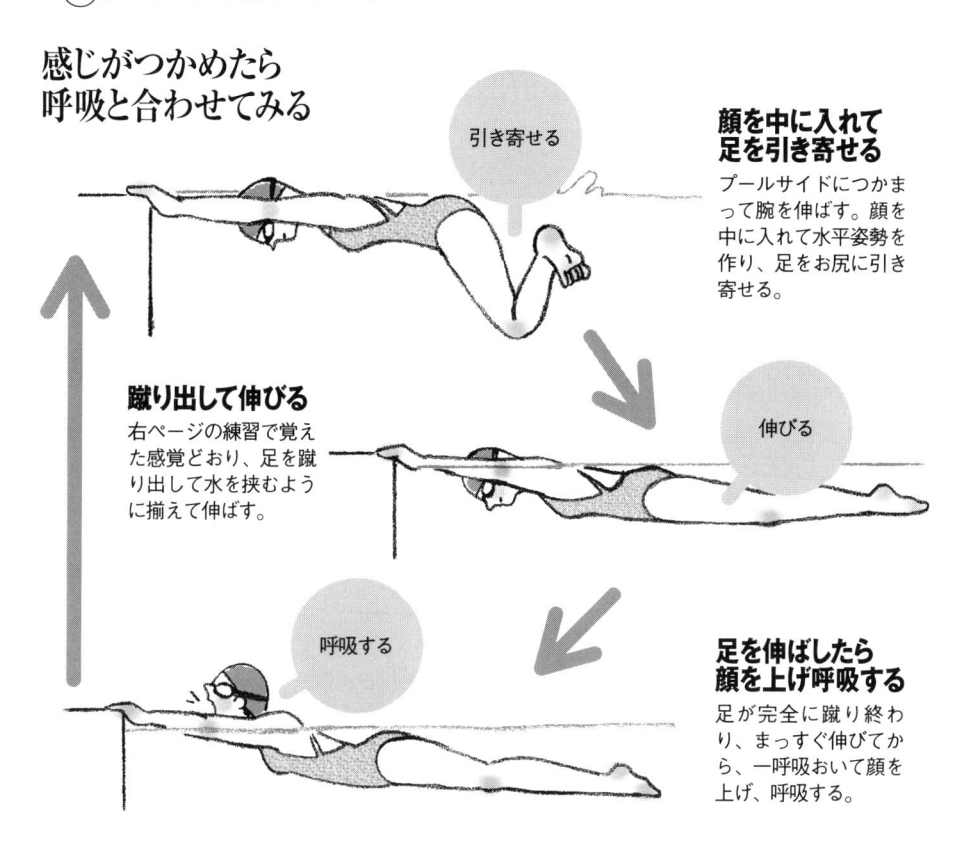

感じがつかめたら
呼吸と合わせてみる

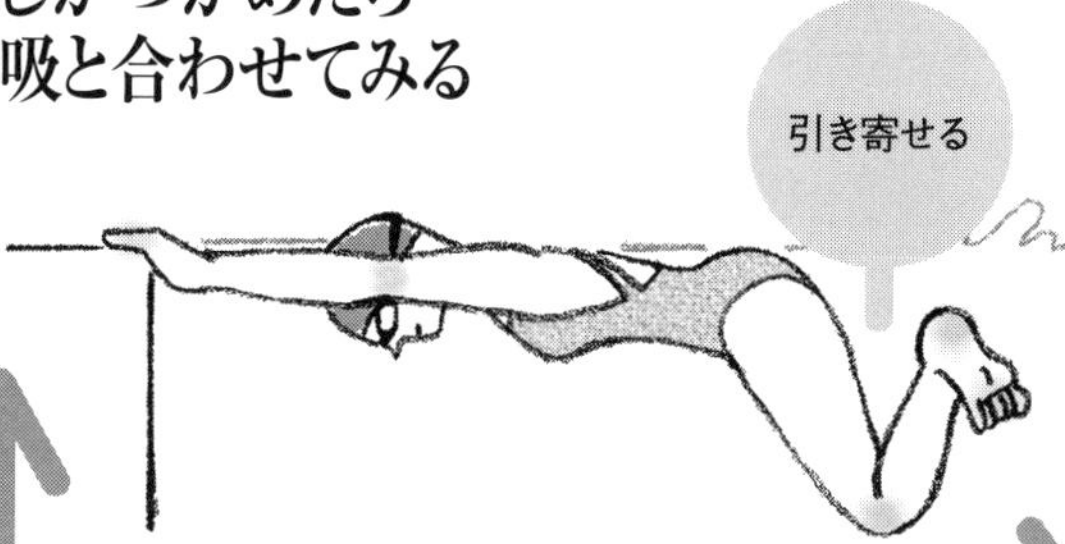

顔を中に入れて足を引き寄せる

プールサイドにつかまって腕を伸ばす。顔を中に入れて水平姿勢を作り、足をお尻に引き寄せる。

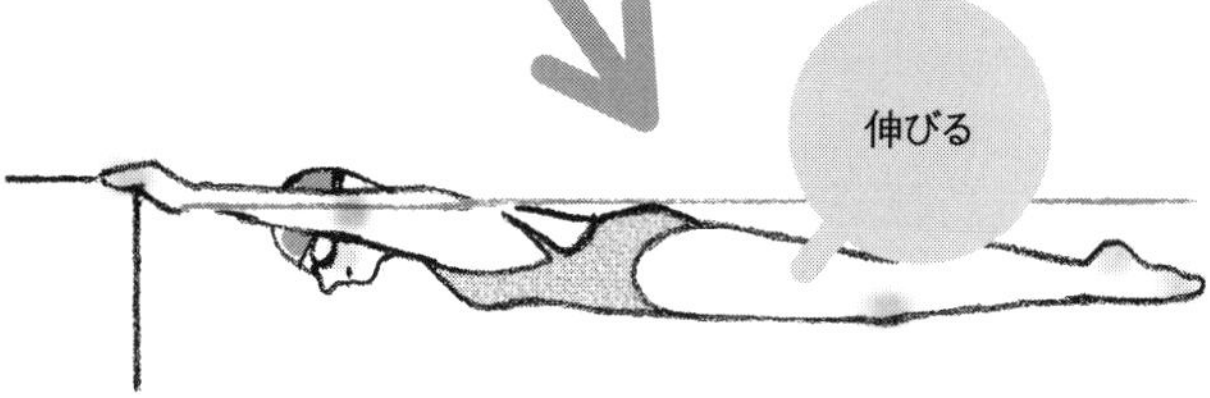

蹴り出して伸びる

右ページの練習で覚えた感覚どおり、足を蹴り出して水を挟むように揃えて伸ばす。

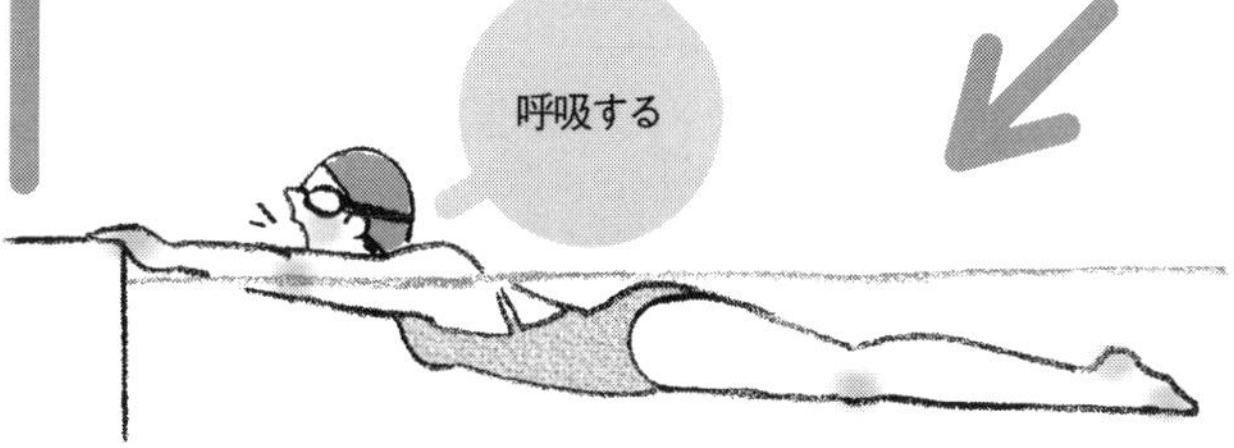

足を伸ばしたら顔を上げ呼吸する

足が完全に蹴り終わり、まっすぐ伸びてから、一呼吸おいて顔を上げ、呼吸する。

平井先生のワンポイントアドバイス

上半身を安定させないと、キックに力が入らないんだ

正しいキックを覚えるまでは、コースロープなどにつかまって、上半身をしっかり固定しておくといいね。これならキックに力が入る。力が入らないと、蹴り出すときに足の裏で水をとらえる感覚もつかめないんだ。

STEP 1
練習
③

ビート板を2枚使って、キックで前進してみよう

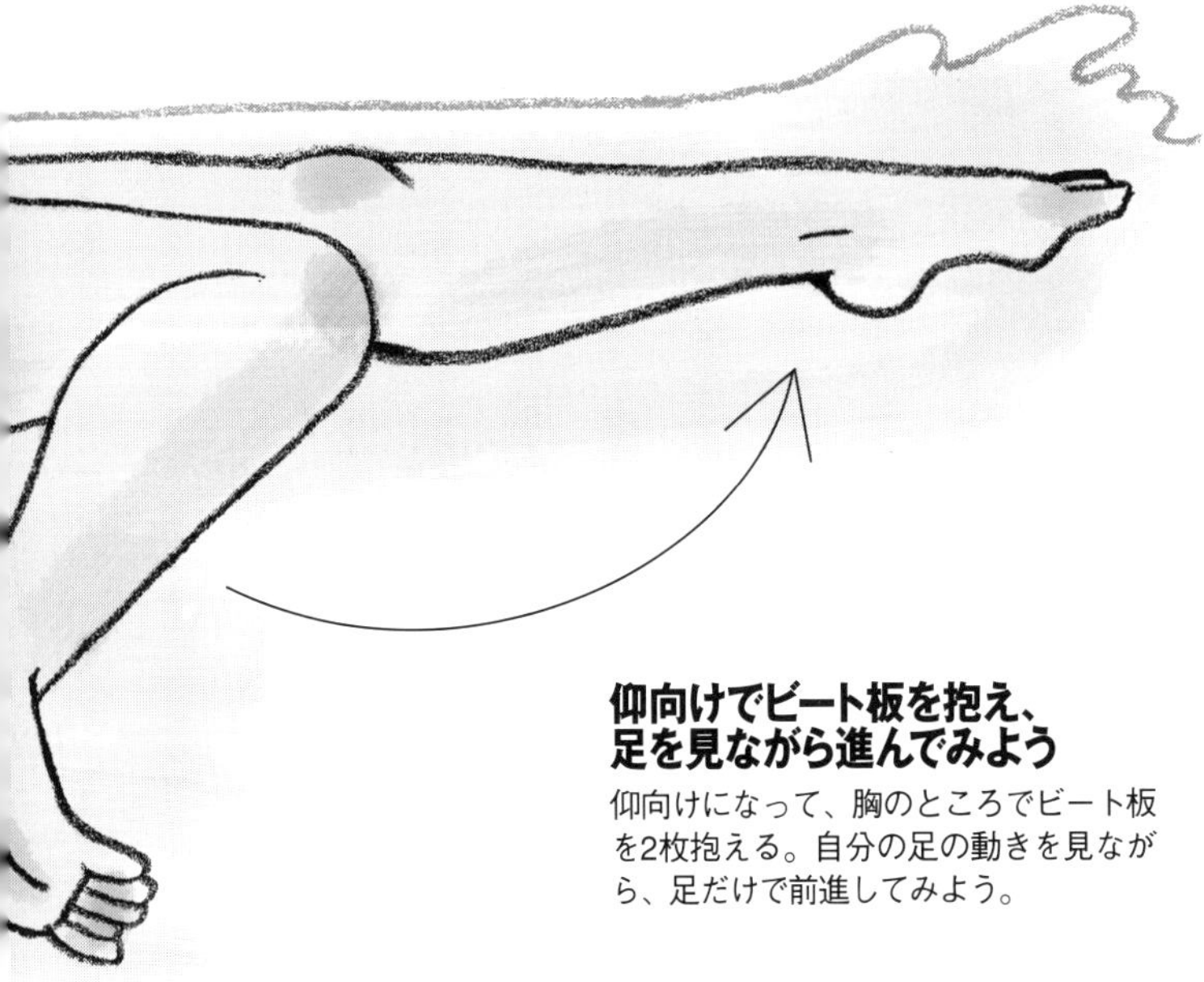

仰向けでビート板を抱え、足を見ながら進んでみよう

仰向けになって、胸のところでビート板を2枚抱える。自分の足の動きを見ながら、足だけで前進してみよう。

最初は仰向けになって足を見ながらキックする

ビート板を使った練習でも、まずは自分の足を見ながらやってみよう。ビート板を2枚重ねて抱くようにし、ラッコみたいに浮かんでキックする。うつ伏せでのキック練習に比べるとやりやすいので、これで水の中を進む感覚をつかんでから、うつ伏せでの練習に移ろう。

うつ伏せでの練習では、焦らないことが大切。ゆっくりでいいから、「キック、伸びる、呼吸」というタイミングを守って。ぐいぐい進むようなら、正しいキックができていると考えていい。

足の動きを観察
しながら進もう

呼吸とセットでやってみる

パッ
呼吸はかならず
足を伸ばしてか
らする

ビート板に手を載せて呼吸しながら前進しよう

ビート板に両手を載せて、腕をまっすぐ伸ばす。蹴り出して足をまっすぐ伸ばしたら、顔を上げて呼吸。必ず足が伸びてから呼吸することを意識して。

平井先生のワンポイントアドバイス

蹴った後は一番よく進む。ここでストリームラインを作る

平泳ぎでは、キック直後が最もスピードが出る。スピードを生かすには、キックの後にストリームライン（54ページ参照）を作ることが大切。ビート板を使って練習するときも、キック後に伸びて前進する感覚を味わおう。

Q 蹴り出すときに、呼吸してはいけませんか？

A しゃくりあげる動作が癖になってしまう。足が伸び切るまで我慢

平泳ぎの呼吸のタイミングは、なかなか難しい。よくある間違いが、蹴り出しながら顔を上げてしまうタイプ。実は、蹴り出しているときが、一番スピードが出るので、顔を上げやすいのだ。しかし蹴りながら顔を上げると、しゃくりあげるような泳ぎになる。一度タイミングがずれると、しゃくりあげる動作が続くことになり、癖になってしまう。

これでは、キックで生み出したせっかくの力を、上体を起き上がらせるために使ってしまうことになり、推進力として生かされないので、当然スピードが出ない。足が伸びるまで、呼吸は我慢だ。

伸び切ってから呼吸すれば無理なくスピードを出せる

正しいタイミングは、キックして、伸び切って、それから呼吸だ。間違ったタイミングが身についてしまった人は、蹴り出しながら頭を沈み込ませるようなイメージを持つと、ちょうどいい。これでしゃくりあげを直すことができる。

頭を沈ませて腕を伸ばせば、体は自然と伸びるはず。この伸びる感覚をつかむことができれば、もっとよく進むようになる。

POINT!

蹴り出すときは、頭を沈める感覚で

頭をぐっと沈めて潜るような感覚で蹴り出すとちょうどいい。じゅうぶん前に進み、推進力が弱まってきた頃に呼吸、というタイミングが理想的だ。

キックと呼吸のタイミングをもう一度チェックしてみよう

1 足を揃えて伸びる

蹴り出した両足が揃って、つま先までまっすぐに伸びた状態。頭を中に入れて水平姿勢になり、真下を見る。

2 顔を上げる

足が伸びたことを確認してから、そのままの状態でゆっくり顔を上げる。顔は上げすぎず、あごのすぐ下に水面がくるくらいの高さで。

3 空気を吸い込む

基本の呼吸法（52ページ参照）を意識しながら、焦らずゆっくり吸い込むこと。足はまっすぐ伸ばしたままで。

4 足をゆっくり引き寄せる

空気を吸い込んだら、顔を下向きに戻しながら、足をお尻に引き寄せる。練習でチェックしたポイントを確認しながら、丁寧にやろう。

5 蹴り出す

まっすぐ後方へ蹴り出す。最初から勢いよく蹴ろうとすると、動きが雑になる。引き寄せるときと同様、正しいフォームを意識する。

蹴りと呼吸の順番を確認する練習。焦らず、一つの動作を丁寧にやってみる

Q「三角形を描くように蹴る」と習いましたが？

A 三角形では推進力が生かせない。真後ろに蹴る感覚でいいんだ

昔は三角形に蹴ると教えていたようだ。足を左右に広げるように外側に向かって蹴り出し、足が伸び切ったところで両足を閉じる。外側に向かって蹴るので、力が逃げてしまい、このキックでは前方への大きな推進力が得られない。それに、足を広げることで、水の抵抗が大きくなってしまう。キックしながらブレーキをかけているようなものだから、どんなにがんばってもスピードは上がらない。

しかも引きつけて、蹴って、閉じるという三拍子のリズムになるので、ピッチは遅くなる。これも〝三角形キック〟の欠点と言えるだろう。

真後ろにキックすれば自然にスピードが出る

正しいキックは、引きつけた足のつま先だけ外側に向け、そのまま後ろに蹴り出すようにする。実際には、わずかに曲線を描いて蹴り出されるのだが、感覚としては真後ろに蹴るイメージでちょうどいい。

このキックだと力が無駄にならず、大きな推進力が得られるし、水の抵抗も小さい。この形ができるようになると、泳いでいても進み方が違ってくるはずだ。

水の抵抗を少なくし、推進力を大きくするキックを覚えよう

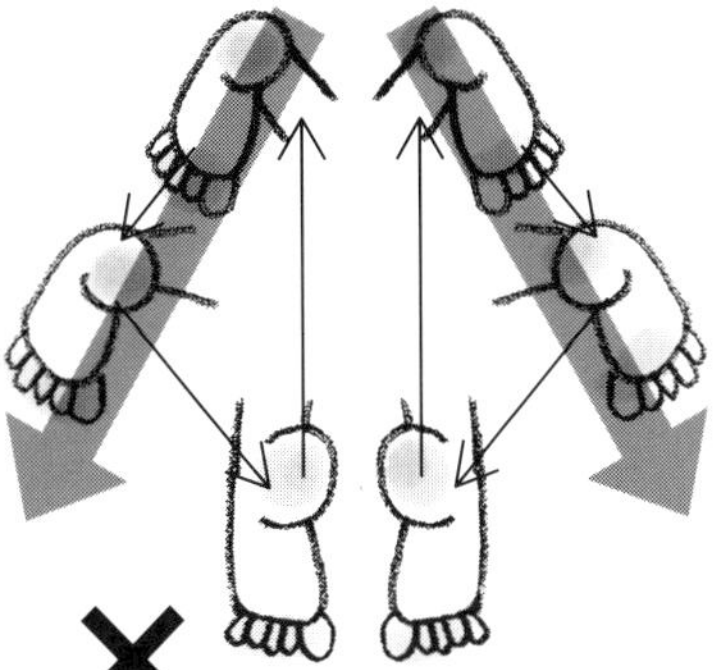

×

水の抵抗を受けやすく、推進力が外側に逃げている

斜め後ろに蹴り出すと、外側に飛び出た足に対して抵抗が大きくなる。また、蹴りの力が斜めに逃げてしまい、推進力が得られない。

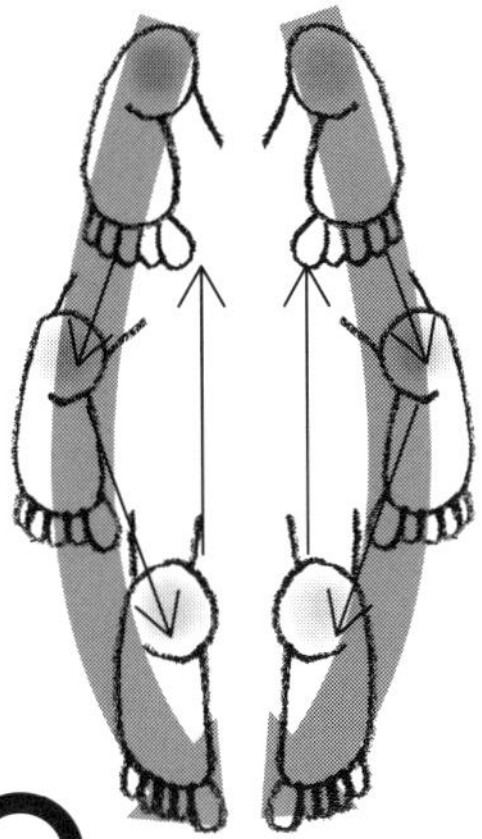

○

抵抗が小さくなると同時に、推進力もまっすぐ伝わる

足が無駄に外側に出ないことで水の抵抗が少なくなる。蹴り出す方向が進行方向と同じなので、蹴りの力が推進力として生きてくる。

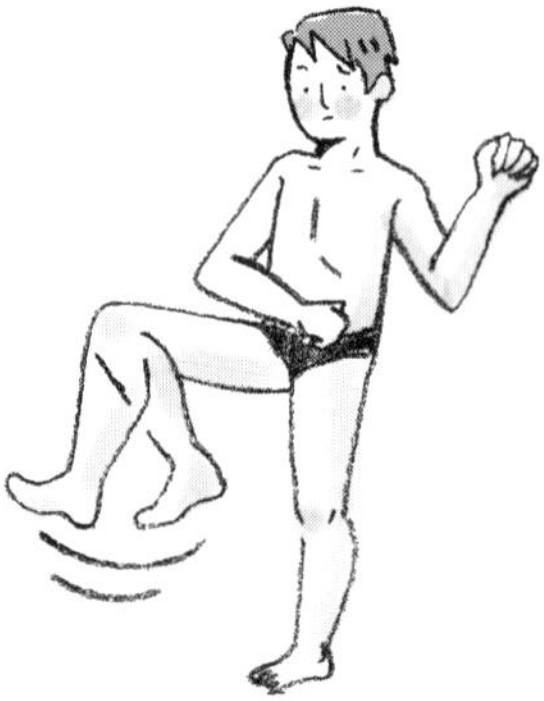

Q 〃あおり足〃だと言われますが、感覚がつかめず直せません

A 親指を持ってもらうと、自分でも意識できるよ

平泳ぎのキックは足の裏で水を押すのが正しいのだが、蹴るときに足首が伸び、足の甲で水を蹴ってしまう人がいる。これが、いわゆる〃あおり足〃で、初心者が陥りやすい間違ったキックだ。

あおり足は水泳競技ではルール違反なのだが、自分があおり足になっていても、ほとんどの場合気づかない。感覚としてつかみにくいうえ、正しいキックよりも速く進むことができるため、間違いを認識しにくい。人に言われて初めて「おかしいのか」と気づくのが普通だ。そのため、あおり足を直すのは、なかなか大変だと言われている。

親指を意識できれば、あおり足を直すことができる

しかし、逆に言えば「足首を曲げて親指を引きつける」という感覚さえつかんでしまえば、あおり足は直せるということ。そのためには、他の人に親指を軽く持ってもらって練習してみるといい。足を引きつけたとき、親指を返すように持ってもらう。親指がどんな軌跡をたどるか、足を引くときどこに力を入れればいいか、しっかり感じ取って覚えてしまおう。これだけで、案外簡単に直ってしまうものだ。

親指を引き寄せる感覚を、覚えよう

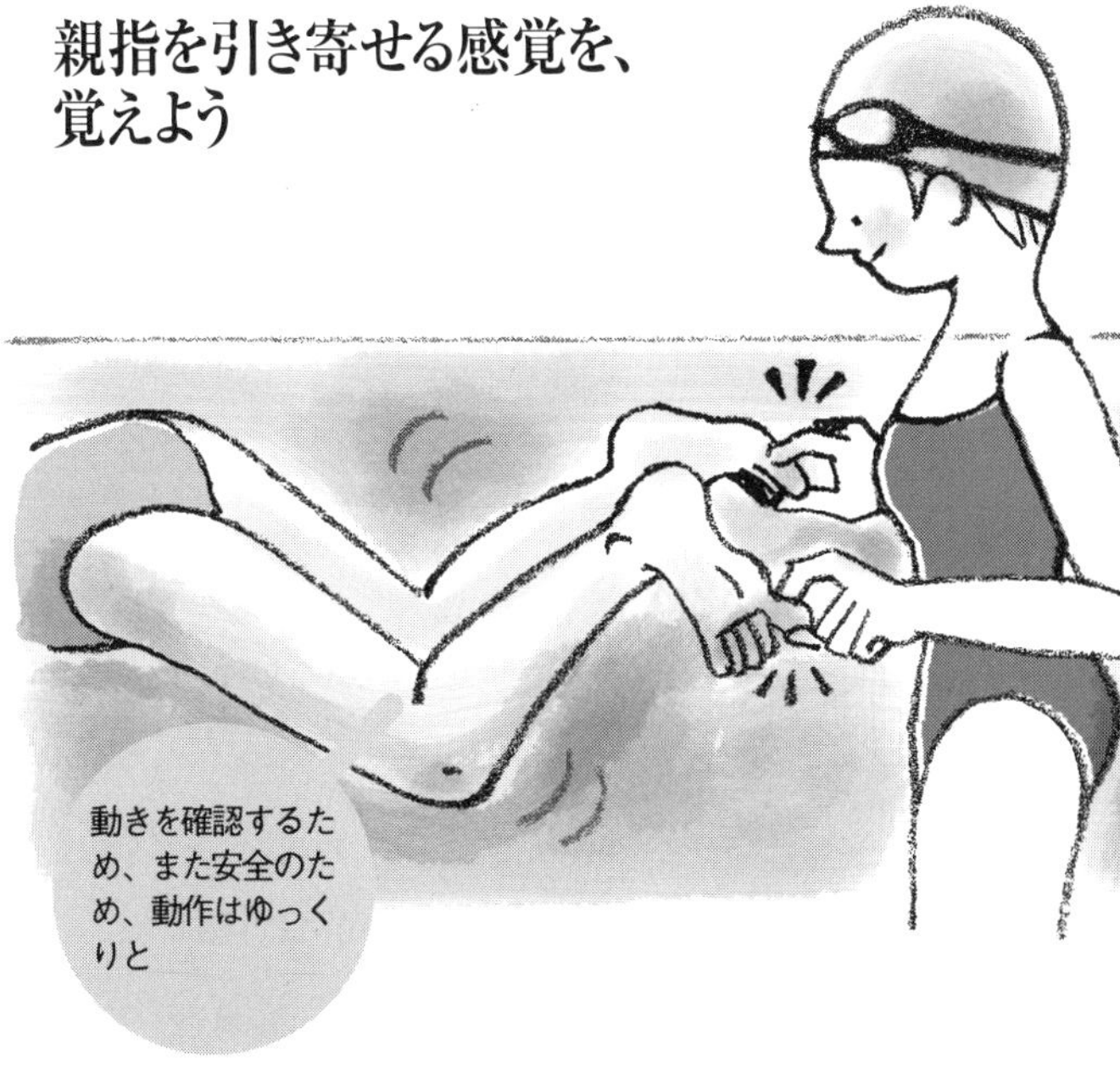
動きを確認するため、また安全のため、動作はゆっくりと

後ろから親指を持ってもらう

足首がちゃんと曲がった状態になるよう、親指を持ってリードしてもらう。何度も繰り返し、足首の曲げ伸ばしを、感覚で覚えよう。

STEP2
イメージ

手が伸びた状態で一呼吸。顔の前でコンパクトにかき込む

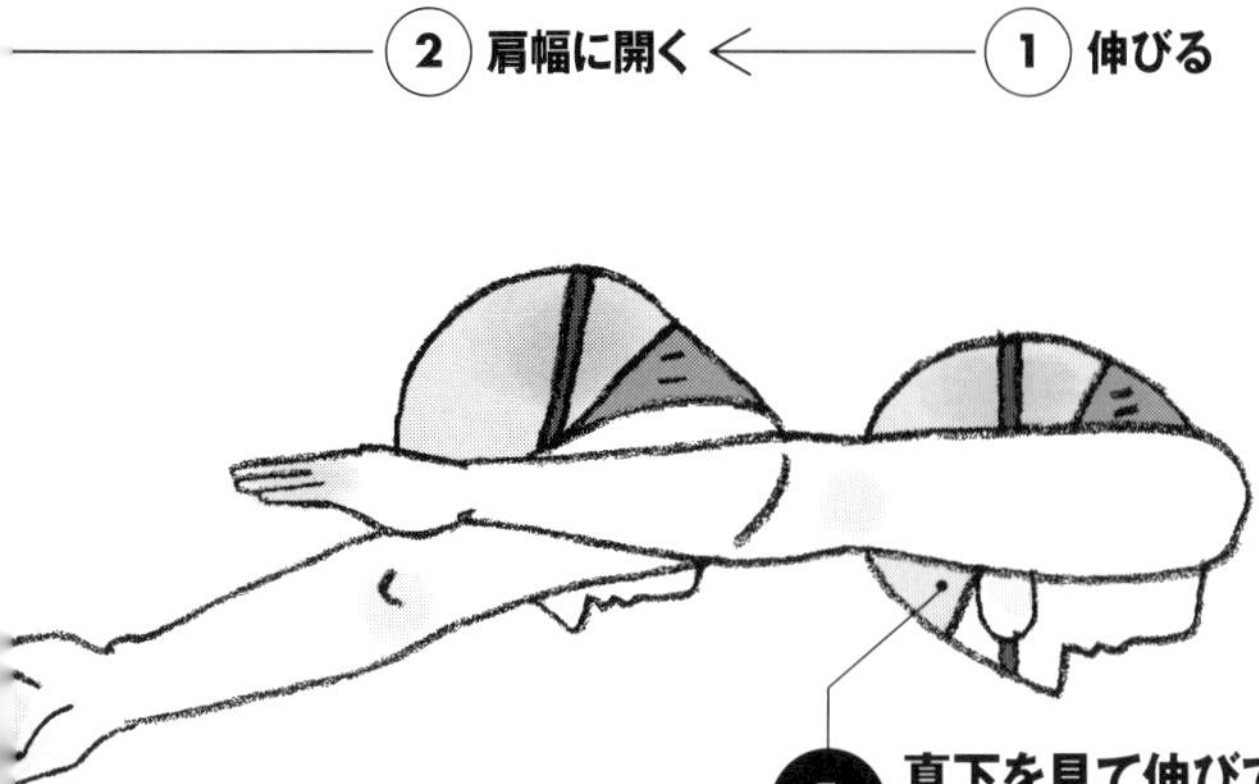

❶ 真下を見て伸びているか
伸びるときは、水の抵抗をなるべく小さくするため、蹴伸びの姿勢を意識。腕を伸ばして頭を中に入れ、真下を見ておく。

❷ 肘が下がっていないか
かくときは、脇を開いて肘を張り、手のひらを後ろへ向けてかいていく。かき進めると同時に顔を上げ、かき終わりから内側へかき込むときにかけて呼吸。

左右に大きくかいても推進力は生まれない

平泳ぎというと、腕を左右に大きく広げてかくものだと思っている人がいるが、これは間違い。腕を大きく広げると、後方ではなく横方向にかく動きが多くなる。そのため、力が無駄になり、推進力につながらないのだ。

腕を前に出して十分に伸びたら、手のひらを外側に向けていき、水をキャッチする。そこから腕を曲げて肘を高く保ち、手のひらと腕全体で水を後方にかくのがコツだ。肩より前で、自分から見て「逆ハート型」を描くようにかくといい。

⑤ 前へ戻す ← ④ 内側にかき込む ← ③ 後方へかく ←

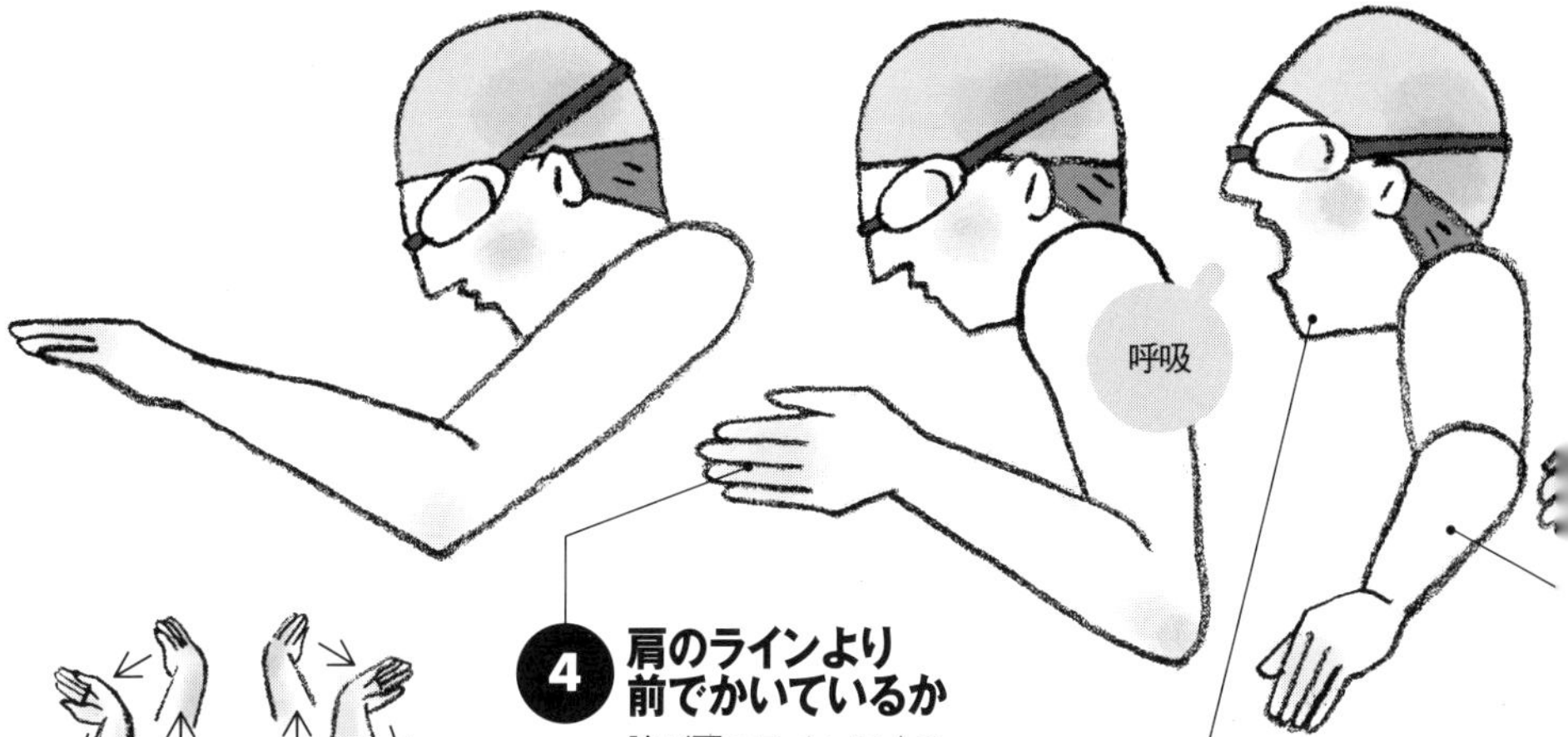

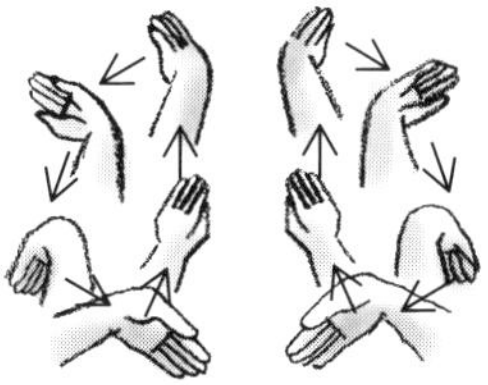

自分から見て「逆ハート型」を描くようにかこう

自分の顔の前で、手先が逆ハート型の軌跡をたどるように意識してかく。

❹ 肩のラインより前でかいているか

腕が肩のラインにくるくらいまでかいたら、脇をしめ、あごの下で両手を揃えるようにしてかき込んでくる。呼吸を終えて、顔を下向きに戻す準備をする。

❸ 上体が起きすぎていないか

呼吸のときは、顔を高く上げすぎたり上体が起きすぎたりしないよう注意。バランスが崩れて下半身が沈む原因になる。

平井先生のワンポイントアドバイス

「かく」「伸びる」の間で、手が止まらないよう注意して

あごの下に水をかき込んできたら、すぐ前に伸ばすのが基本。でも、かき込んだところでいったん手の動きを止めてしまう人が多い。これでは水の抵抗が大きくなるね。腕を前方に伸ばしてから一呼吸おく、と意識しよう。

STEP2
練習
❶

プールに立った状態でゆっくりかいてみよう

力強く水をかけるような腕の動かし方を覚える

プールの中に立ち、少し前かがみになって腕の動きを練習しよう。まず、腕を前に伸ばすところから始める。ここで一呼吸おいてから、水をしっかりとらえて後方にかく。このとき、腕を曲げて脇を開くようにし、肘を高い位置に保つことが大切だ。腕のポジションが悪いと、大きな推進力は生まれてこない。

また、大きくかけばいいというものでもない。後方へのかきは肩までとして、そこからは脇をしめるように内側にかき込み、両手があごの下にくるようにする。そこから休まずに腕を前に伸ばそう。

手の動きをよく見て丁寧に動かそう

平泳ぎの手の動きは、簡単に見えて奥が深い。かき込むタイミング、手のひらの返し方、「伸びる」「かく」のリズム……工夫次第でいくらでも泳ぎのレベルを上げられる。それだけに、基本練習は大切。手の動きを見ながら、ゆっくり丁寧に動かし、腕や手のひらがきちんと水をとらえているのを感じ取ること。基本的な動きに慣れてきたら、手のひらの角度や腕の角度を変え、どうすれば最もよく水をとらえられるか、試してみてもいい。

POINT!

平泳ぎのストロークは感覚的に覚えやすい

他の泳法に比べて覚えやすいのは、顔の前でかくので動きを目で確認しやすいため。顔をつけないこの練習で、しっかり動きを観察しコツをつかもう。

自分の手の動きを見て、フォームを確認しながらゆっくりやってみる

手のひらを下
に向けてまっ
すぐ伸ばす
肘の位置が下
がらないよう
に注意する
2 左右に
かき分ける
1 伸ばす
4 かき込んだ腕を
前へ突き出す
3 後方へかく

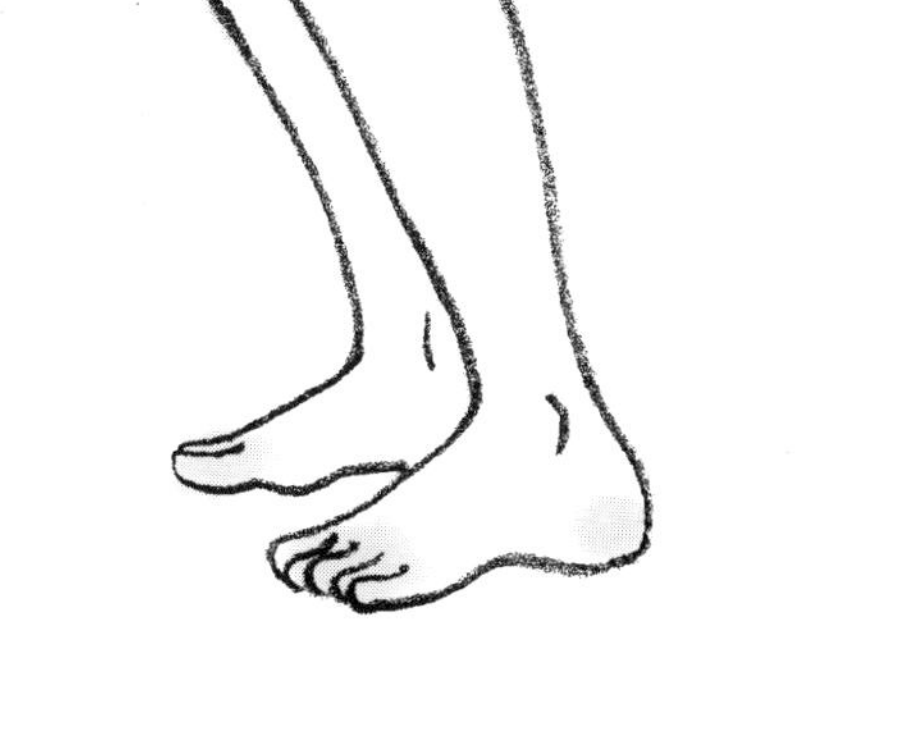

水をしっかりとらえるために、手のひらの向きに注意し、コンパクトにかこう

腕の動きに合わせ、手のひらを柔らかく返しながら水をとらえることを意識する。また、自分から遠いところの水をかこうとすると抵抗が大きくなる。体に近いところをコンパクトにかき込もう。

正面から
見ると…

STEP2
練習
②

「キック」「呼吸」「ストローク」を、組み合わせてみる

他の動きとのタイミングを早く覚えることが大切

浮き具などをつけてストロークだけの練習をするより、最初からキックと組み合わせて練習したほうがいい。なにしろ平泳ぎは、キック、呼吸、ストロークのコンビネーションが大切。ストロークだけが上手になっても、それだけではあまり意味がないのだ。

組み合わせて練習するときは、まず全身を伸ばしてまっすぐの姿勢になるところから始めよう。この姿勢からかき始めて、かき終わりに合わせて呼吸。あごの下まで両手をかき込んだところで足を引き寄せ、蹴り出しながら再び全身を伸ばす。これを繰り返していけばいいのだ。

タイミングよく動くことで手と足の推進力を生かそう

平泳ぎは、手の動きがほとんどの推進力を担うクロールと違い、ストロークとキックの両方で大きな力を生み出すのが特徴。この2つの動作を、同時ではなく、わずかにずらしたタイミングでおこなうところに難しさがある。

タイミングが合うと、水の抵抗が小さくなる。それぞれの動きで生み出された推進力を、無駄なく生かすことができ、スピードアップできるというわけだ。

POINT!

手足の動きが生み出す推進力をイメージする

手と足がそれぞれ生み出す2つの推進力をイメージしよう。それを生かし、邪魔しないような動きを心がければ、タイミングも覚えやすくなる。

伸びる

START

指先からつま先まで まっすぐの姿勢に

蹴伸びの姿勢で伸びる。手足をまっすぐにして頭を中に入れ、抵抗を少なくする。

かく

腕を左右に開き かき始める

手のひらを外側に向けながら腕を左右に開いてかき始める。足は伸ばしたままで。

手、足、呼吸。3つの動作の順番を完璧に覚える

吸う

かき終わりに 合わせて呼吸

かき終わる動作に合わせて顔を上げ、呼吸する。そのままあごの下に水をかき込む。

引いて蹴る

手と顔を戻しつつ 足を引き寄せる

手は前に顔は下向きに戻しながら、かかとをお尻に引き寄せるように足を曲げ、蹴り出す。

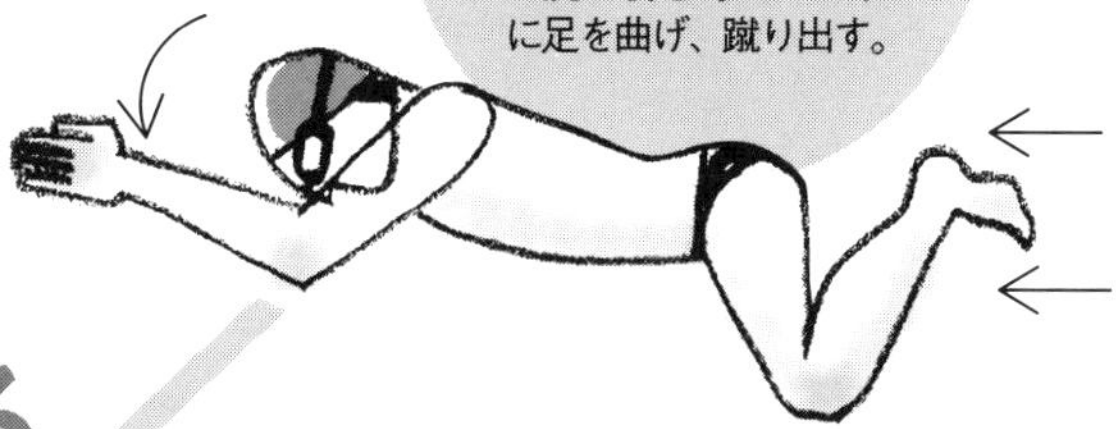

伸びる

GOAL

蹴り出したら、 水平姿勢でひと休み

最初の状態に。全身が一直線の状態を保ち、抵抗を小さくする。一呼吸おき次の動作へ。

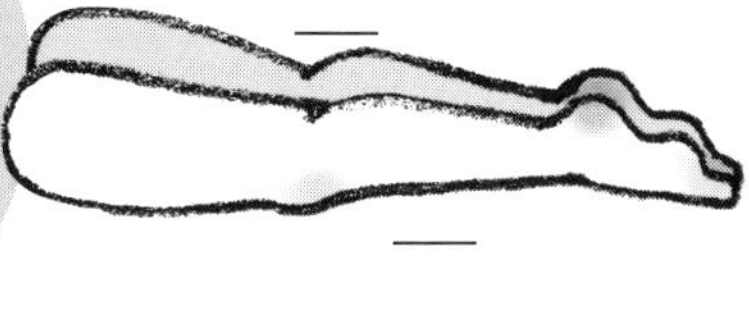

ストローク

よくある失敗

Q&A

１

Q あごを引いて呼吸すると、速く泳げるというのは本当ですか？

A あごを引くというより、1m先を見る感覚で呼吸するといい

平泳ぎでは、「あごを引いて呼吸するといい」とよく言われる。しかし、これは初心者にはなかなか難しい。スピードもあり、力強いかきができる上級者は、呼吸するときに肩まで水面から出るが、初心者は頭を出すのがやっと。あごを引こうと意識すると、口の位置が低すぎて、うまく呼吸できなくなることがある。

そこで、１ｍくらい前の水面を見るような感覚で呼吸するといい。こうするだけで、ごく自然に、あごが上がるのを防ぐことができる。１ｍというのが分かりにくければ、手を伸ばしたあたりと覚えておけばいいだろう。

瞬間的に息が吸えるように顔を上げる前に吐いておこう

顔を上げたときに瞬間的に息を吸うためには、その前の段階で息を吐いておく必要がある。前に伸ばした手で水をキャッチし、後ろにかき始めたときが、息を吐き始めるタイミング。かきながら息を吐いていき、かき終わるところで、顔を上げて息を吸うのだ。

息を吸ったら、そこでは止まらないこと。流れるような動きでかき始める前の姿勢に戻る。

平井先生のワンポイントアドバイス

康介の呼吸法を真似る人も多い。でも、無理のない体勢が一番大事

肩も背中もザバッと水面に出る康介の呼吸法を真似する人も多い。でも、最初のうちはやめておいたほうがいいね。あの体勢を作るのは難しいし、無理すると上体が起きて失速する。泳ぎを妨げない自然な体勢が一番だよ。

ストローク

よくある失敗

Q&A

2

Q 泳いでいるうちに、下半身が下がってくるのはなぜですか？

A 平泳ぎは上半身が上がりがち。呼吸と伸びで、軌道修正を

平泳ぎでは、呼吸するたびに顔を水面から出すため、どうしても上半身が起きやすい。特に初心者は、確実に呼吸しようとするため、上半身が立ってしまいがちだ。

これが、泳いでいるうちに下半身が下がってくる、最大の原因。上半身が立てば、自然と下半身が下がり、当然のことながら水の抵抗は大きくなってしまう。キックとストロークをどんなにがんばっても、この体勢のままではスピードを上げられるはずがない。

呼吸時と伸びるときの視線で正しい姿勢がキープできる

下半身が下がるのを防ぐためには、呼吸するときと伸びるときの視線に注意してほしい。

呼吸するときは、あごを上げて上を見ないよう気をつけたい。これでは上半身が反って、下半身が下がってしまう。視線を上に向けず、1mほど先の水面を見ているのが理想的だ。

手を前に伸ばしたときには、前方を見ないで、自分の真下に視線を送るのが基本。上半身と下半身のバランスが保たれ、水平姿勢で伸びることができる。

呼吸のときも伸びるときも、常に前方を意識する

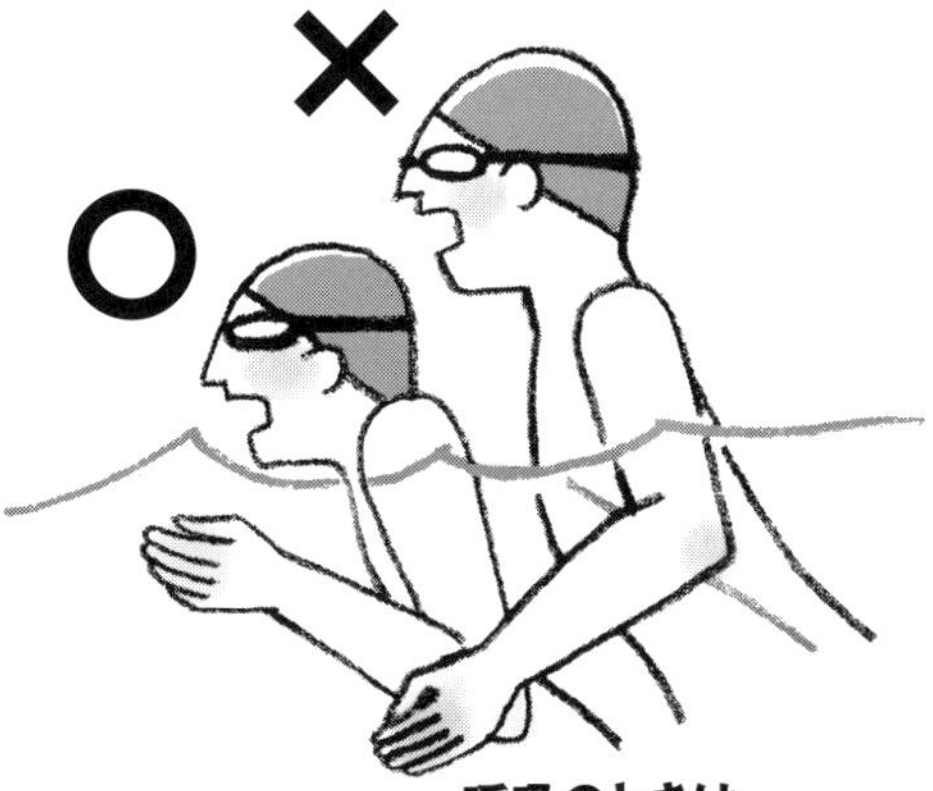

伸びるときは、より抵抗が少なく遠くに進む姿勢を意識

顔を上げて呼吸するため、その後蹴り出したときに、顔を戻し忘れてしまいがち。真下を向き抵抗の少ない姿勢を意識して。

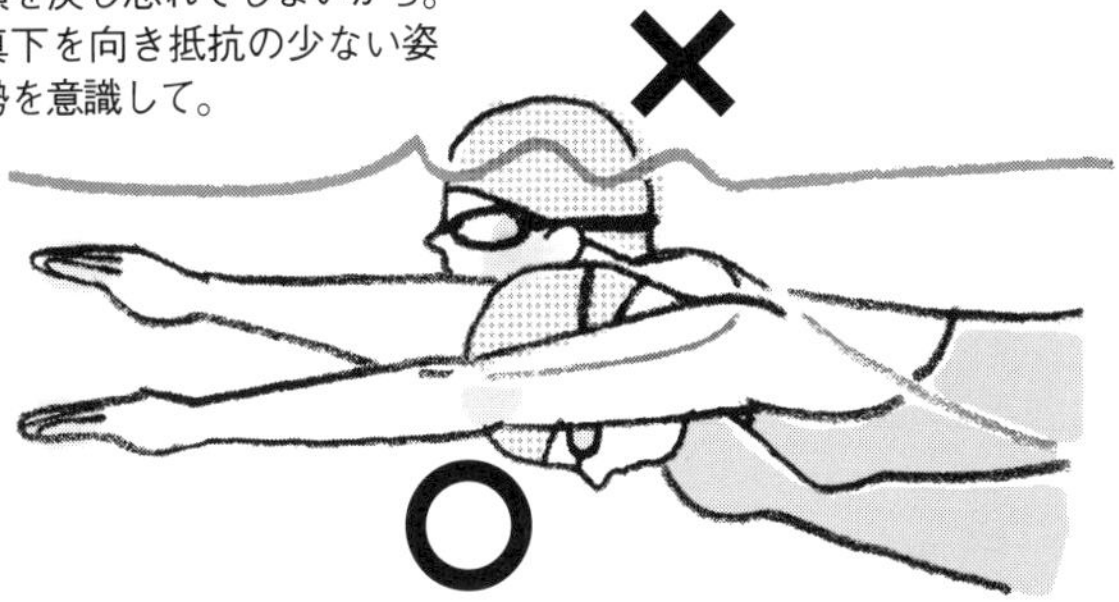

呼吸のときは、上体を前方に持っていくつもりで

呼吸に慣れないうちは顔を「上に」出そうとするため、あごが上がり上体が起きる。かく力に乗って、斜め前方を意識して顔を出そう。

column

練習の成果を試してみよう 大会&検定にチャレンジ

練習を重ねて上達してきたら、当然力を試してみたくなるものだ。
アマチュアスイマーも参加できる、大会や検定情報をチェック。

マスターズ水泳

登録スイマーは4万人超 年間約90大会の出場を目指す

大会に出て好記録を残したい、上位入賞を狙いたい、自分の記録に挑戦したいと考えるスイマーが参加できる競技会だ。

毎年国内で開かれる公式及び公認競技会は、約90大会。協会主催の大会以外にも、記録を協会が公認する公認大会があり、のべ12万人が出場する。

出場するにはまず、協会に登録する。登録方法としては、チーム登録（2人から可）と個人登録、または一度の登録で生涯にわたって登録される「100才登録」など。水泳への取り組み方などを考えて選ぶといいだろう。

大会のスケジュールは、ホームページ（下記）などで確認。大会要項は各主管先から直接入手できる。

[問い合わせ先]
社団法人日本マスターズ水泳協会
東京都文京区小石川1-16-1　玉屋ビル3階
☎03（3811）5211
http://www.masters-swim.or.jp

泳力検定

基準タイムをクリアして 泳力に自信をつける

自分の泳力のレベルを知るためには、「泳力検定（Swimming Badge Test)」がおすすめ。日本水泳連盟が、全国統一の泳力基準にもとづいて、受検者の泳力を公認する制度だ。

男女別に1級から5級まであり、〝4泳法のうち1泳法で25m〟〝200m個人メドレー〟など、それぞれ種目や距離が定められている。8歳以下から60歳以上まで、10区分の年齢別に設定されたタイムをクリアできれば合格。

検定は、年間を通して全国各地のスイミングクラブなどで開催される。施設によっては、その施設の会員でなければ受けることができない場合もあるため、ホームページ（下記）で開催地を確認し、直接問い合わせてみよう。

[問い合わせ先]
日本水泳連盟　泳力検定係
東京都渋谷区神南1-1-1　岸記念体育館内
☎03（3481）2306
http://www.swim.or.jp/badgetest/

第4章

もっとスイミングを楽しむために

背泳ぎからクイックターンまで。
難しく見える泳法やテクニックも、
基本の動きは、いたって単純だ。
思い切って挑戦してみたい

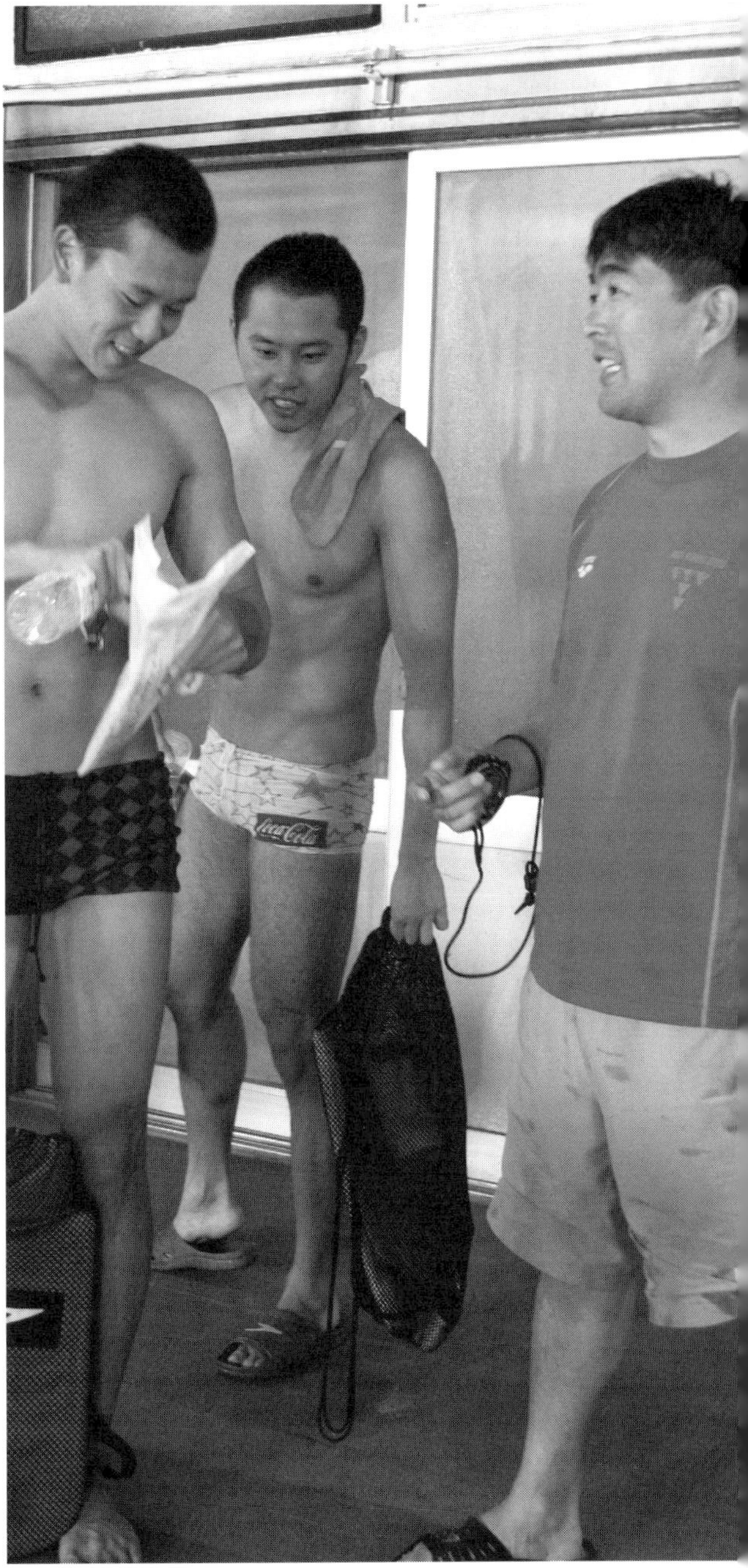

背泳ぎ

理想の泳ぎをイメージ

頭の位置がぶれない、安定感のある泳ぎを心がける

POINT!

正しい背浮きの姿勢を身につけておこう

背浮きのポイントは、両耳とあごを水面に置くようにし、体をリラックスさせること。これができると、手足の動きも、余裕を持って覚えられる。

体をまっすぐにして仰向けに浮くのが基本

背泳ぎはクロールを裏返しにしたような泳ぎ。仰向けの状態で水面に浮かぶ〝背浮き〟の姿勢が基本になる。実は、この姿勢をキープするのが、けっこう難しい。お尻や足が沈んだりすると、水の抵抗が大きくなってあまり進まないし、見た目にもよくない。体がきちんと伸びた、きれいな泳ぎを身につけたいものだ。

上を向いているので、呼吸はいつでもできるが、リズムは大切。ストロークの動きに合わせて息を吸うように。タイミングがずれると、呼吸もストロークもぎこちなくなるから注意が必要だ。

力強いキックが大きな推進力を生む

クロールの場合、上達するとストロークが推進力の中心になるが、背泳ぎの場合は、キックのほうが重要性が高い。足をしなやかに使った力強いキックから、大きな推進力が生み出される。そして、そのキックが、抵抗の少ない正しい姿勢をキープするのにも役立つのだ。

ストロークはただ腕を回すだけでなく、かくときに肘を軽く曲げ、水をしっかりとらえる。水から出した腕はまっすぐに動かし、肩幅で入水させると美しい。

1

右手でかき始め左手を抜き上げる

右腕をまっすぐ伸ばし、手のひらを外側に向けかき始めながら、左手を水から抜く。

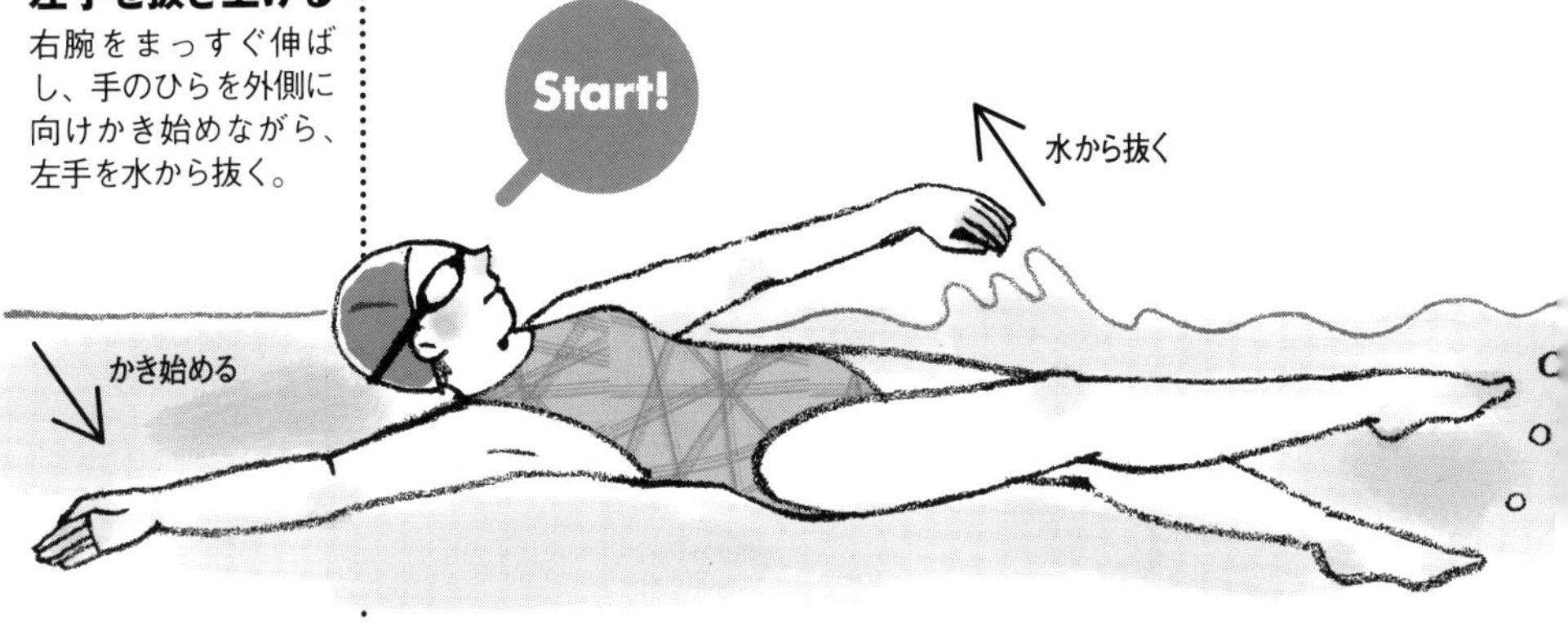
Start!
水から抜く
かき始める

2

右手でかきながら左手を戻してくる

腕を曲げて手のひらを後方へ向け、体に近いところの水をかいていく。左手はまっすぐ頭上に戻してくる。

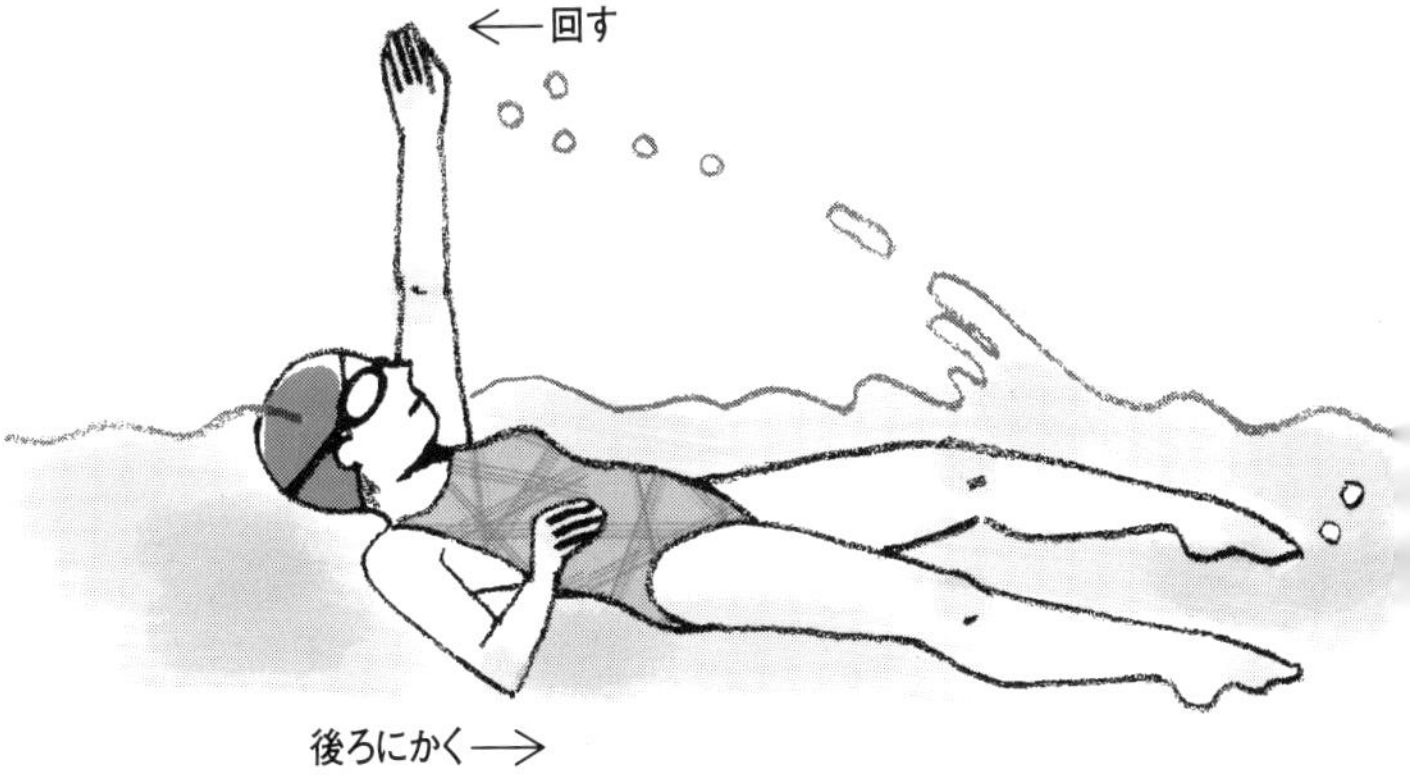
←回す
後ろにかく→

3

水をお尻の下へ押し出すように右手を伸ばす

かいてきた手のひらを下に向けながら腕を伸ばす。お尻の下に水を押し出す感覚で。

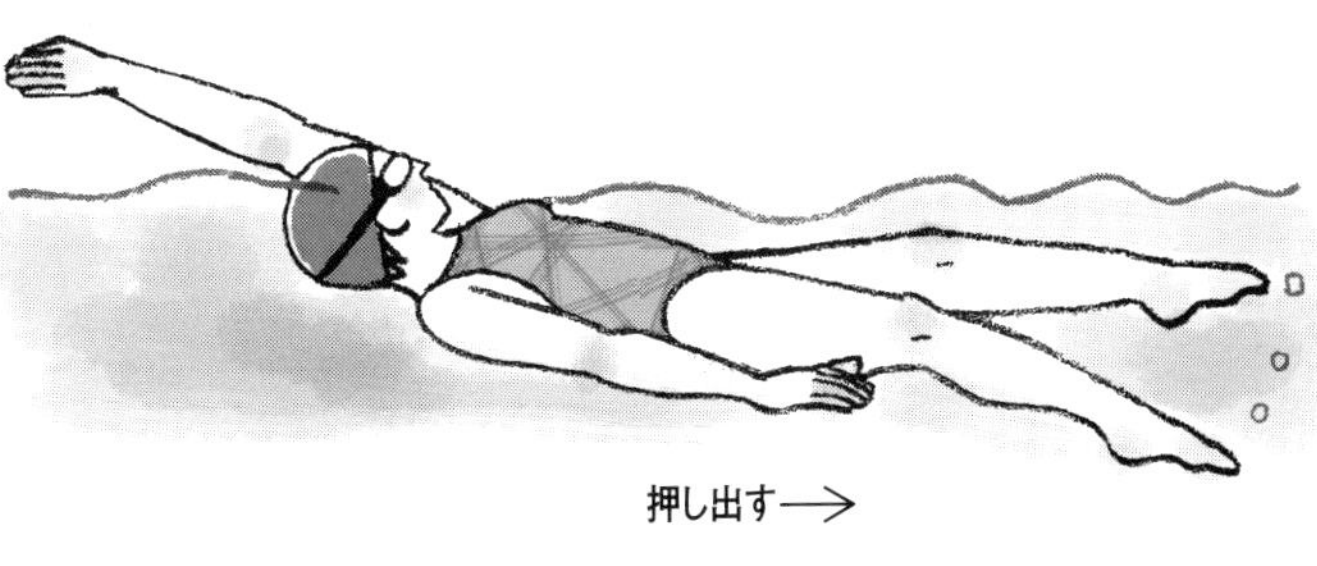
押し出す→

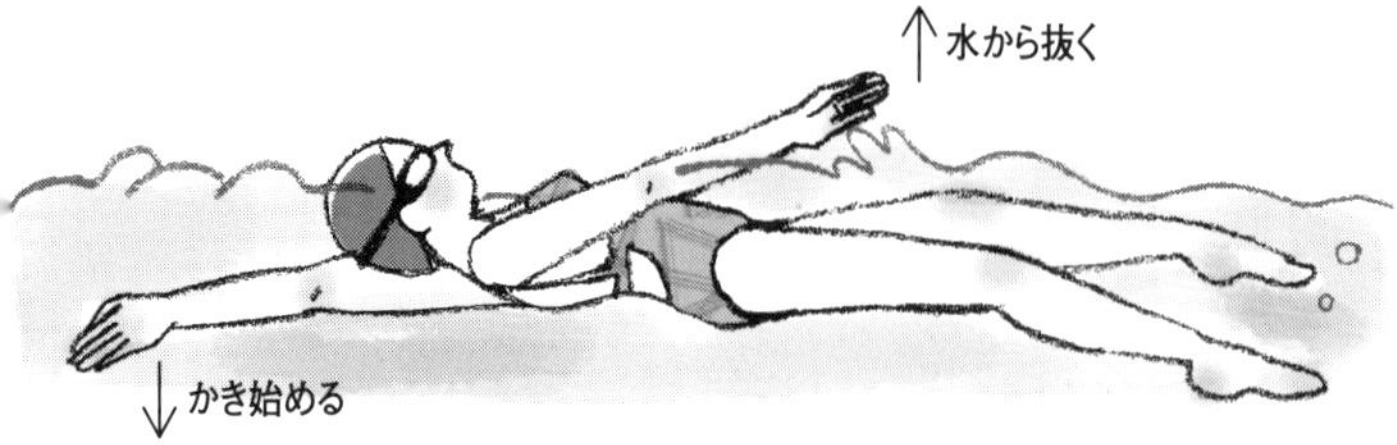
水から抜く
かき始める

4

左手を入水し右手を抜き上げる

左手をまっすぐ伸ばし、手のひらを外側に向けて入水。同時に、右手を水から抜く。

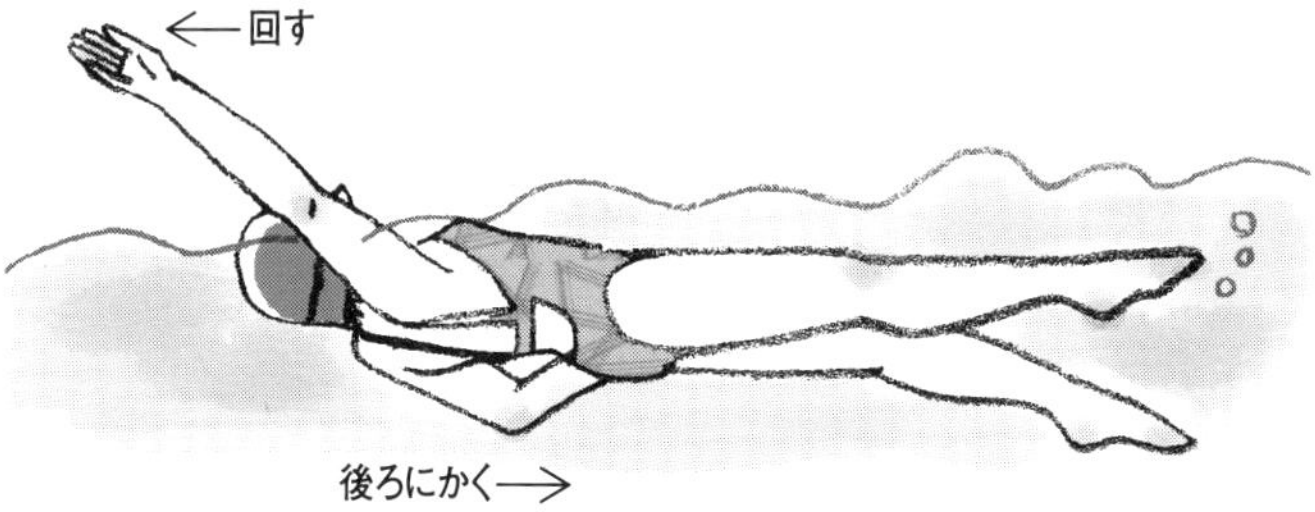
回す
後ろにかく

5

左手でかきながら右手を戻してくる

左手のひらを後方へ向け、かいていきながら、右手を戻してくる。

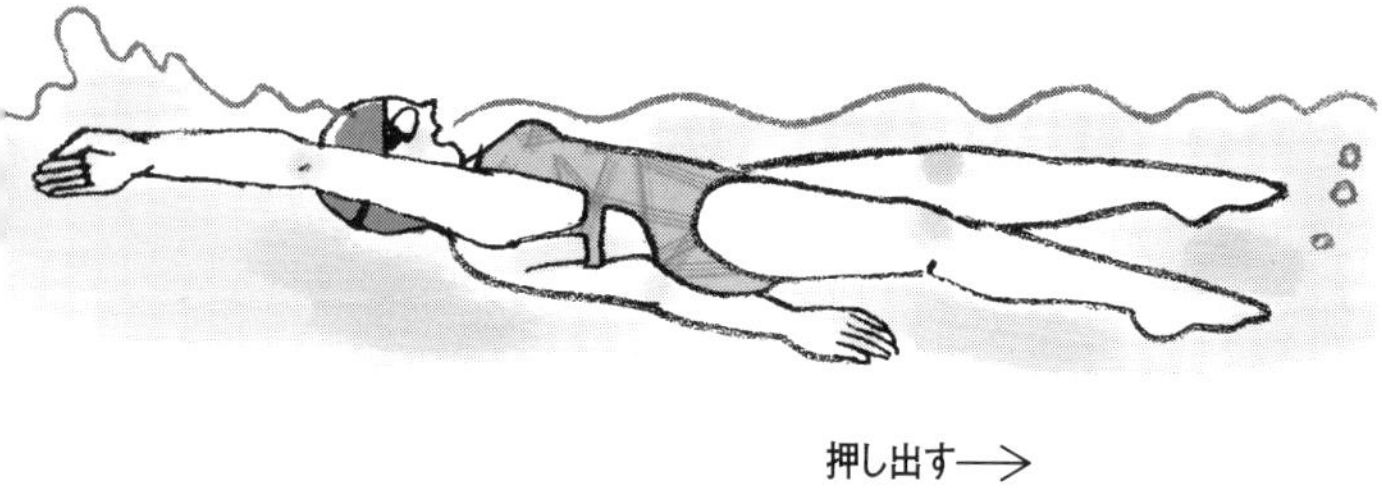
押し出す

6

左手を押し出し右手を入水する

3の右手と同じように左手のひらで水を押し出しながら、右手を静かに水に入れる。

平井先生のワンポイントアドバイス

額に物を載せても、落ちないように泳げるかい？

手をかきながらも、頭が動かないのが上手な背泳ぎ。こういう泳ぎは、なめらかで見た目にも美しいし、無駄がないのでもちろん速い。選手になると、額に物を載せておいて、それが落ちないように泳ぐ練習をしたりするんだ。

上向きでも呼吸のリズムは大切。腕の動きに合わせて呼吸する

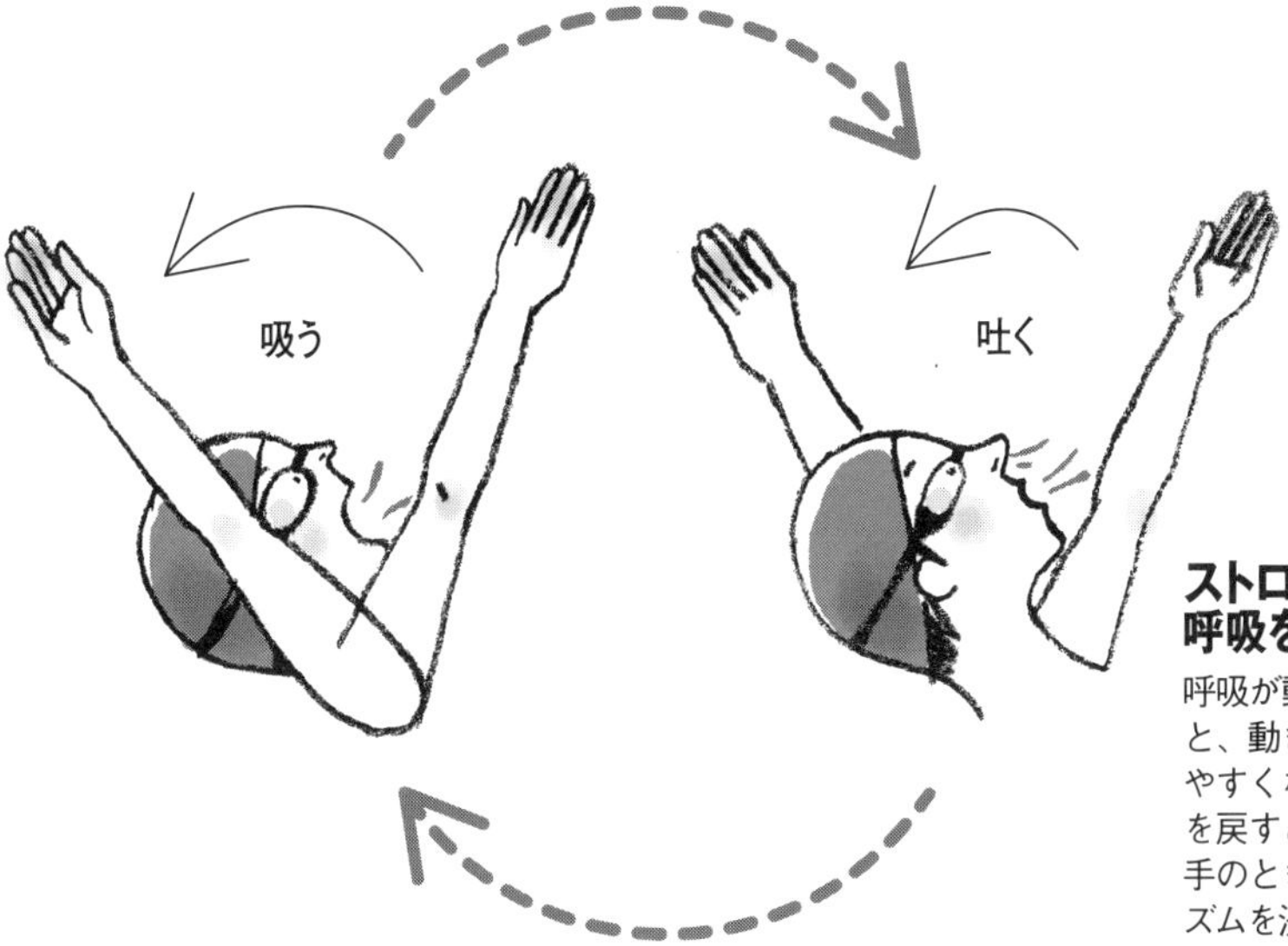

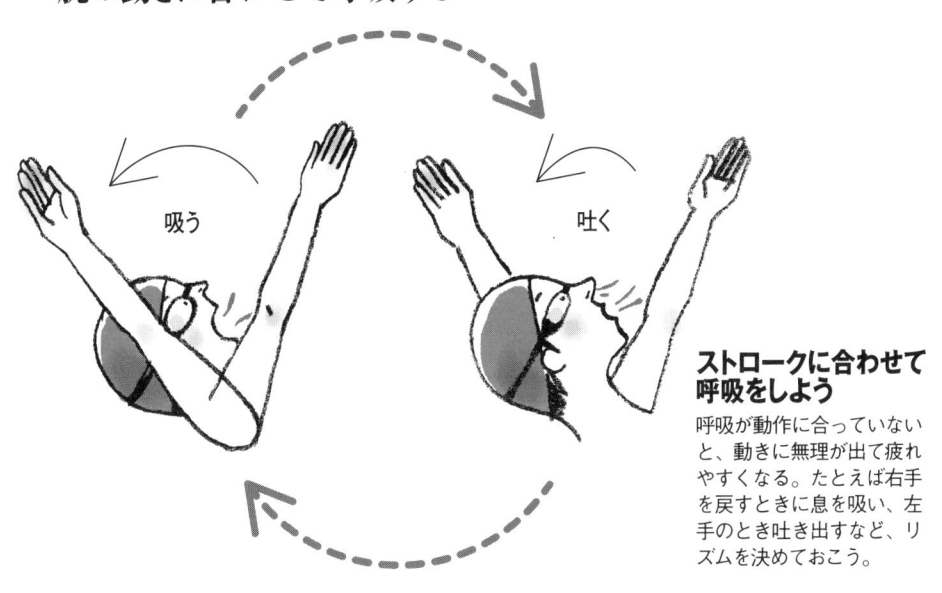

ストロークに合わせて呼吸をしよう

呼吸が動作に合っていないと、動きに無理が出て疲れやすくなる。たとえば右手を戻すときに息を吸い、左手のとき吐き出すなど、リズムを決めておこう。

STEP 1
イメージ

キック

正しい姿勢を保つためには より力強いキックが必要だ

1 膝が水面から出ていないか

蹴り上げたとき膝が曲がっていたり、蹴り幅が大きすぎると、膝が水面から飛び出てしまうことに。まっすぐ足を伸ばし、足先で水をとらえよう。

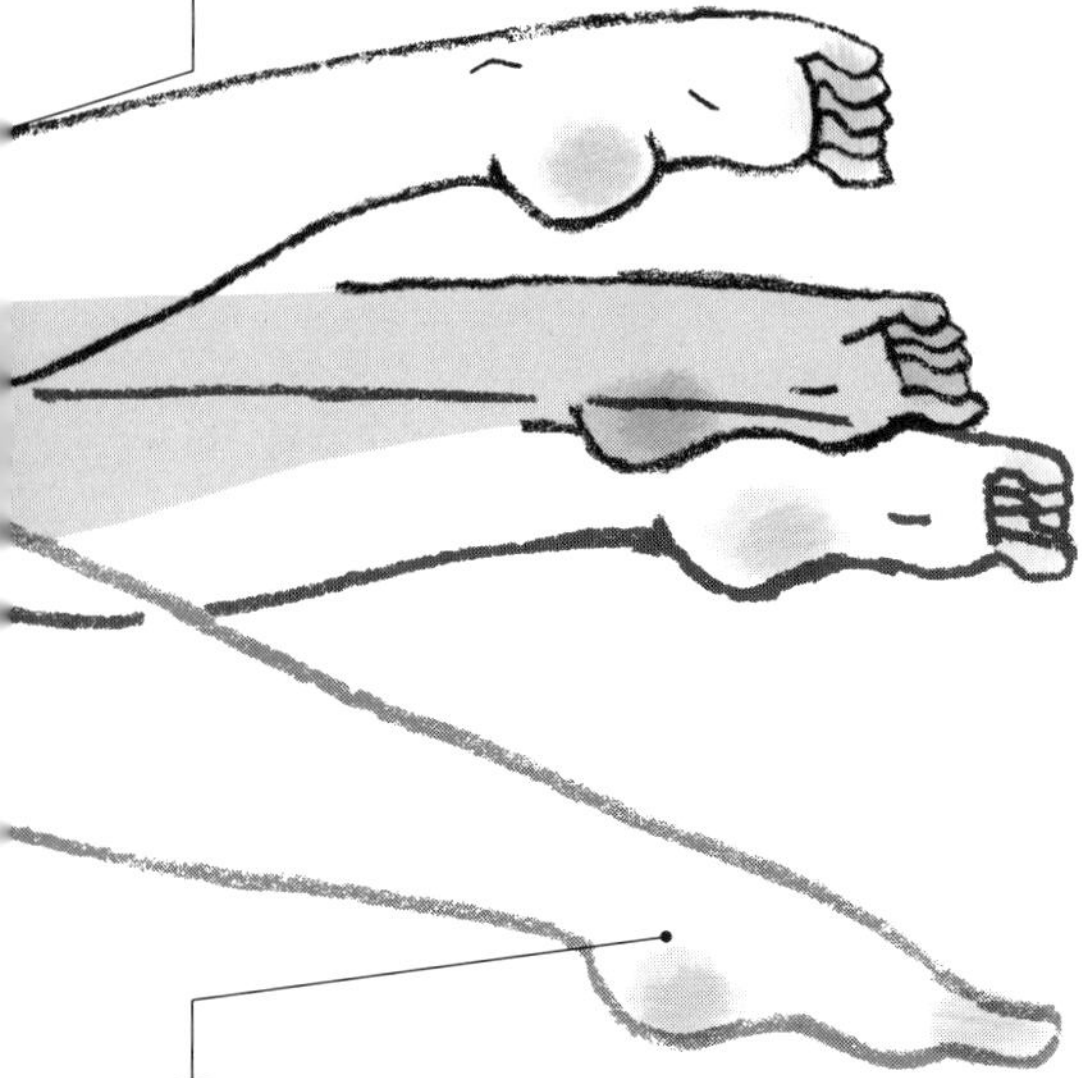

2 足首が伸びているか

背泳ぎのキックは、足の甲で水を押し出す感覚で蹴る。クロールのバタ足と同じように、足首を伸ばして柔らかく使おう。

膝を伸ばそうと意識すると力強く蹴りだせる

背泳ぎはキックが大事。進むためにはもちろん、姿勢を保つためにも、正しいフォームで力強いキックをする必要がある。

膝を伸ばしたまま、太ももから蹴りだす。実際には、蹴り上げるときには膝が軽く曲がるのだが、伸ばしてキックするという意識を持っていると、ちょうどこのような動きになる。初心者は自転車こぎのようなキックになりやすいが、これでは力強く蹴りだせないし、水の抵抗も大きくなってスピードがでない。

3 太ももから動かしているか

蹴りだすときは、膝から下だけ動かすというキックにならないよう注意。膝を伸ばし、太ももからダイナミックに使うことを意識しよう。

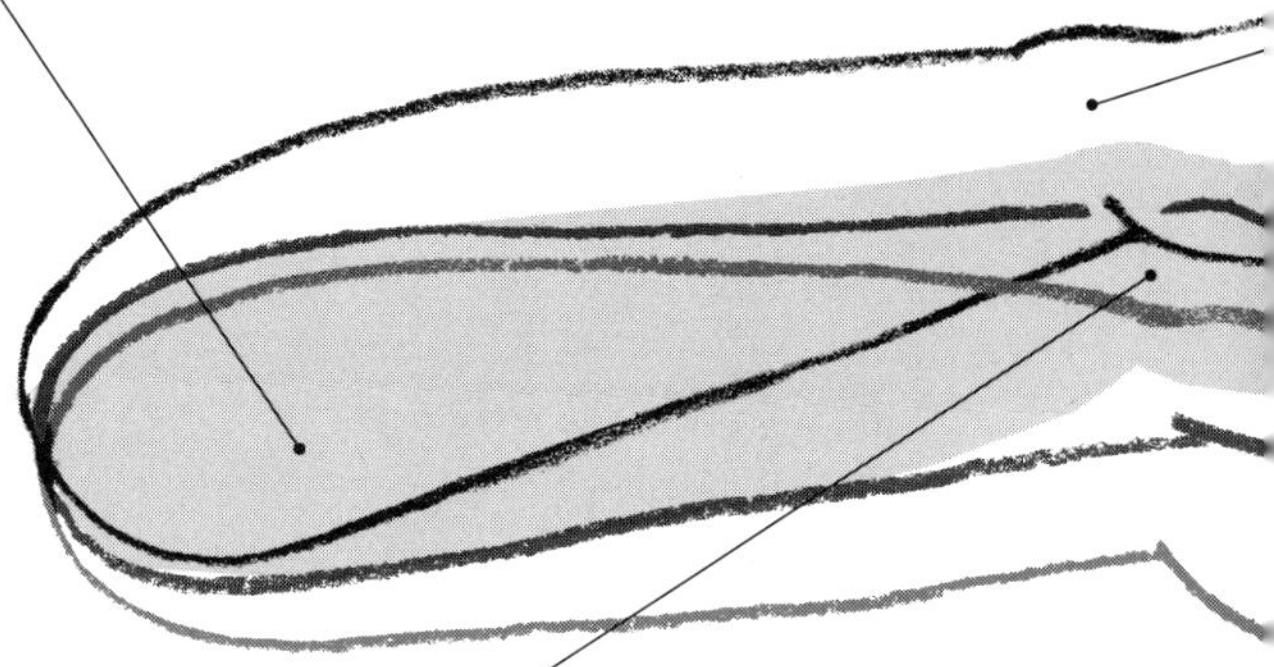

✕ 膝が曲がっていると水の抵抗を受けやすくなる

よく見られる間違いは、自転車をこぐように膝と足首が曲がるキック。飛び出た膝と太ももで水の抵抗が大きくなってしまう。

4 膝が常に伸びているか

実際、蹴り上げるときに膝は曲がるが、これは太ももから動かすため自然に起こること。意識としては常に伸ばした状態で。

平井先生のワンポイントアドバイス

どうしても下半身が沈みがちになる。強いキックで浮力を得よう

仰向けで浮かんだとき、何もしなければ足が沈んでくるし、足を上げようとするとお尻が沈んでしまう。仰向け姿勢をキープするには、キックが必要。強いキックを一定のリズムで打てるようになれば、もう下半身は沈まない。

キック

STEP 1
練習

足の力だけで、バランスを崩さずに進めるようになろう

POINT!

姿勢を徐々に変えて練習の難度を上げる

上達のためには、よりキープするのが難しい姿勢に挑戦していこう。左の姿勢ができたら、片手だけ少し上げるなど、姿勢を変えてやってみる。

手を体の横につけてキックだけで進んでみる

仰向けで水に浮き、手は体の横につけてキックの練習を始めよう。水面で「気をつけ」の姿勢になると思えばいい。これで、頭も腰も足も正しい位置に持っていくことができる。キックしながら、腰が引けてお尻が沈んでいないか、逆に体が反っていないかチェックしてみよう。

正しい姿勢でキックをきちんと打っていれば楽に進むことができるが、キックに問題があると、あまり進まないし、下半身から沈んでくる。どうしてもうまくできなければ、ビート板を抱えてキック練習をしてもいいだろう。うまく浮かべない人は、このほうが足の動きに意識を集中させることができるからだ。

手を頭上に伸ばした状態で練習してみる

「気をつけ」の姿勢でのキック練習ができたら、次は、手を頭の上に伸ばした姿勢でのキック練習だ。両手を重ねるようにして組み、キックで進んでみよう。このとき、まっすぐな姿勢を保つよう意識してほしい。

手を頭上に伸ばすとバランスが崩れやすくなる。安定して進めるようになるまでしっかり練習しよう。

「気をつけの姿勢」「腕を伸ばした姿勢」でキックだけで前進してみる

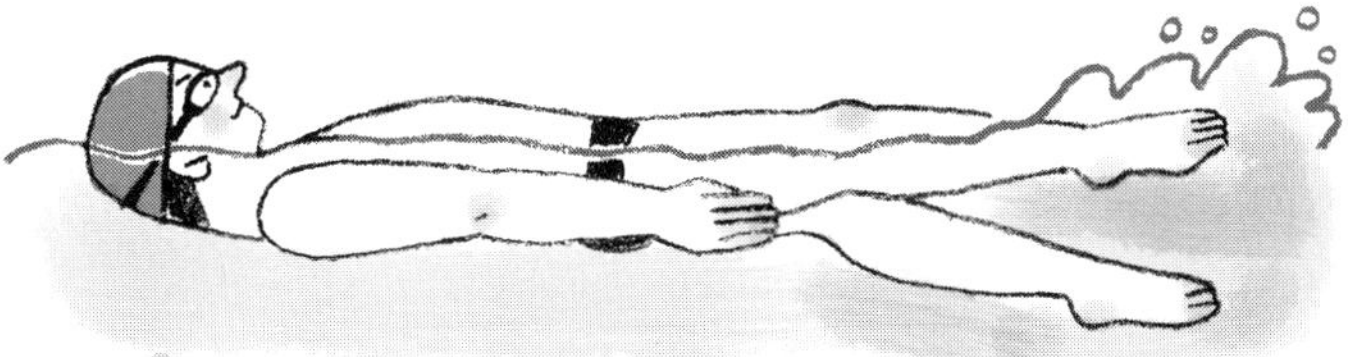

「気をつけ」の姿勢で進んでみよう

あごを出しすぎたり引きすぎたりしないよう気をつけながら前進。お尻が沈まないよう、胸とお腹に力を入れてバランスをとろう。

体が振れたり、頭の位置がぶれたりしないように気をつけて

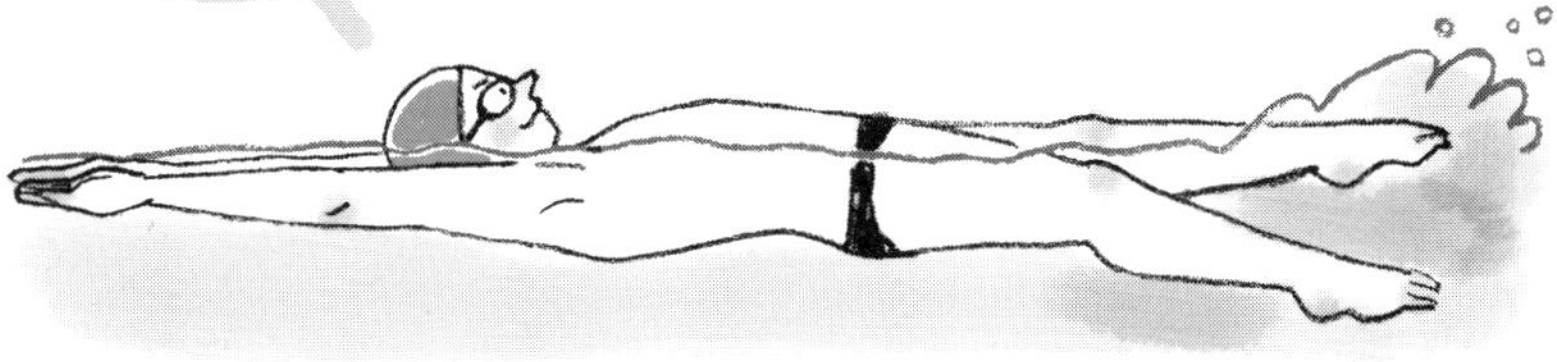

手を頭の上で合わせて進んでみよう

蹴伸びと同じように両手を伸ばし、頭の上で組む。胸を張りすぎると足だけ沈んでしまうため、注意が必要だ。

平井先生のワンポイントアドバイス

頭やお尻が出ないよう注意。まっすぐ立ったときの姿勢を保つ

初心者が陥りやすいミスは、あごの位置が定まらないというもの。引きすぎると下半身が沈んでしまい、出しすぎると体が反って足だけが沈む。正しい位置を保つには、「気をつけ」の姿勢を意識するのが、一番いい。

STEP2
イメージ

腕は肩幅に開いてまっすぐ回し、静かに入水する

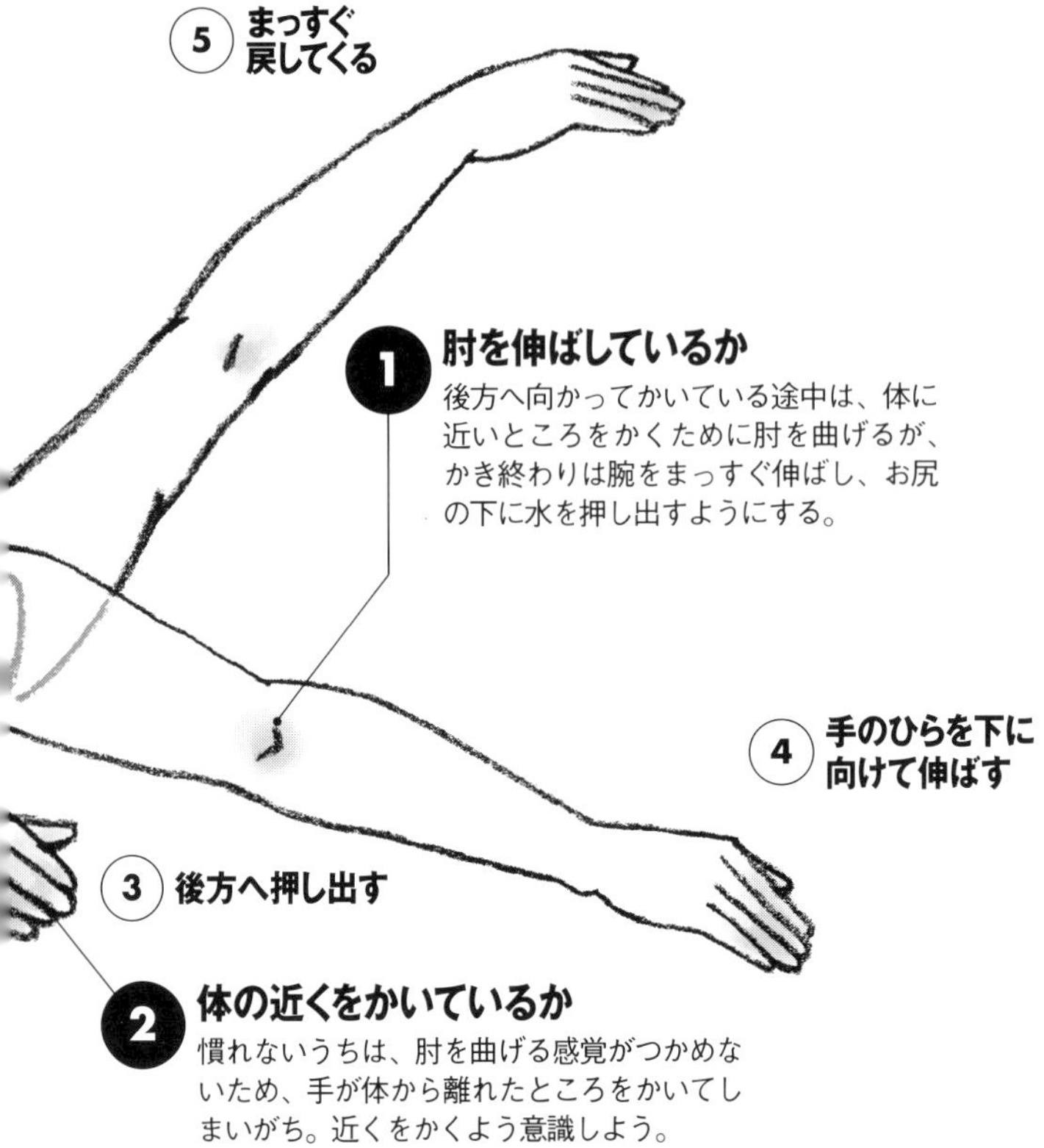
5 まっすぐ戻してくる
1 肘を伸ばしているか
後方へ向かってかいている途中は、体に近いところをかくために肘を曲げるが、かき終わりは腕をまっすぐ伸ばし、お尻の下に水を押し出すようにする。
4 手のひらを下に向けて伸ばす
3 後方へ押し出す
2 体の近くをかいているか
慣れないうちは、肘を曲げる感覚がつかめないため、手が体から離れたところをかいてしまいがち。近くをかくよう意識しよう。

手が内側に入ってしまうと進行方向がずれる原因に

水をかき終えた手は、太ももの横で親指側を上にして水中から出し、大きく半円を描くようにして頭上に伸ばす。そこで入水するのだが、このとき腕を肩幅に開いておくのがポイント。手が内側に入ってしまうと、進行方向がずれる原因になるので注意したい。

入水する腕は耳につけたほうがいいと言われることがある。しかし、耳の幅は肩幅より狭いので、こうするとどうしても手が内側に入ってしまう。耳につけるという意識は持たないほうがいい。

腕は肩幅に開いたまま入水

腕を伸ばしてより遠くに入水しようと意識すると、内側を通ってしまいがち。すると体の軸が振れ、蛇行の原因に。肩幅で入れるよう意識して。

③ あごの位置は合っているか

上がっていたり引きすぎたりしていると、体全体のバランスが崩れ、余計な力が入ってしまう。目線を斜め後方に置くようにすると、自然な角度が保てる。

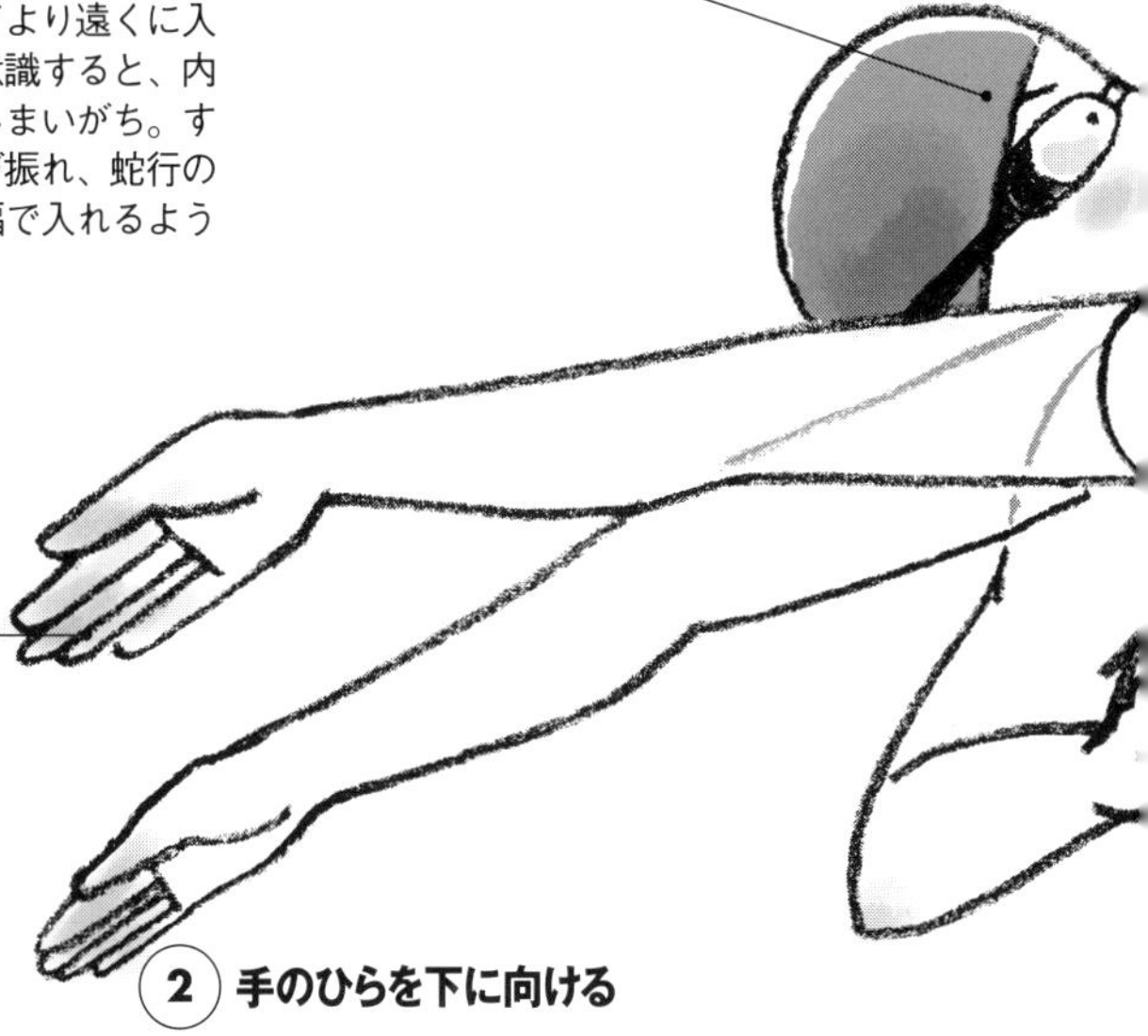

④ 静かに入水しているか

手の甲や腕で、水面をたたたたくように入水するのは間違い。入水後水をかき始めやすいよう指先から静かに入れる。

平井先生のワンポイントアドバイス

手の向きにこだわるよりも、静かに入れることを意識して

小指から入水するのが理想と言われるが、肩関節の硬い人には難しい。手の甲から入水している一流選手もいるくらいだから、そこまで気にしなくていい。むしろ入れ方に注意。ただ置くのではなく刺すようにするといい。

STEP2
練習

足の間に浮き具を挟み、腕だけを使って前進してみよう

下半身が沈まないので慌てず練習できる

ストロークの練習はまず、足の間にビート板を挟んでおこなうといい。こうすると下半身が沈まないので、腕の動きに意識を集中させて落ち着いて練習できるからだ。若干バランスをとりづらくなるのが難点だが、リズミカルなストロークができるようになれば、自然とバランスもとれるようになる。

慣れないうちは腕のかきが小さく速くなりがちなので、ゆったりと大きく動かすことを心がけよう。肩に無駄な力を入れないようにするとよい。

入水したら手のひらを下に向けて水をつかむ

水中に入れた手は、むやみに回すだけでなく、しっかりと水をとらえることが大切だ。入水したら、手のひらをプールの底に向けるようにして水をつかむ。初心者にはやや難しい動きだが、この動作が入ることで、水をとらえやすくなり、効果的なストロークができる。

水をかくときは、手が体の近くを通るようにし、最後は水を押し出すような意識でのぞむ。とはいっても、頭で考えるとややこしい。どうやったら効率よくかけるか、いろいろ試してみるといい。

POINT!

左右対称に回すことを常に意識する

練習を繰り返し動作に慣れると、一方の腕が片方の腕に追いつき、手が揃ってきてしまうことがある。左右対称にかくことを常に意識しよう。

左右のバランスをとりながら流れに乗ってテンポよくかく

焦らず大きく
伸びながらか
いていこう
×
ビート板が沈みすぎて
いると、浮力が強すぎ
てやりづらくなる

浮き具は浅めに挟み、左右同じ力でかいて進む

ビート板の浮力で足を浮かせ、ストロークの練習。ただ慣れないうちは、腰が浮くことでバランスがとりづらくなる。焦って、かきが小さくならないように。

9

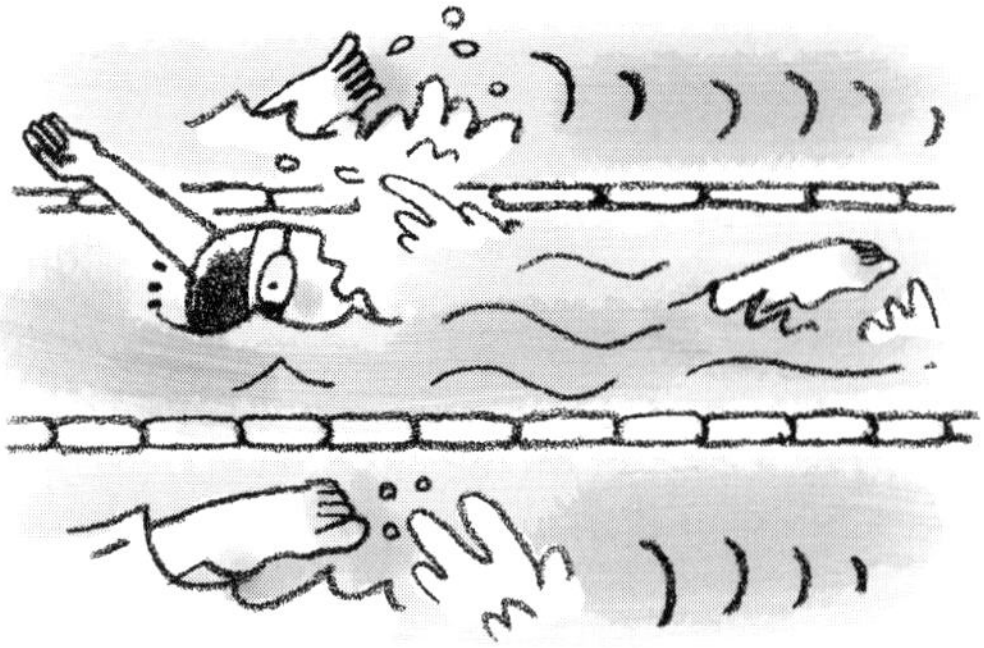

Q 下半身が沈み、失速するのはなぜですか？

A あごを引きすぎて、上体が起きるのが原因

下半身が沈む原因として、まず考えられるのは、あごを引きすぎていることだ。あごを引くと、頭が水中から出る。頭が出ると重心が下半身へ移り、浮力が不足して体が沈みやすくなる。また、あごを引くことで上体が立ってしまうことも。下半身が沈む大きな原因になる。

初心者は、鼻に水が入ることを避けようとして、あごを引いてしまうことが多いようだ。確かに軽く引くことで水の浸入を防げるが、引きすぎは禁物。「気をつけ」の姿勢を忘れてはならない。目線を斜め後方45度くらいに保っておくといいだろう。

しっかりキックしていれば下半身が沈むのを防げる

キックが弱くなっていることも、下半身が沈む原因のひとつ。ストロークにばかり気をとられ、キックがおざなりになっていないだろうか。キックだけ練習しているときには正しく蹴ることができていても、手の動きと組み合わせると、うまくいかないこともある。

正しい方向に力強いキックを打ってさえいれば、下半身が沈むのをかなり防げるはず。キック練習に戻って基本からやってみるのもいいだろう。

あごの位置がおかしいと体勢が崩れてしまう

鼻に水が入ることを恐れ、あごを引きすぎないよう注意

背泳ぎに慣れないうちは、鼻に水が入るのが怖いもの。確かにあごを引けば水は入りにくくなるが、引きすぎると頭が起きるため、下半身が沈んでしまう。

平井先生のワンポイントアドバイス

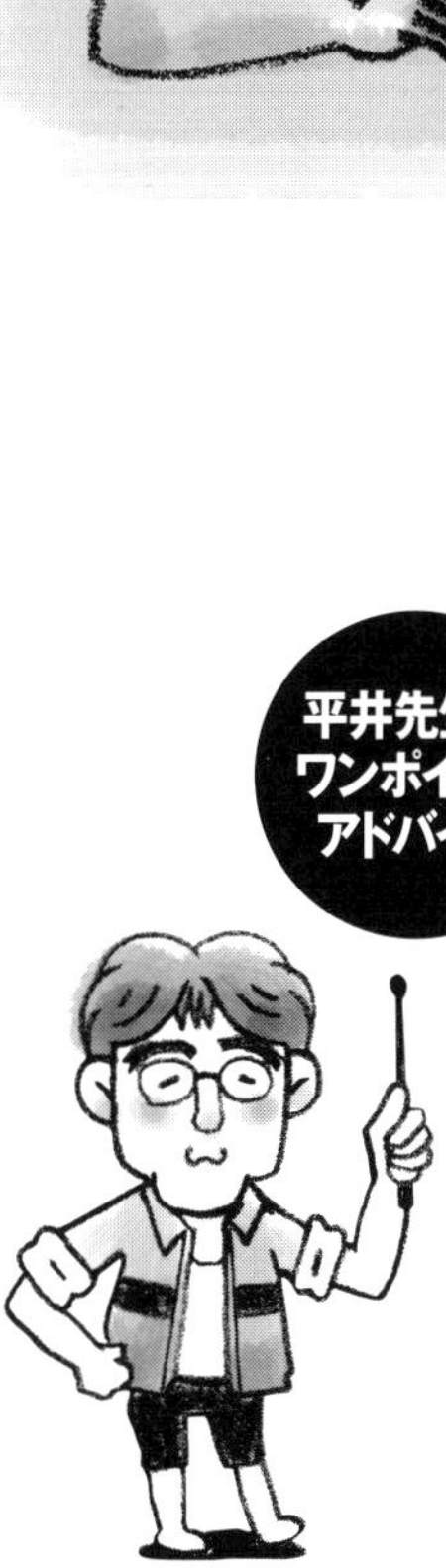

下半身が沈み始めたと感じたら、力強いキックで立て直そう

実際泳いでいる最中に下半身が沈み始めたときは、あごの位置を微妙に変えるだけで修正するのは難しい。基本姿勢を意識しながら、キックをより力強くやってみるといいね。これで体勢を立て直せるはずだ。

背泳ぎ

よくある失敗

Q&A

2

Q 肘の動きが複雑。かくときはどれくらい曲げればいい？

A 難しいことは考えない。〝体の近くの水をかく〟と覚えておこう

腕の動きで難しいのは、やはり水の中をかいてくる動きだろう。入水は小指側からでも手の甲からでもいいが、入水した後は、体をじゅうぶん伸ばしながら手のひらを下に向け、しっかりと水をキャッチする。そこから、水をかくわけだが、手の軌跡や肘の角度などについては、あまり難しく考えないほうがいい。

水をキャッチしたところから、まっすぐに後ろにかくイメージでいいのだ。手は弧を描くのではなく、体の近くを直線的に通過することになる。最後は、お尻の下に水を押し込むようにかき切る。これで水中の基本的な手の動きはできていることになる。

かくときに最も大切なのは、手のひらで水を押す感覚

水をかく手が体の近くを直線的に通過するのだから、当然、そのとき肘は曲がっている。だが、肘の角度を何度にすればいいか、といったことは考えないほうがいいだろう。大切なのは、しっかり水をかくことなのだ。手のひらで水を押す感覚を大切にし、より強く効率よく押し出そうとすることで、それにふさわしい肘の使い方を身につけることができる。

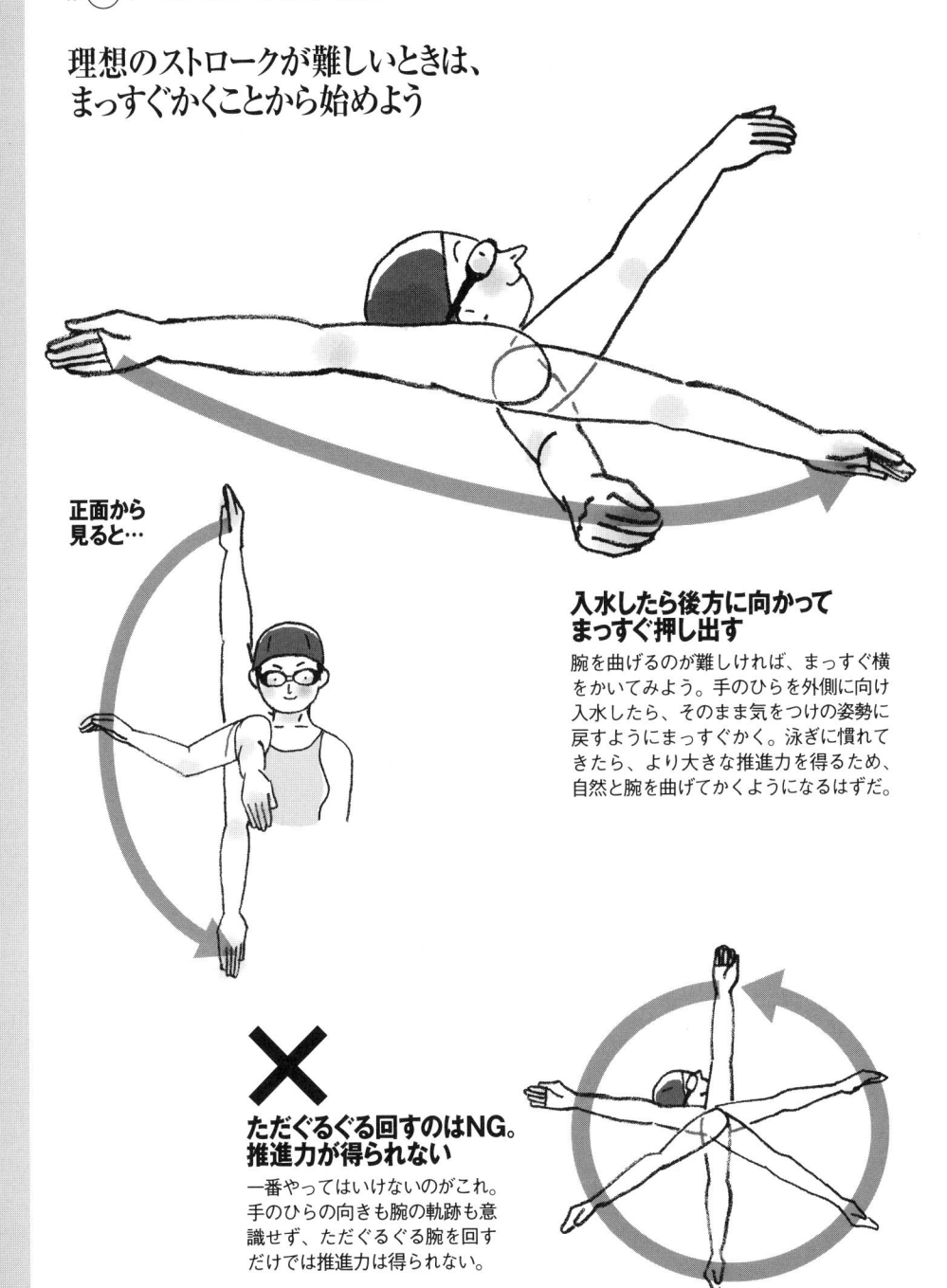

理想のストロークが難しいときは、まっすぐかくことから始めよう

正面から
見ると…

入水したら後方に向かってまっすぐ押し出す

腕を曲げるのが難しければ、まっすぐ横をかいてみよう。手のひらを外側に向け入水したら、そのまま気をつけの姿勢に戻すようにまっすぐかく。泳ぎに慣れてきたら、より大きな推進力を得るため、自然と腕を曲げてかくようになるはずだ。

×

ただぐるぐる回すのはNG。推進力が得られない

一番やってはいけないのがこれ。手のひらの向きも腕の軌跡も意識せず、ただぐるぐる腕を回すだけでは推進力は得られない。

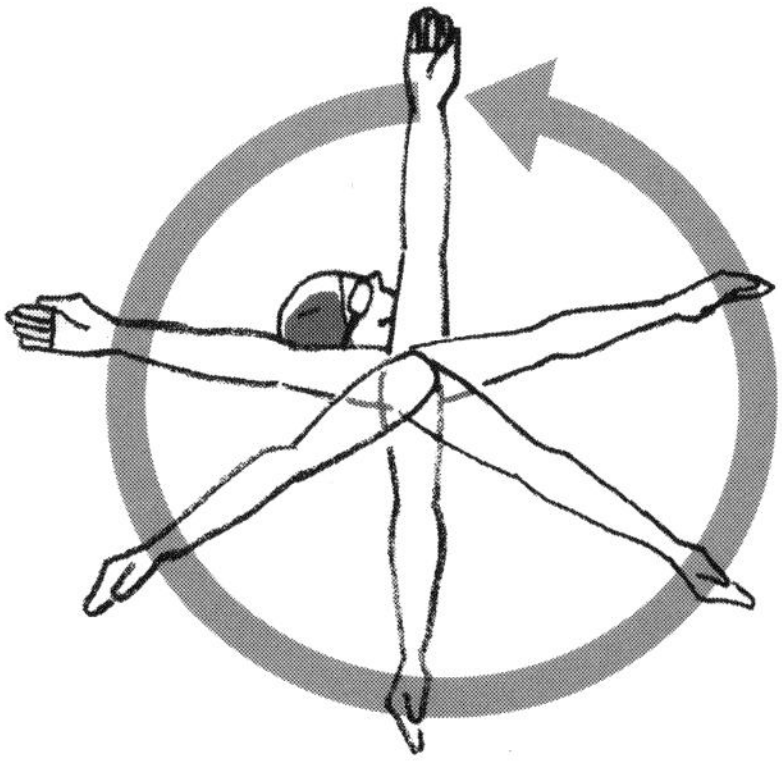

バタフライ

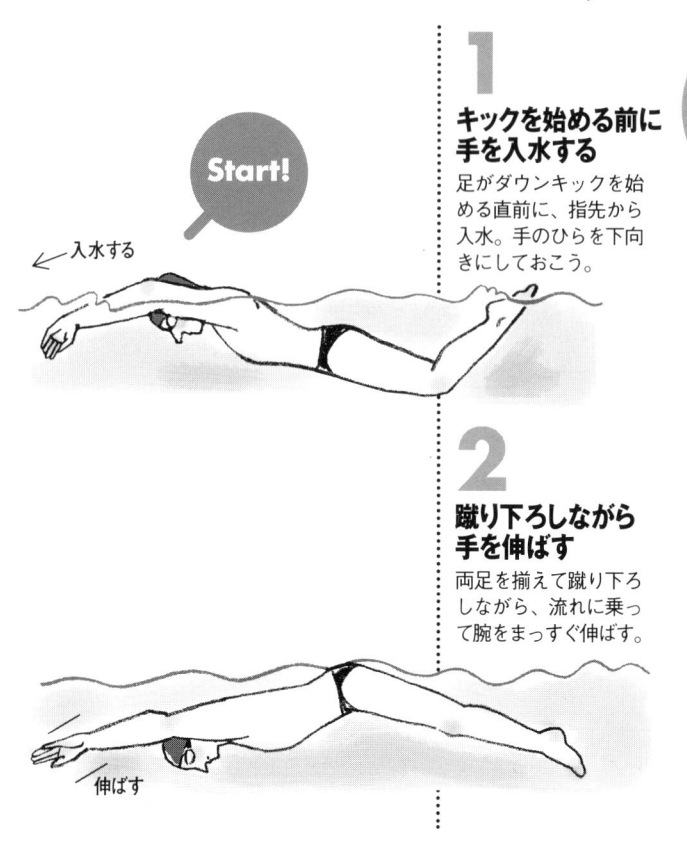

理想の泳ぎをイメージ

キックのリズムに合わせて呼吸や腕の動きを考える

1

キックを始める前に手を入水する

足がダウンキックを始める直前に、指先から入水。手のひらを下向きにしておこう。

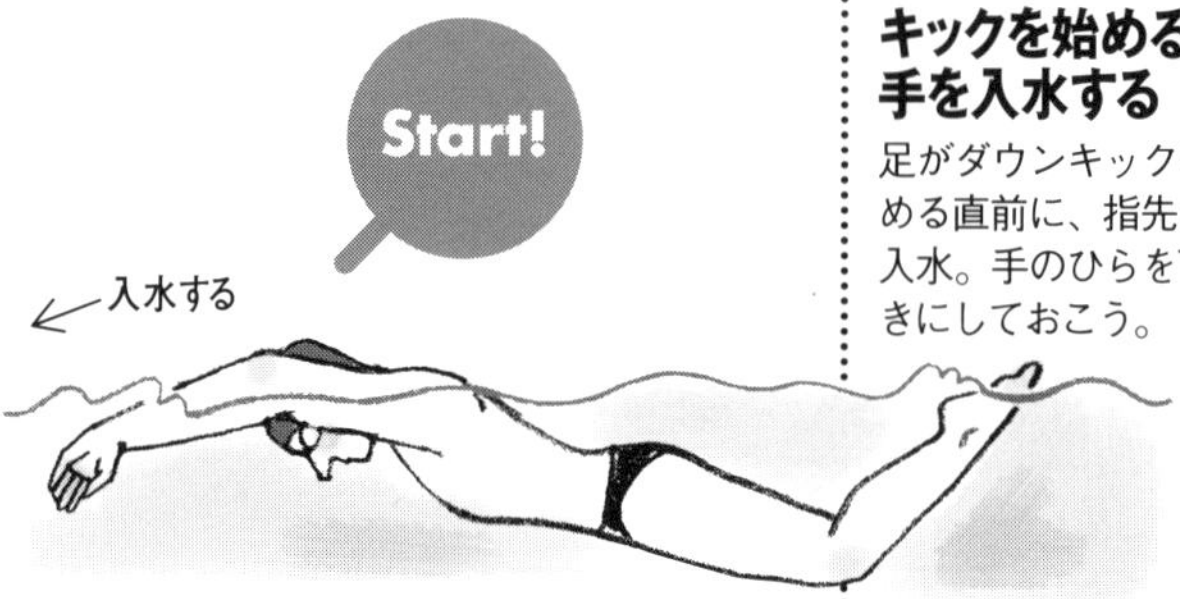

2

蹴り下ろしながら手を伸ばす

両足を揃えて蹴り下ろしながら、流れに乗って腕をまっすぐ伸ばす。

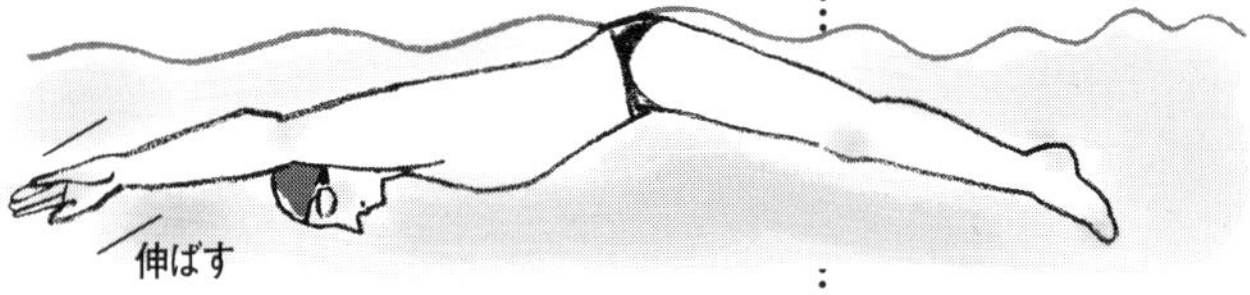

1回のストロークにつき2回のキックを打つ

バタフライは1回のストロークの間に2回キックを打つ。手が入水すると同時に1回目のキックを打ち、水をかいて、体の後ろで手が水から抜けるときに、2回目のキック。この2回目のキックと同時に顔を上げ、呼吸をするのだ。

キックはバタ足ではなく、腰からうねるように動かすドルフィンキック。下半身全体をしなやかに動かすことで、大きな推進力が得られる。両手を同時に動かすのは平泳ぎと同じだが、空中で腕を戻すぶん、水の抵抗が少ない泳ぎだ。

イメージ

3

アップキックしつつ後方へかいていく

蹴り下ろした足を上げ2回目のダウンキックに備えつつ、脇を開き両肘を張ってかく。

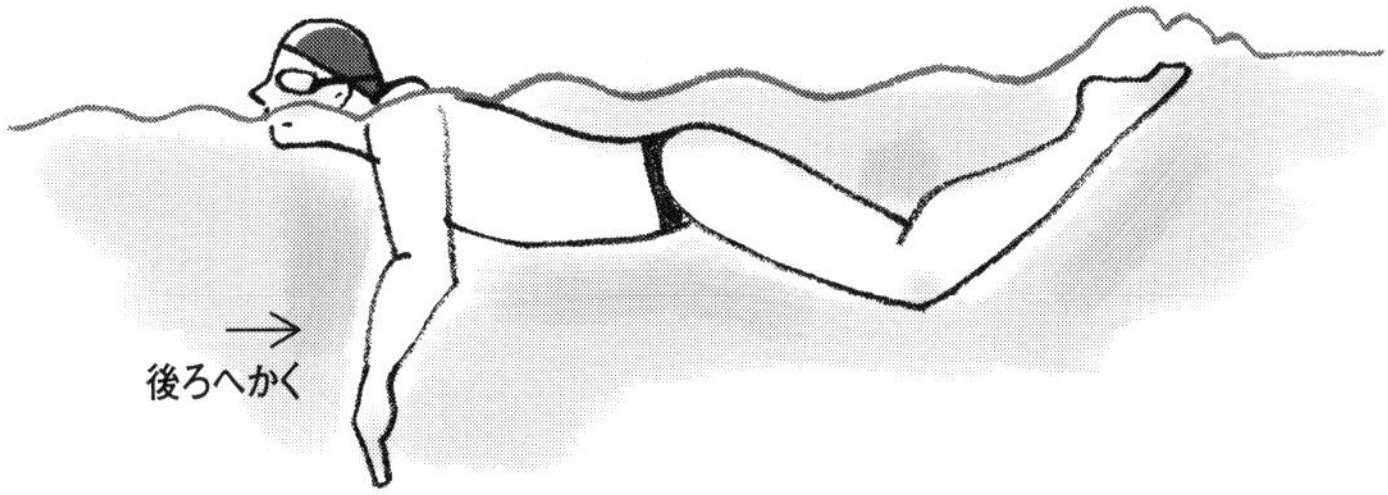
後ろへかく

4

蹴り下ろしながら顔を上げて呼吸

ダウンキックに合わせて、両手をかき切る。肘から抜き上げながら、顔を上げて呼吸。

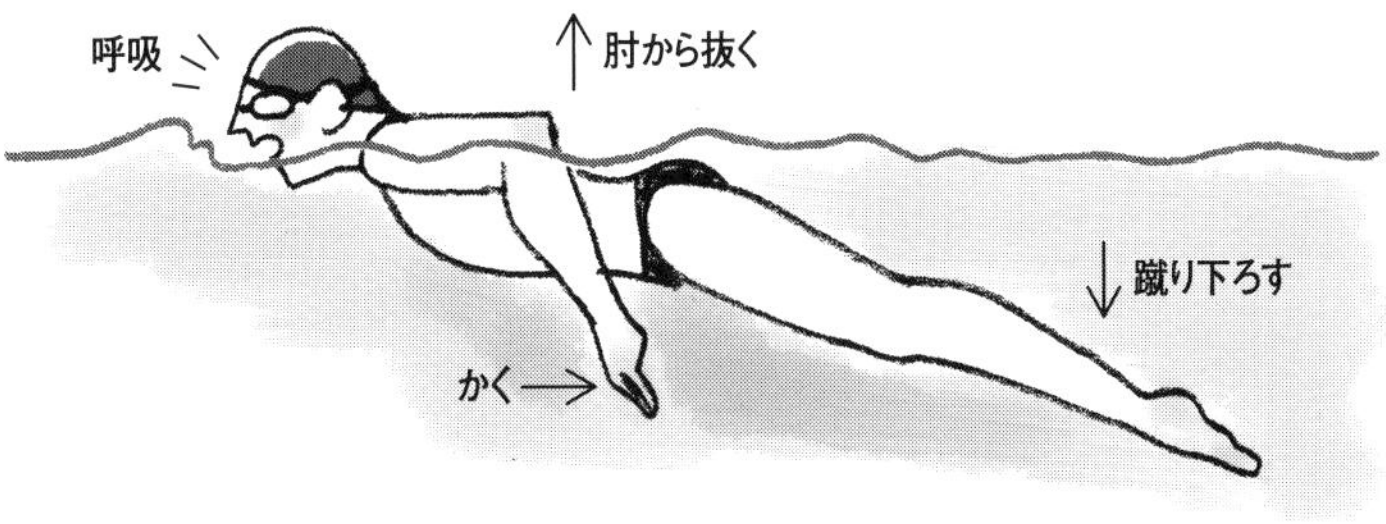
呼吸
肘から抜く
蹴り下ろす
かく

5

顔を戻しながら手を素早く前へ

抜き上げた両手を、前に戻してくる。顔を両腕で押さえ込むように指先から入水。

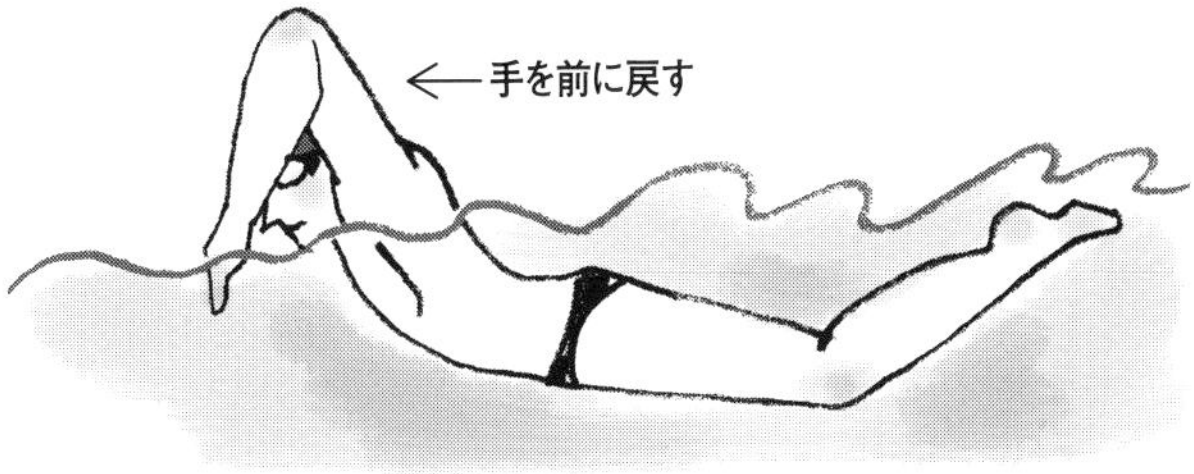
手を前に戻す

平井先生のワンポイントアドバイス

バタフライの動きはとても単純。リズムをつかめば誰でもできる

クロールや平泳ぎはできるが、バタフライができないという人は多い。動作そのものは単純で、さほど難しくないが、キックとストローク、呼吸のリズムをつかめていないんだ。それさえつかめば、泳げるようになるはずだ。

STEP 1
イメージ

腰のうねりを利かせたドルフィンキックを目指す

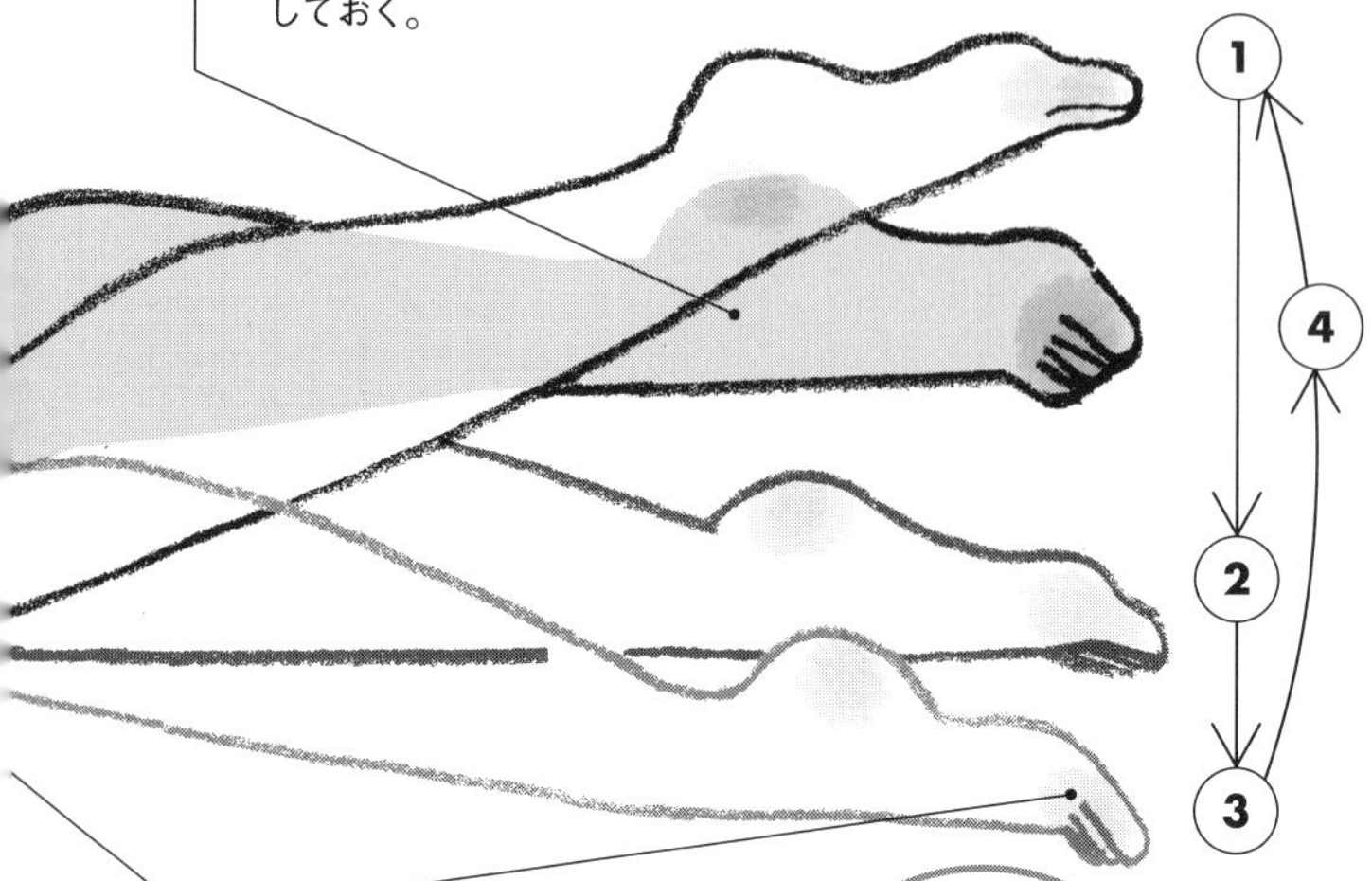

1 足首が伸びているか

バタ足などと同じように、足の甲で水をとらえて押し出すキック。足首が曲がっていると、効果的に蹴ることができない。しっかり伸ばしておく。

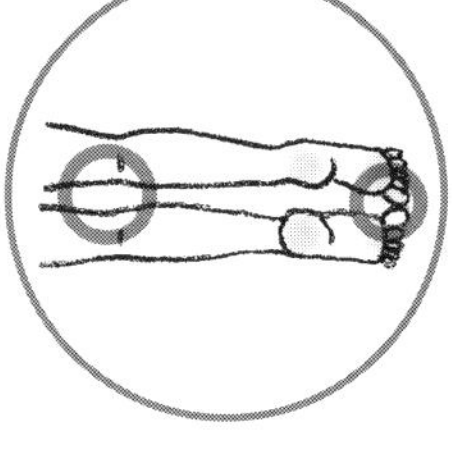

2 つま先までぴったり揃っているか

両足を揃えて同時に蹴り出すことで、力強いキック力が得られる。足先と膝を触れ合わせるよう意識して揃えておこう。

下半身をしなやかに使いパワフルに蹴り出す

バタフライはキックが命。下半身全体をムチのように使った力強いキックを打てないと、速く泳げないだけでなく、バタフライという泳ぎが成立しない。腰を使わないと、膝が曲がってすねで水面をたたくだけのキックになってしまう。

また、バタフライを完成させるには、キック、ストローク、呼吸の3つの動きを上手に組み合わせ、リズミカルに続けていくことが大切だが、ここでつまずく人は多い。呼吸の練習も一緒にして、タイミングをつかんでしまう。

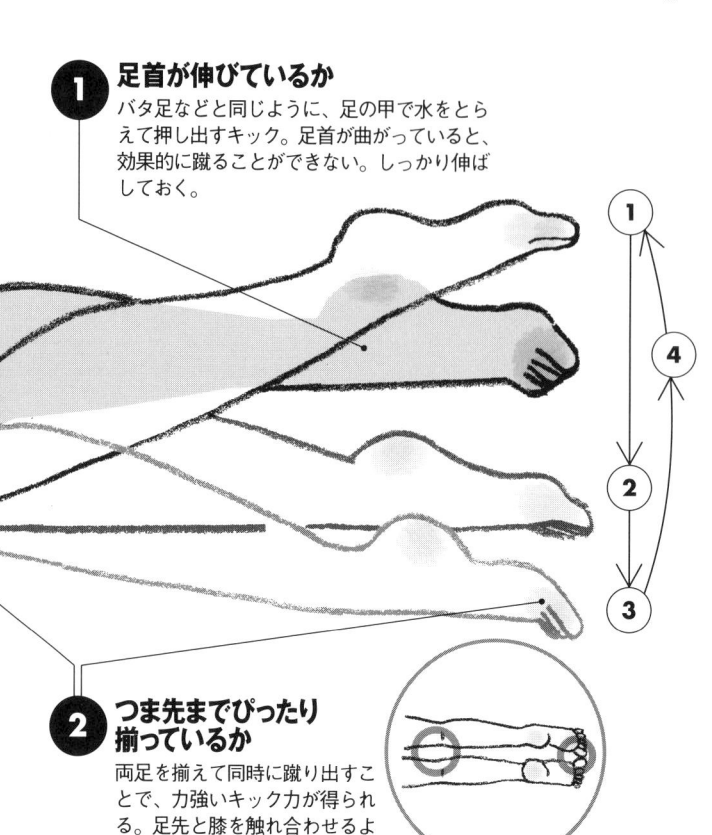

3 腰のうねりを意識しているか

このキックの特徴は、腰から動かすこと。足先だけの蹴りにならないよう、うねりを意識してダイナミックに蹴り出そう。

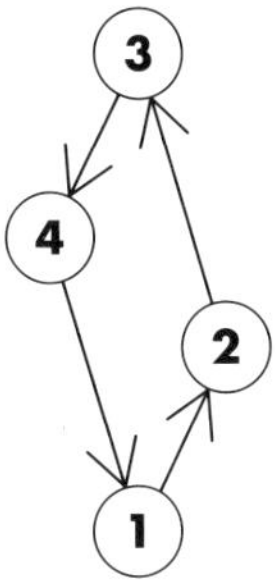

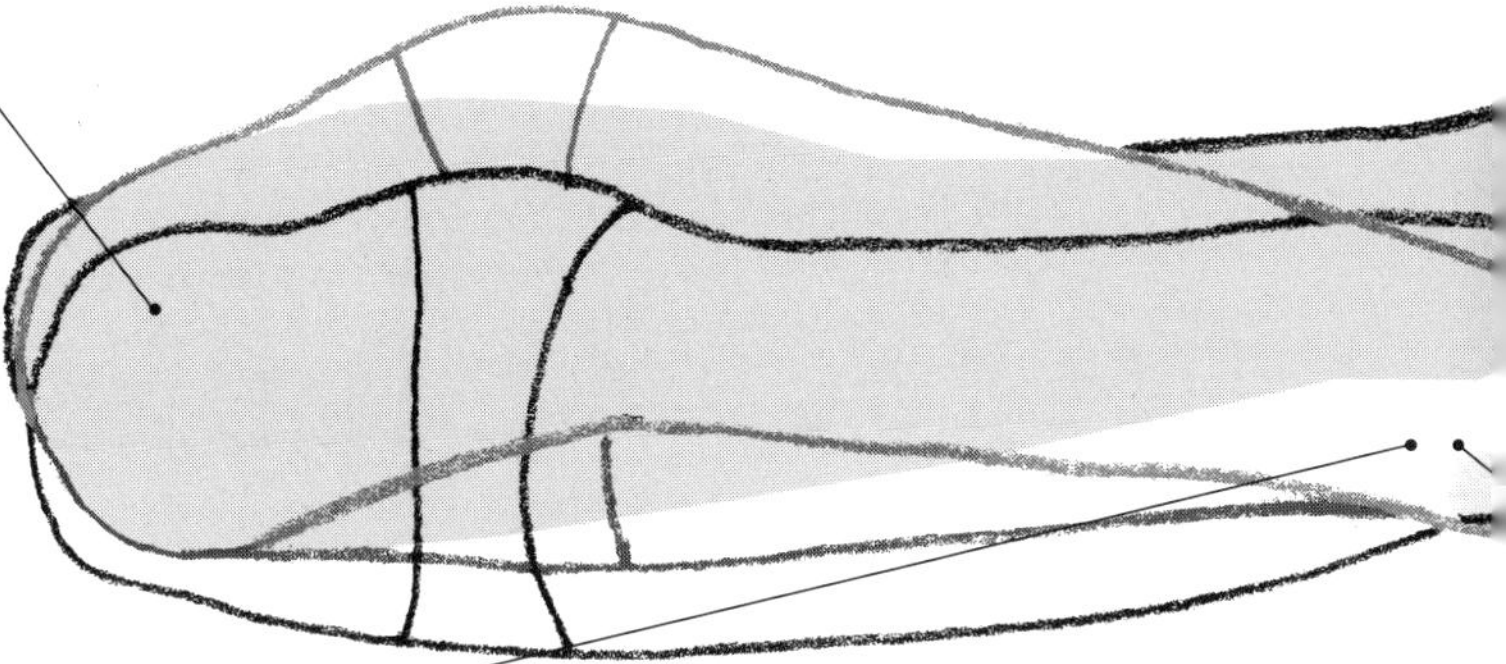

4 アップキックで膝を曲げていないか

蹴り下ろすときは膝が曲がるが、蹴り上げるとき曲げると腰のうねりが伝わらず、膝下だけを使ったキックになってしまう。

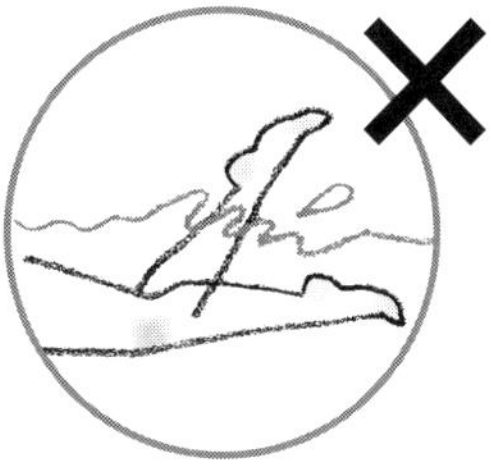

平井先生のワンポイントアドバイス

呼吸するとき、キックのリズムが乱れないようにしよう

ドルフィンキック自体はそんなに難しくないが、呼吸と組み合わせると、とたんにできない人が多くなるね。2回目のキックで顔を上げるとき、タイミングが遅れて足が止まってしまい、次のキックに移れないのが原因だ。

STEP 1
練習

ビート板を使い、キックと呼吸をセットで練習しよう

腰で生み出したパワーを足先に伝えて水を押し出す

腰を使った正しいドルフィンキックをマスターするためには、ビート板を使ったキック練習を、徹底的におこなう必要がある。腰でパワーを生み出し、下半身をムチのように使って進む感覚をしっかり身につけておこう。足首が曲がっていると、効果的に水を押し出せない。足首を伸ばし、足の甲で水を押し出すようにすることが大切だ。その感覚がつかめると、ドルフィンキック本来の推進力が得られるようになる。

両足を揃えておくことも、キックの効率に関係する。左右の足がバラバラにならないように注意しよう。

タイミングを決めておき呼吸と組み合わせる練習を

ビート板を使ってキック練習をするときには、呼吸の練習も一緒におこなう。たとえば、4回キックしたら呼吸するというように、あらかじめ呼吸の回数を決めておき、リズムを作る。

4回キックで1回呼吸ができるようになったら、2回キックで1回呼吸の練習に移る。これがバタフライの基本的なリズムだ。呼吸してもこのリズムが狂わないようにしておこう。

POINT!

ビート板を使うときは体重のかけすぎに注意

ビート板を使った練習では、それに頼って体重をかけすぎてしまいがち。上半身が力む原因となるため、腕や肩の力を抜いて足に意識を集中させる。

キックと呼吸のリズムを完璧に覚える

1回目

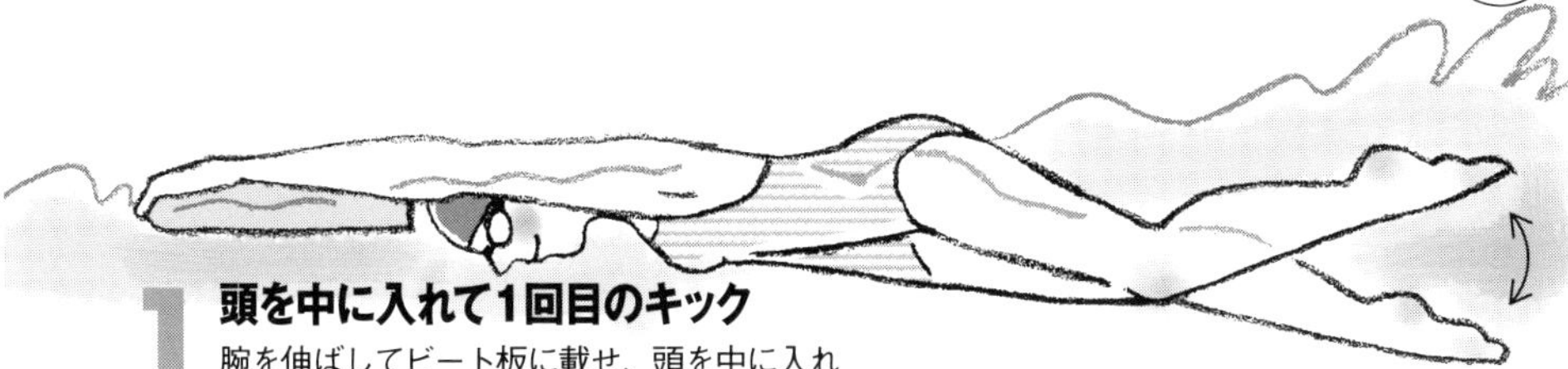

1 頭を中に入れて1回目のキック

腕を伸ばしてビート板に載せ、頭を中に入れた状態で1回目のキック。腰から大きく使うよう意識しながらやってみよう。

2回目

2 2回目のアップキックで呼吸

2回目のキックでは、蹴り下ろした勢いで顔を上げ、素早く呼吸する。顔を戻して、1回目のキックに戻る。

平井先生のワンポイントアドバイス

呼吸するときキックが止まると、そのまま沈んでしまう

キックと呼吸を組み合わせた練習は、呼吸をするときに足の動きを止めないことがポイント。自分ではキックのリズムを変えていないつもりでも、気づかないうちに動きが止まり、リズムを乱していることがあるから注意する。

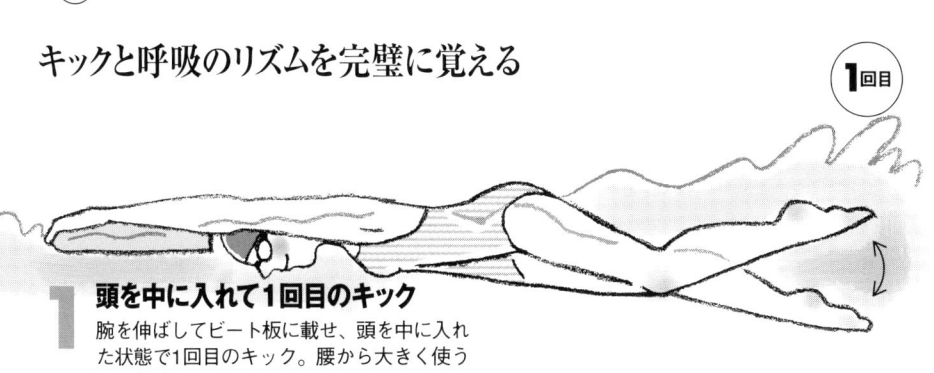

STEP2
イメージ

キックのリズムに合わせてツービートで手を回す

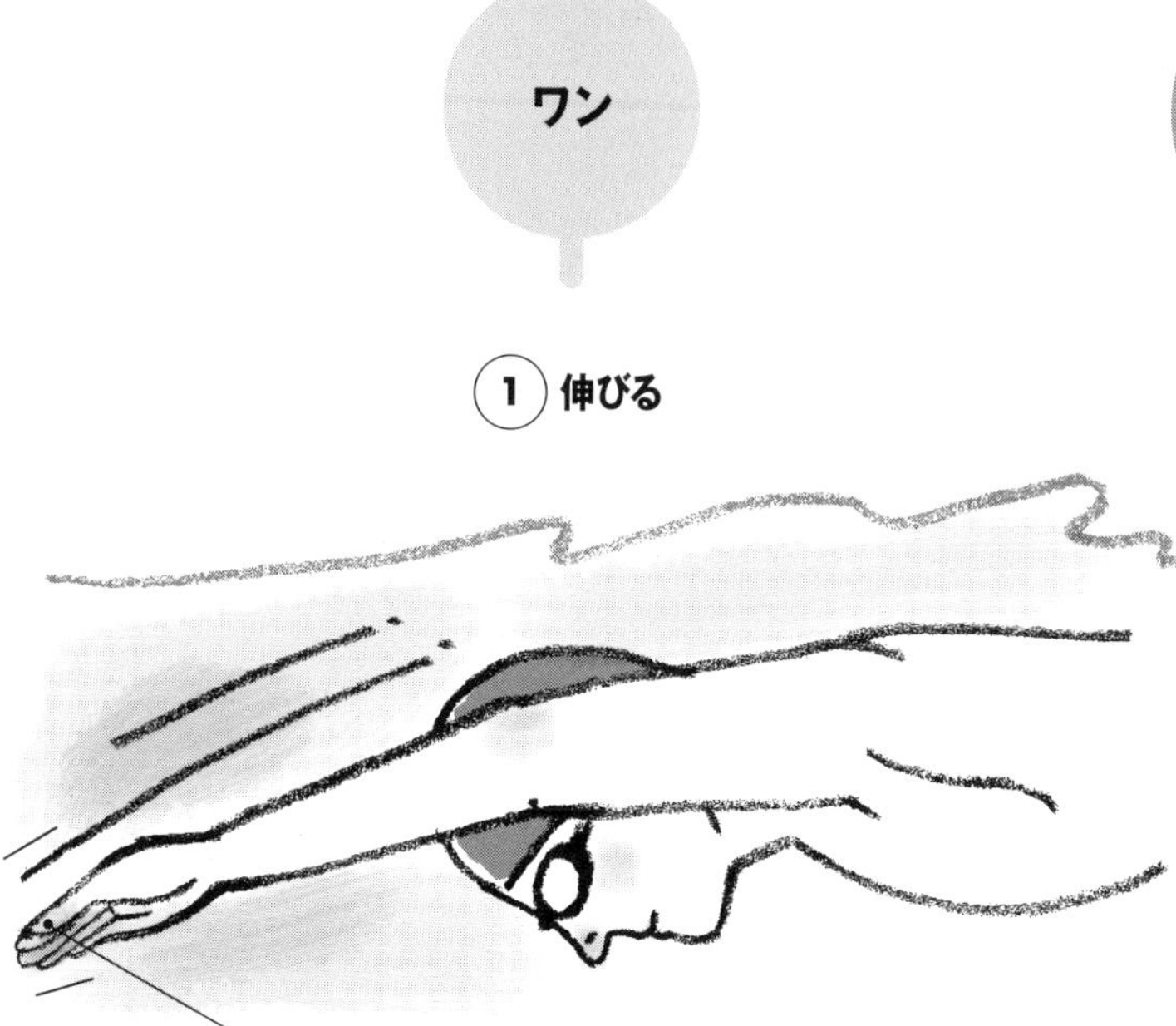

伸びる

1 深く入れすぎていないか
初心者は入水したとき手の位置が深くなりがち。両手を肩幅くらいに開いて、前方の水をとらえるように遠くに入水する。

呼吸するタイミングは後ろに手をかき切ったとき

バタフライをマスターするには、1回のストロークの間に2回キックするツービートのリズムを、体に覚え込ませる必要がある。「ワン」のキックで入水したら、腕と体をじゅうぶん伸ばして、キックの推進力を生かそう。

「ツー」のキックを打ちながら手をかき始める。描く軌跡はあまり考えず、肘を張って強くかくこと。勢いよくかき切って呼吸をするが、この顔を出すタイミングが大切。遅れてしまうとキックの勢いを生かせず、上半身が立ってしまう。

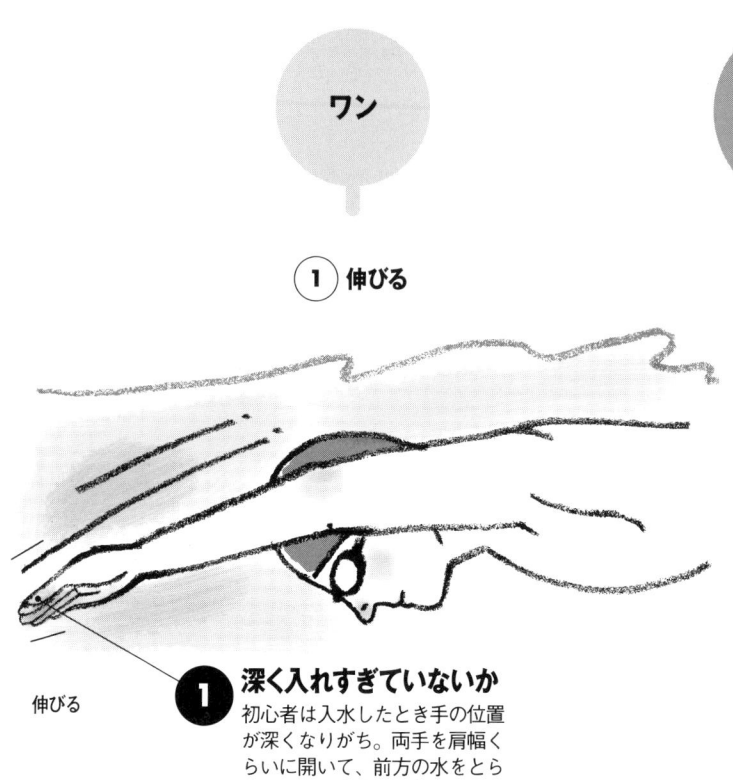

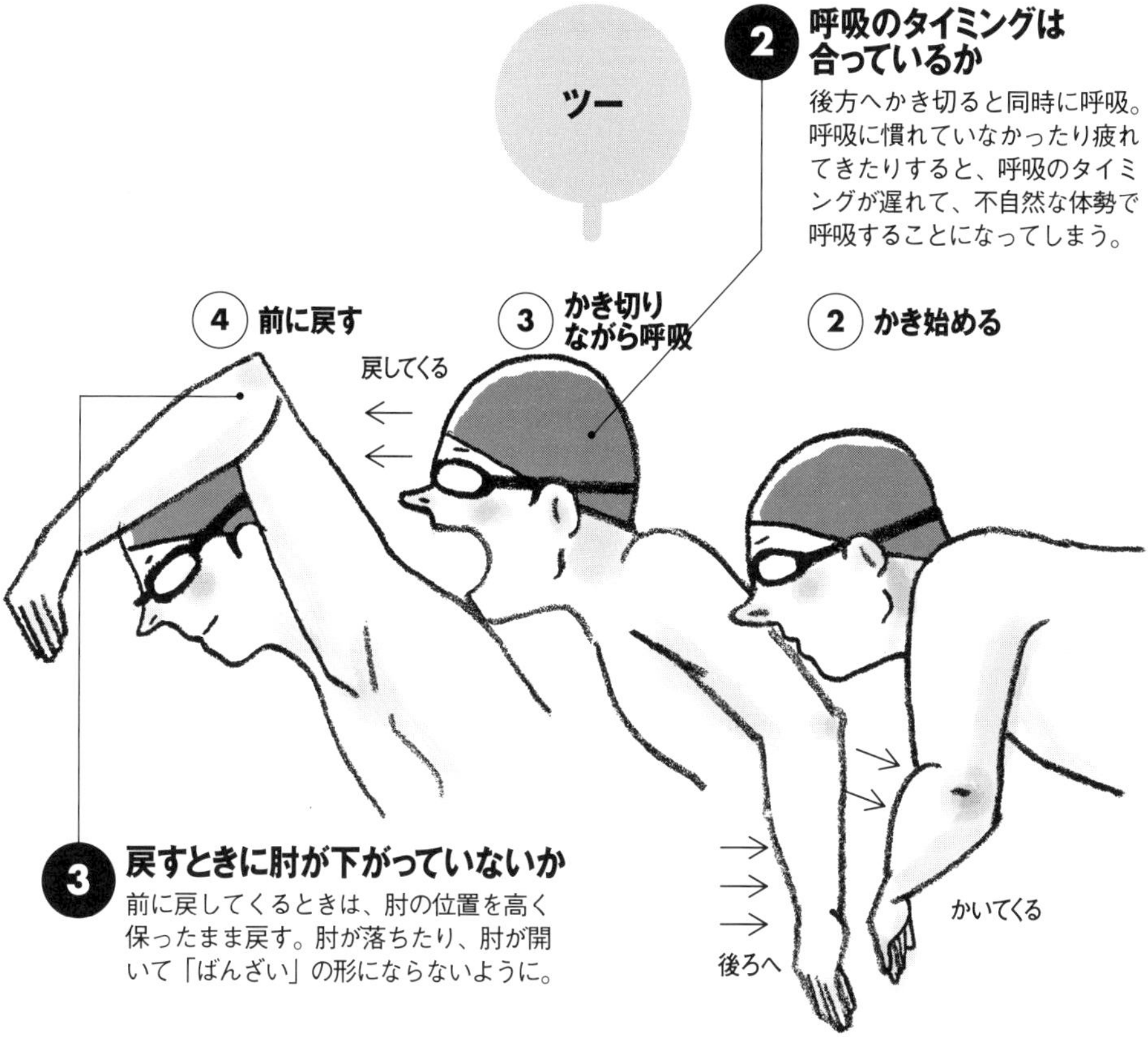

❷ 呼吸のタイミングは合っているか

後方へかき切ると同時に呼吸。呼吸に慣れていなかったり疲れてきたりすると、呼吸のタイミングが遅れて、不自然な体勢で呼吸することになってしまう。

❸ 戻すときに肘が下がっていないか

前に戻してくるときは、肘の位置を高く保ったまま戻す。肘が落ちたり、肘が開いて「ばんざい」の形にならないように。

最終的に鍵穴型を描くような軌跡を目指そう

水中で鍵穴型を描く

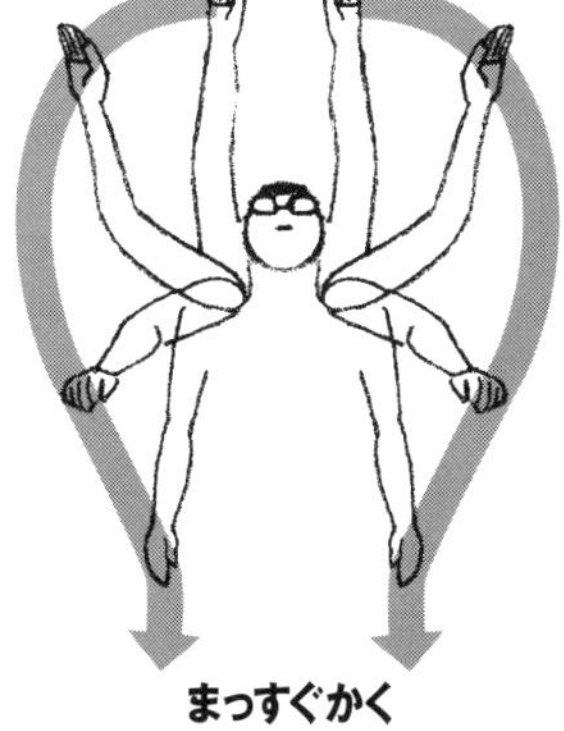
まっすぐかく

最初のうちは真後ろにかけばいい

まっすぐかいたり、水中で鍵穴の形を描くようにかくなど、いろいろな形がある。最も一般的なのは〝鍵穴型〟だが、最初のうちは、素早くこの動きをするのは難しいもの。まっすぐ後方にかくと意識すればいいだろう。

STEP2
練習

底を蹴ってジャンプし、手の動きのイメージをつかむ

腕の動きと呼吸のタイミングを合わせる

バタフライでは、キックの勢いを利用して水面から顔を上げ、呼吸をする。そのため、浮き具を使って足を固定し、ストロークと呼吸だけの練習をすることは難しい。また、最初からキックと合わせた練習では、余裕がないため、ストロークも呼吸も正しい動きができなくなってしまう。そこで、プールの底を蹴ってジャンプし、その勢いを利用してストロークと呼吸の練習をしてみよう。

バタフライでは「ワン、ツー」のツービートでキックを打つ。そこで、水中に潜って手で水をかき切りながら、「ツー」のキックの代わりに斜め前方にジャンプし、顔を出して呼吸しながら、腕を一気に前に戻すのだ。

焦らずに正しいストロークを覚えよう

ジャンプしておこなう練習では、余裕が持てるため、泳ぎながらではマスターできない技術を身につけることができる。水をかく手の軌跡はS字を描くようにするのが理想だが、この練習なら、そんな高度な技術にもトライできる。きれいなフォームを身につけるためにも役立つというわけだ。

POINT!

かくときの形をしっかりイメージして

かく動作を完全にマスターすることは難しいもの。「てるてる坊主」「ダブルS字」など、手が描く軌跡のイメージを持っておいて、それに近づけていこう。

水をかいて前に持ってくるという手の動きを、体で覚える

1

潜って手を前で揃える

立ったときに水面が胸くらいの深さになるところで練習する。両手を前に持ってきて、かき始める前の状態を作る。

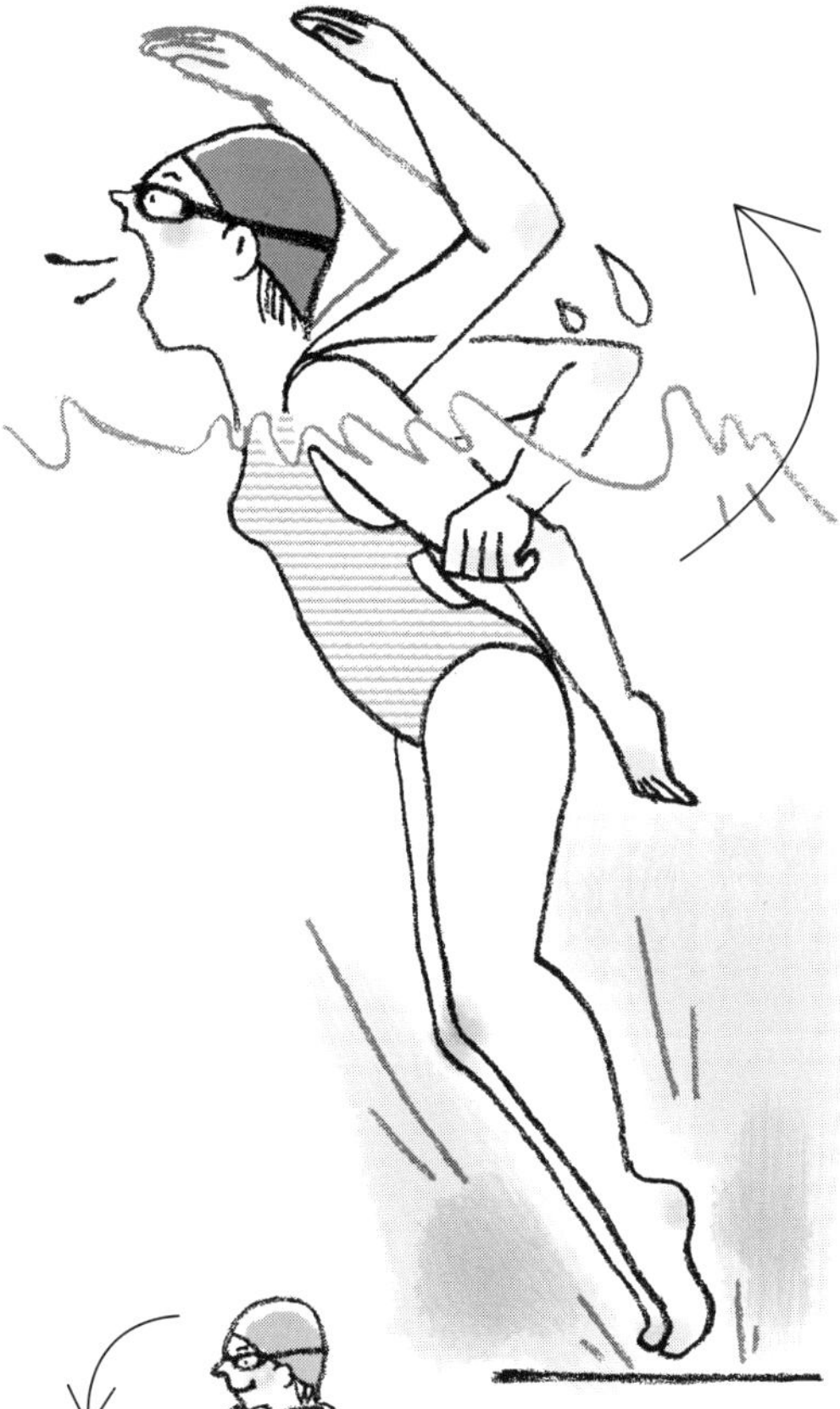

2

後方へかきながら、ジャンプして飛び出す

底を蹴ってジャンプし、水面から飛び出る。同時に両腕を一気に後方へかき切り、そのまま肘の位置を意識しながら前に持ってくる。

3

水面まで手を戻したらプールに立って終了

両足で立ち、前へ持ってきた手を水面に戻して終了。一回一回の動きを丁寧に確認して感覚をつかむ。無理して何回も続けないように。

Q 呼吸から次の動作まで、スムーズにつながりません

A 焦らなくていい。はじめは1セットでいったん停止だ

初心者のバタフライは、キック2回、ストローク1回、呼吸1回の1セットをおこなうのがやっとで、次の動作につながらない場合が多い。これは、2回目のキックで呼吸をするとき、キックし終わってから顔を上げるため、呼吸が遅れるのが原因になっている。

正しい泳ぎでは、腕が体の後ろにある状態で呼吸するのだが、初心者は腕が前に回ってきてから呼吸するタイミングになってしまうことが多い。こうなると、顔を水面に出すために極端に体を反らせなければならず、腰に大きな負担がかかることになる。

かき切った瞬間が呼吸のタイミングだ

最初は1セットしかできなくても仕方がない。その1セットの中で、正しいタイミングをつかんで、正しい動きができれば、2セット目へとつなげることができるだろう。

2セット目につなげるためには、一定のリズムでキックを打ち続けることが必要だ。呼吸したときに足の動きが止まってしまうと、いつまでも2セット目に入ることができないのだ。

POINT!

焦ってリズムを乱すよりは丁寧な動きを

タイミングが完璧につかめていないうちは、数回キックを繰り返すと泳ぎが乱れてくるもの。無理せずに途中で止め、最初からやり直そう。

呼吸のタイミングが遅れると、姿勢が崩れて次の動作に移れなくなる

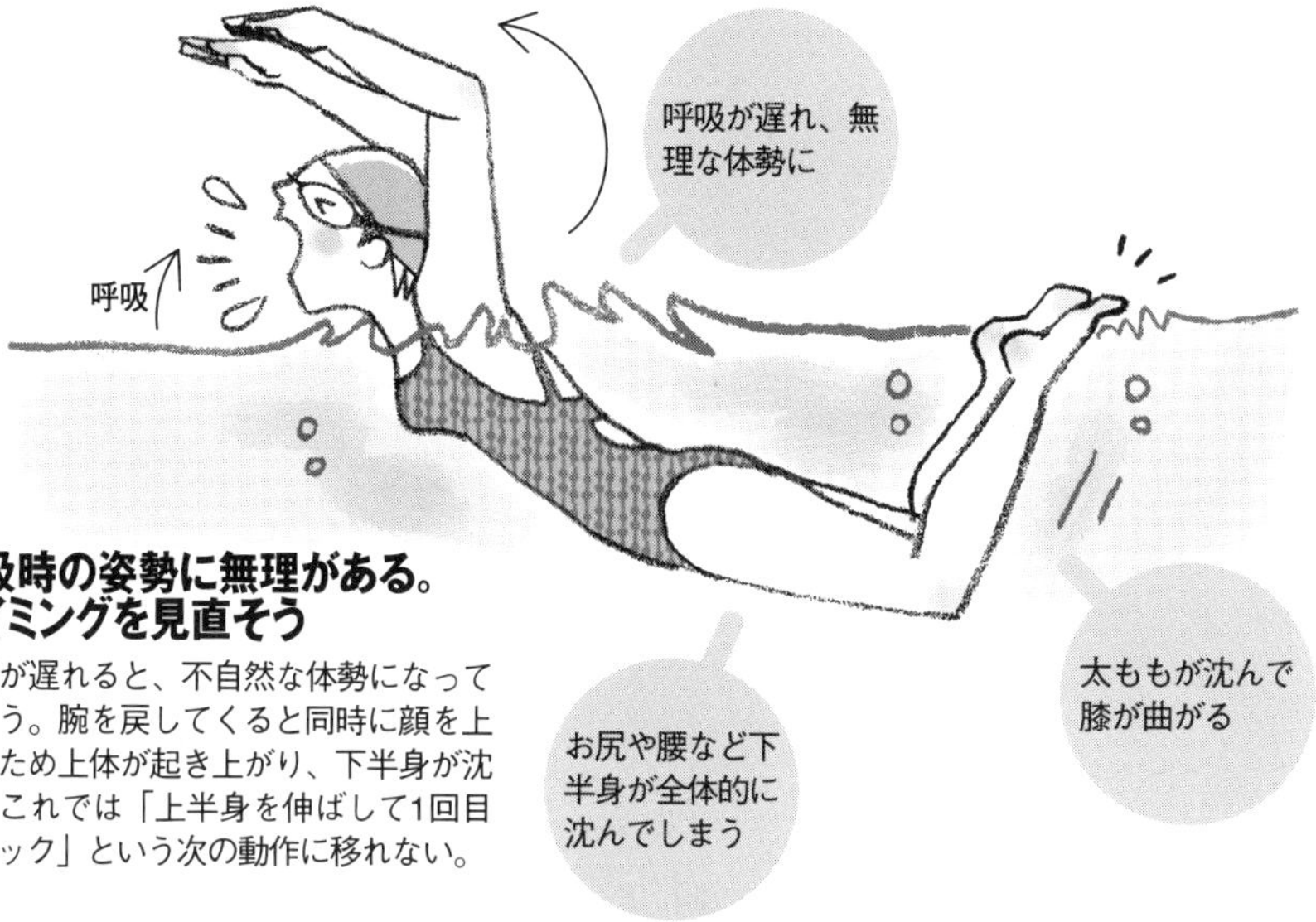
呼吸が遅れ、無理な体勢に
呼吸
太ももが沈んで膝が曲がる
お尻や腰など下半身が全体的に沈んでしまう

呼吸時の姿勢に無理がある。タイミングを見直そう

呼吸が遅れると、不自然な体勢になってしまう。腕を戻してくると同時に顔を上げるため上体が起き上がり、下半身が沈む。これでは「上半身を伸ばして1回目のキック」という次の動作に移れない。

Q 一応形になりました。もっと上手に見せるには？

A 呼吸のときに上下動が少なくなるような泳ぎを目指そう

　バタフライは、上手な人と下手な人の差が、ものすごく大きいのが特徴だ。見た目のカッコよさもぜんぜん違う。

　泳げるようになったばかりの人は、どうしても上下動が大きくなってしまう。あごを出して呼吸するため、そのときに上半身が起きすぎたり、入水と同時に深く潜りすぎたりするのだ。これを繰り返すので、派手に水しぶきが上がる割に、水の抵抗が大きくて、あまり進まない場合が多い。

呼吸をするときに、あごが水面をなめるようにする

　呼吸するときにあごを出すのはやめたほうがいい。だが、あごを引いて呼吸したほうがいいと言っても、それも難しいだろう。そこで、あごが水面をなめるようなイメージで呼吸するとちょうどいい。そう意識しながら練習を続けると、しだいに低い位置で呼吸できるようになっていくはずだ。

　低い位置での呼吸ができると、上下動が抑えられて泳ぎが美しく見えるようになるし、水の抵抗も小さくなり、今までよりもスピードが出るようになるだろう。

あごが水面をなめるような呼吸を目指してみよう

呼吸のでき具合によって、見た目もスピードもアップする

あごの位置を意識しにくい場合は、平泳ぎと同様、前方1mのところ（手を水に入れるあたり）に、視線を置くとうまくいく。無駄な上下動がなくなるため、フォームが美しく見える。また、抵抗が少なくなることでスピードもアップする。

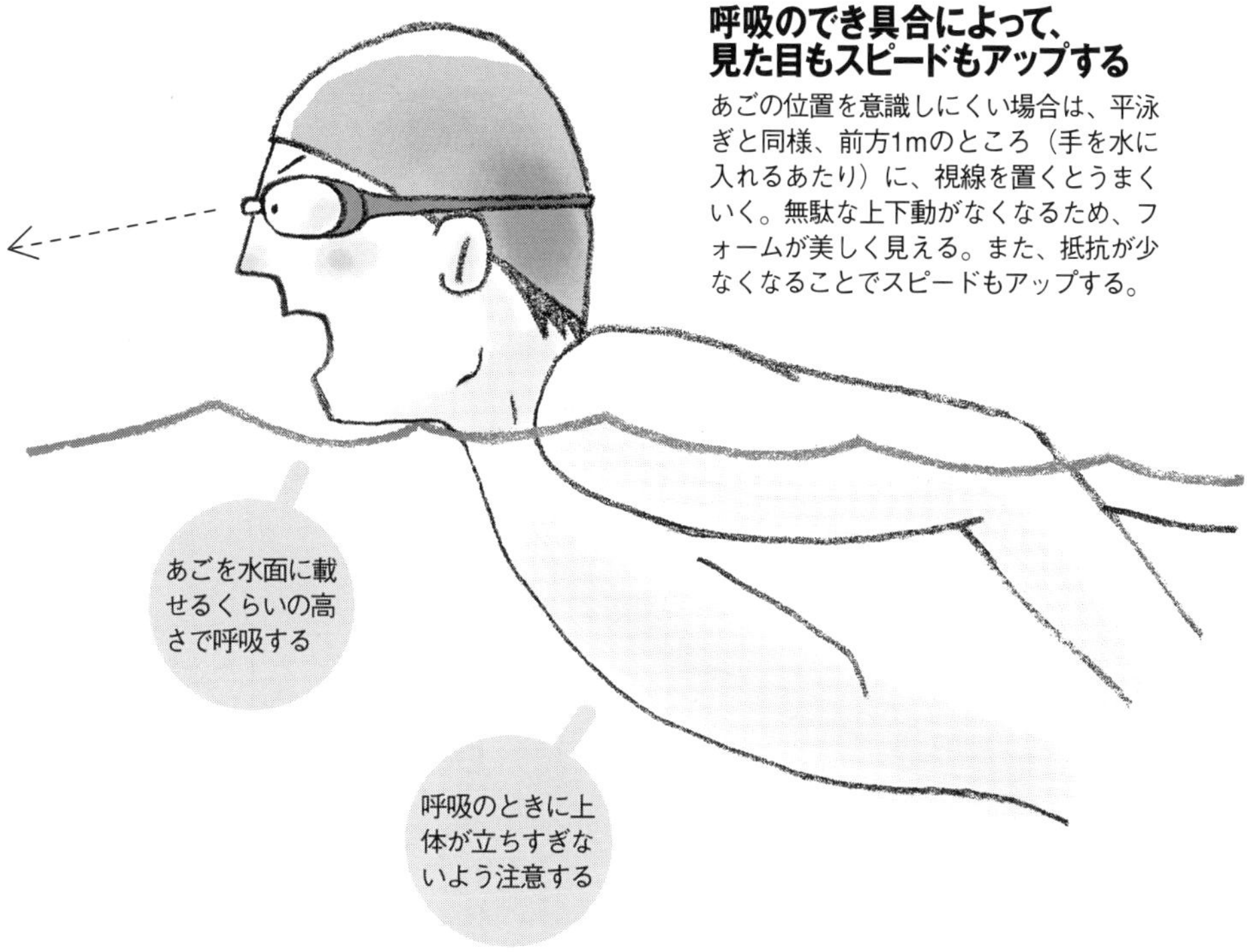
あごを水面に載せるくらいの高さで呼吸する
呼吸のときに上体が立ちすぎないよう注意する

平井先生のワンポイントアドバイス

間違ったフォームは腰痛のもと。きれいな泳ぎをマスターしよう

バタフライで腰痛になることがまれにある。これは、呼吸するときに体を反らせすぎることが原因。こんなときは、もう一度基礎から練習し直したほうがいい。フォームをチェックして、美しく安全な泳ぎを身につけよう。

スタート

とびこみスタート

理想の形をイメージ

指先からつま先まで、一点めがけて入水する

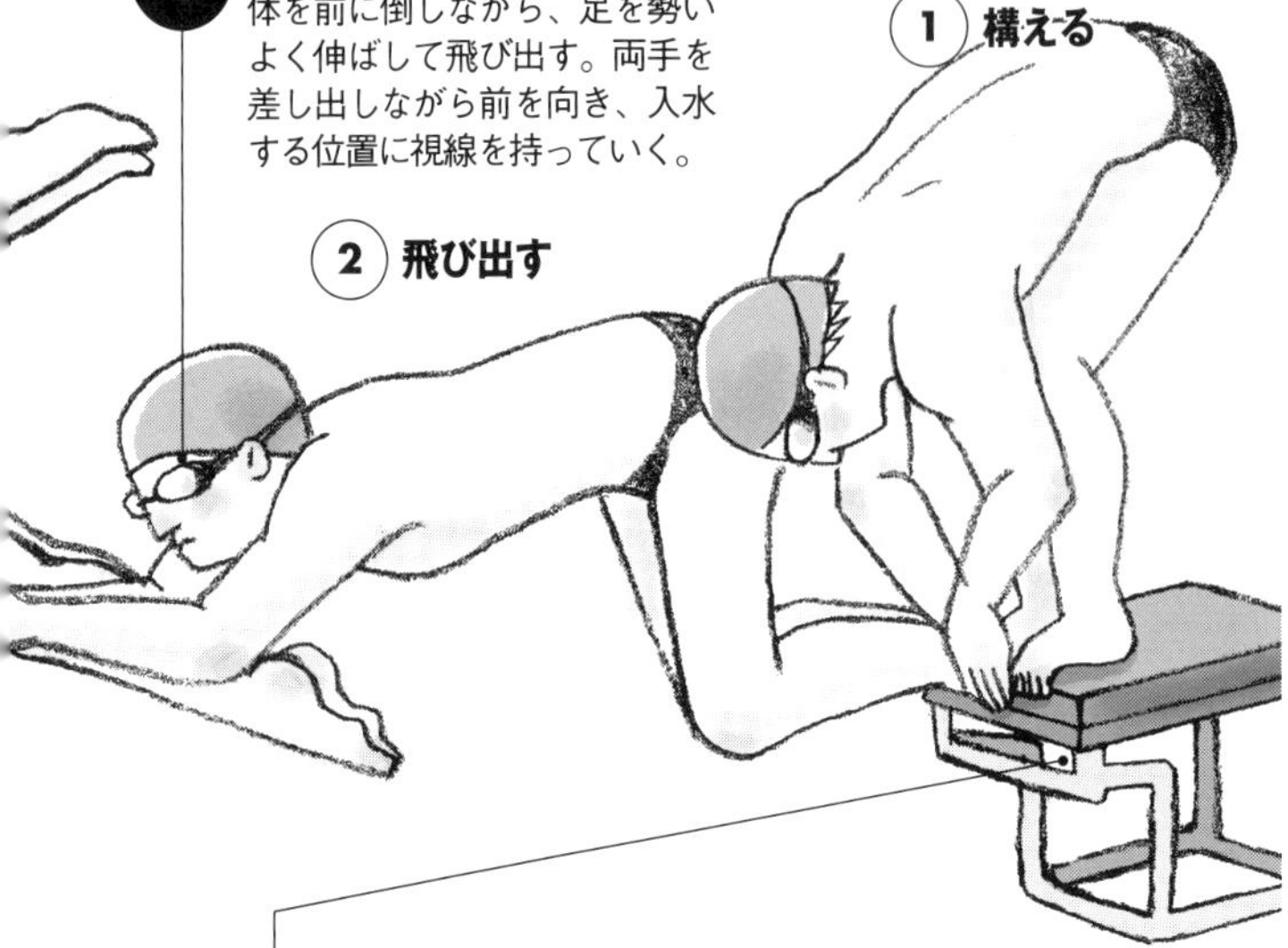

2 目線を前に向けているか

体を前に倒しながら、足を勢いよく伸ばして飛び出す。両手を差し出しながら前を向き、入水する位置に視線を持っていく。

1 つま先を開いているか

とびこむ直前はつま先側に体重をかける。安定した状態からしっかり蹴って飛び出せるよう、両足の幅を10cmほど開いておく。

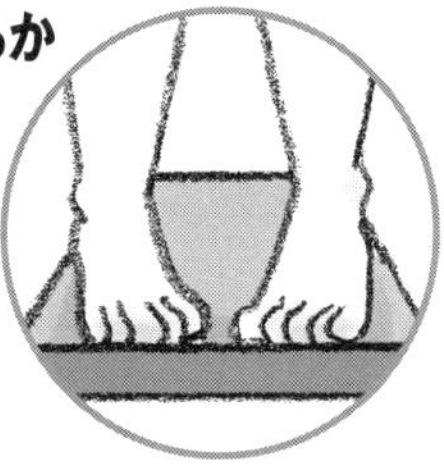

タイム短縮のためには欠かせない技術だ

競技会などに出場する場合には、どうしてもとびこみスタートが必要になる。正しい技術をマスターしておくことで、タイムを短縮できるうえ、とびこみのときに起こりがちな、底に衝突するなどの事故を防ぐこともできる。

大切なのは、泳ぎにつなげることを意識して入水すること。体全体で水に落ちるのでは抵抗も大きくなるうえ、飛び出したときの勢いを推進力につなげることができない。指先からつま先まで、一点めがけて入水することを心がけよう。

Caution!

練習するときはじゅうぶんな深さのあるところで

事故を避けるためとびこみ禁止のところが多いが、練習用のスペースを設けているプールもある。練習をするときは、許可されているところで、じゅうぶん深さがあることを確認してからにしよう。

❸ 体が「く」の字型に曲がっているか

腰を曲げ、体全体で「く」の字型になって、入水の準備をする。このとき腰をちゃんと曲げていないと、足から入る姿勢になってしまうため注意。

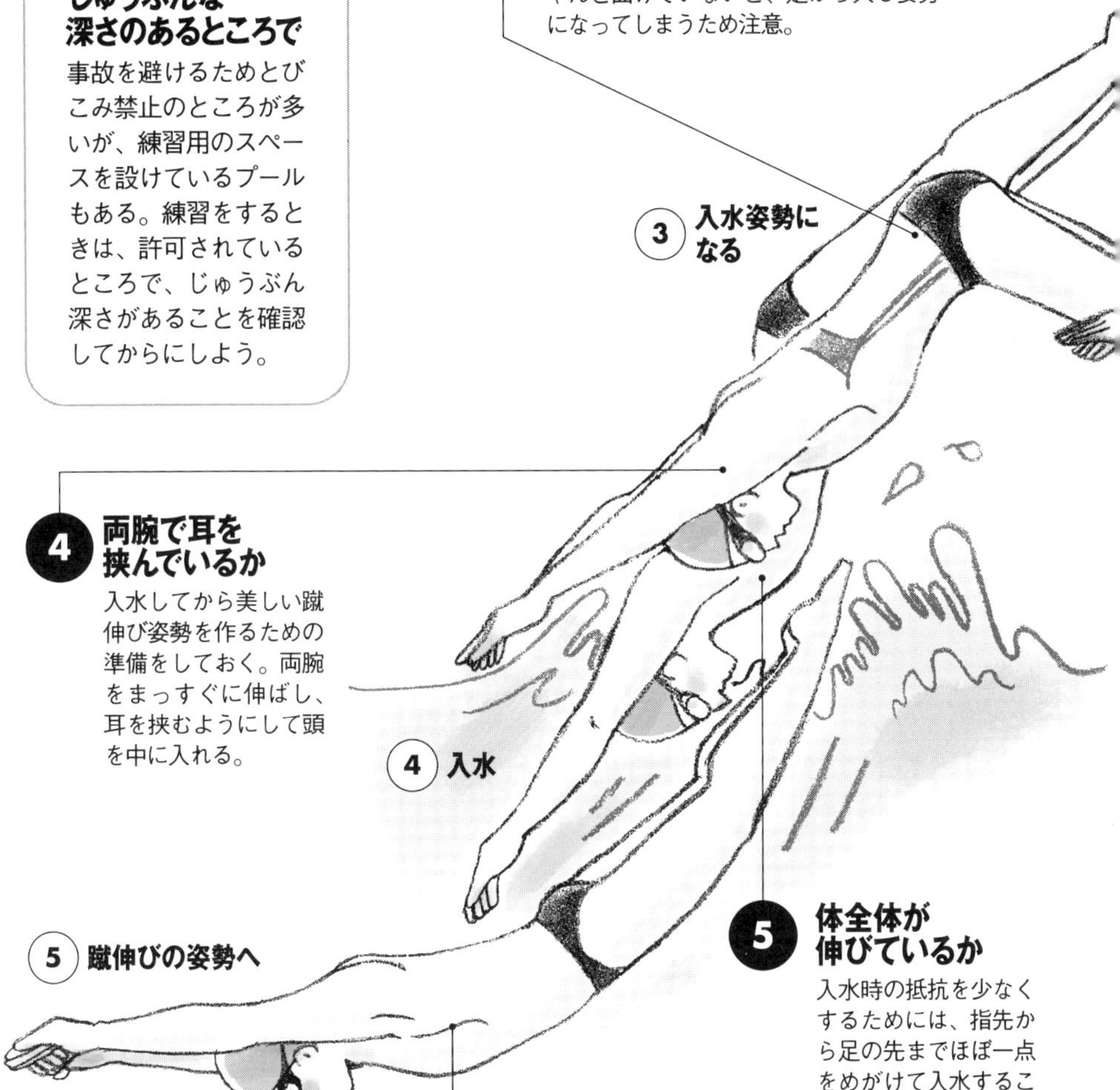
③ 入水姿勢になる
④ 入水
⑤ 蹴伸びの姿勢へ

❹ 両腕で耳を挟んでいるか

入水してから美しい蹴伸び姿勢を作るための準備をしておく。両腕をまっすぐに伸ばし、耳を挟むようにして頭を中に入れる。

❺ 体全体が伸びているか

入水時の抵抗を少なくするためには、指先から足の先までほぼ一点をめがけて入水することが大切。体が一直線になるよう意識する。

❻ 水平姿勢を作ることを意識しているか

入水したら、体を反らせるようにしてストリームライン（54ページ参照）に。とびこみで得た推進力を生かして前進しながら浮かび上がる。

練習

ジャンプの距離を徐々に延ばし、恐怖心を克服しよう

しゃがんだ姿勢からなら、とびこんでも怖くない

とびこみスタートをマスターするときに、最も障害となるのが恐怖心だ。それを克服するために、段階を踏んで練習していくといい。

まず、足からとびこむ。最初は近くにとびこみ、慣れてきたら遠くまでジャンプしてみよう。

次の段階は頭からとびこむのだが、無理せずできるだけ低い位置からやってみるといい。水面とほぼ同じ高さのプールサイドにしゃがみ、その姿勢からとびこむ。大きくジャンプする必要はない。前に倒れるようにして、自然に入水することを目標にしよう。

中腰の姿勢からジャンプしてとびこむ

しゃがんだ姿勢からのとびこみができるようになったら、次の段階は中腰の姿勢からとびこむ。なるべく水面と同じ高さのプールサイドからがいいだろう。

最初から遠くまでとぶ必要はない。だが、怖いからといってすぐ近くにとびこむと、深く入ってしまい、プールの底で頭を打つことがありかえって危険だ。せめて自分の身長より遠くに入水するようにしよう。

慣れてきたら距離を延ばし、頭から水に入ることを意識する

Step1 立ちとびこみ

立った姿勢のまま入水する

プールサイドに両足をかけて立つ。膝を曲げてはずみをつけ、まっすぐ立った状態のまま入水する。同じ姿勢で、徐々に遠くに入れるよう練習する。

Step2 しゃがみとびこみ

しゃがんだ状態から体を倒して入水する

プールサイドにしゃがんで、その姿勢から体を倒して、水に入る。慣れてきたら、腕や足など、体を伸ばして入ることを意識してみよう。

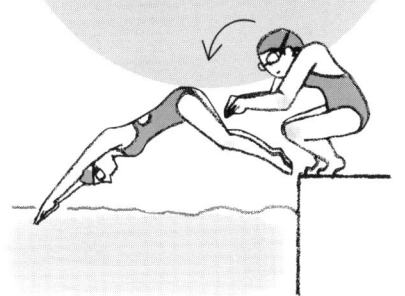

Step3 中腰とびこみ

中腰姿勢から軽くとんで入水する

プールサイドに立って中腰になり、軽くジャンプして入ってみる。慣れてきたら頭を中に入れて指先から入ることを意識し、完成形に近づけていこう。

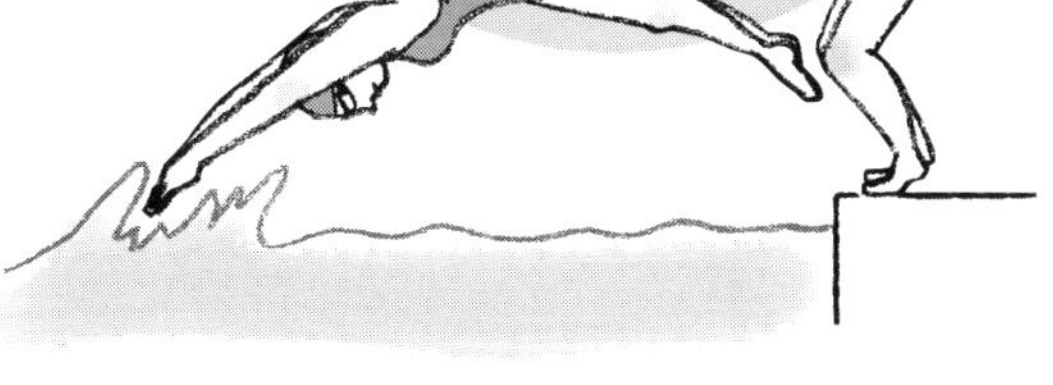

POINT!

水に入ったらすぐ手先を上方に向けて

入水後スムーズに泳ぎにつなげるには、手先を水面に向けるよう意識する。しかし、入水姿勢を間違うとそれも難しい。まず姿勢をチェックしてみよう。

Q 入水してから泳ぎ始めるまでがスムーズにつながりません

A 入水体勢をチェック。正しい角度でないと、推進力につながらない

ジャンプした後、空中で体を「く」の字に曲げる。この方法だと入水角度がやや大きくなるが、手の指先から足のつま先までが水面のほぼ一点を通過するため、入水時の抵抗は最小に。飛び出したときの勢いを、泳ぎの推進力へとつなげることができる。これがうまくいかないのなら、入水姿勢をチェックしてみるといい。

角度がつきすぎていると、深く潜るだけで力が前へ進むことに使われない。また、空中で「く」の字を作れず、全身同時に水面に落ちると、入水時の抵抗が大きく、スピードを殺してしまうことになる。

入水の瞬間から、ストリームラインを意識して

入水角度をチェックしたら、次はとびこんだ直後の姿勢を確認。スピードを泳ぎに生かすには、きれいなストリームラインを作ることが大切だ。そのために、とびこんだ直後は両腕で耳を挟むようにし、あごは出さないで引いておく。

最も水の抵抗の少ない姿勢で入水したら、少し体を反らせるといい。これで、入水時の力を無駄にせずに、前方への推進力に変えることができる。

ジャンプで得られた力をそのまま推進力につなげる

○ 理想の力の方向

ジャンプで得られた力をそのまま推進力に変え、ストリームラインにつなげている。

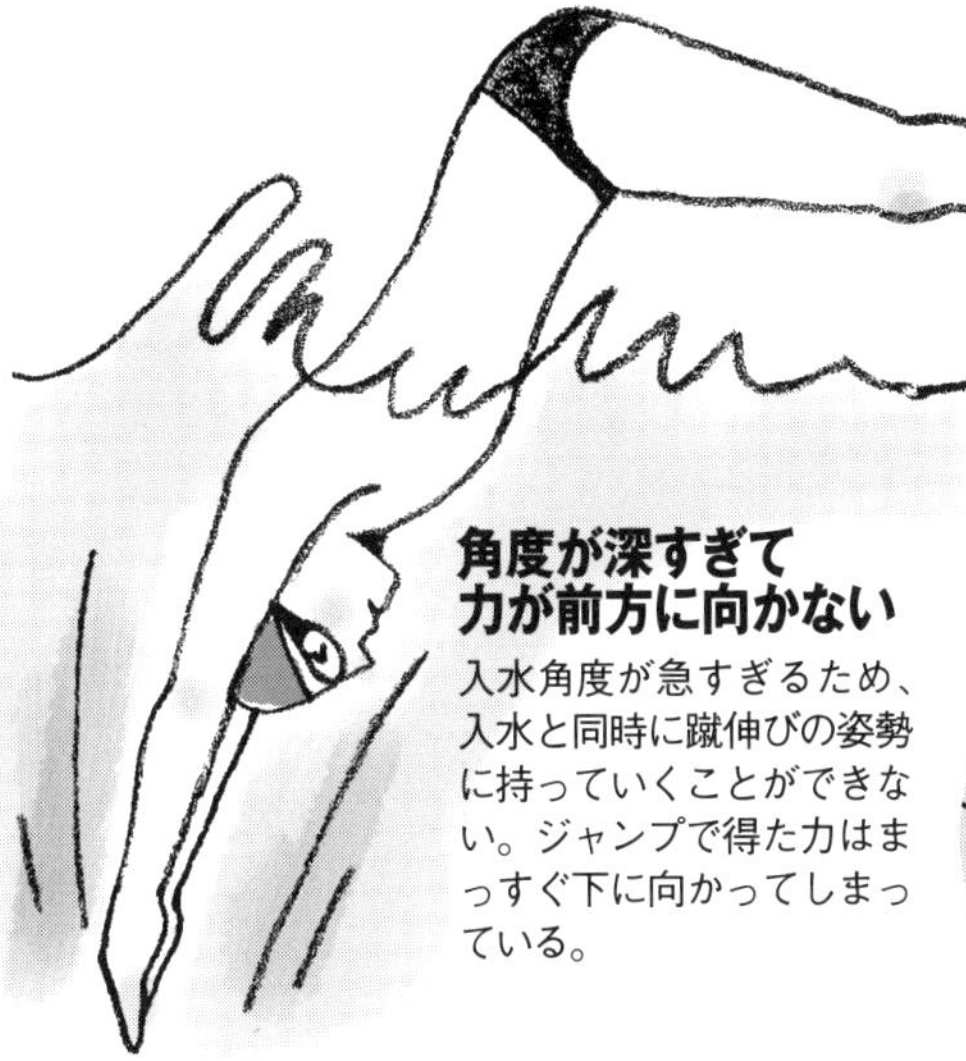

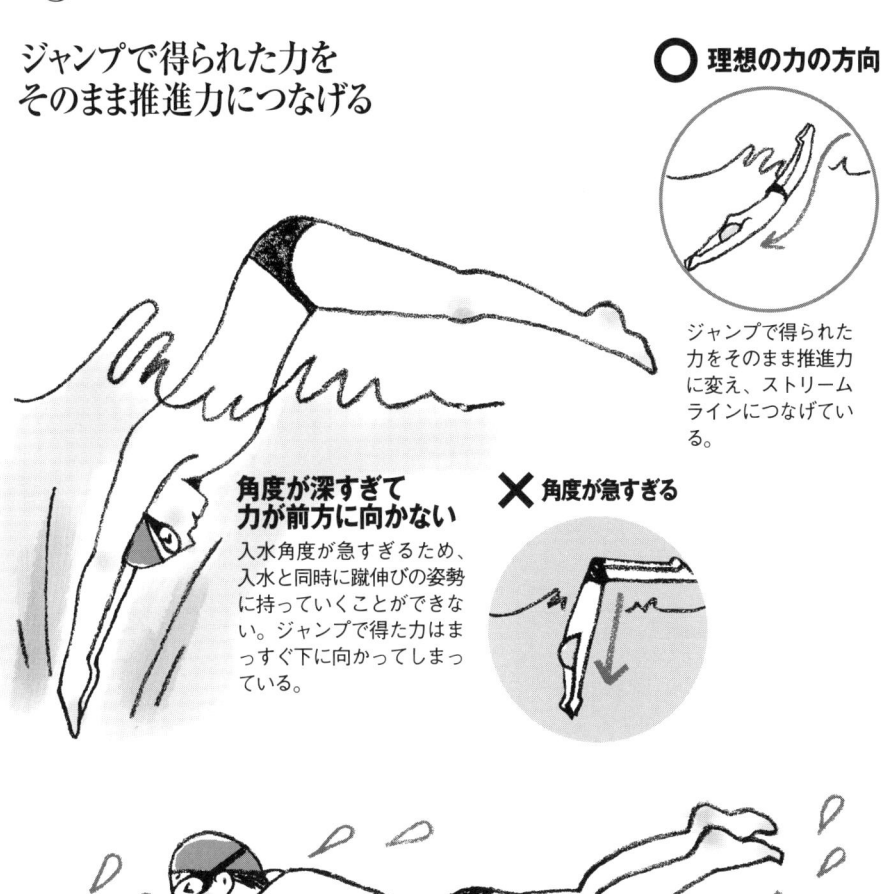

角度が深すぎて力が前方に向かない

入水角度が急すぎるため、入水と同時に蹴伸びの姿勢に持っていくことができない。ジャンプで得た力はまっすぐ下に向かってしまっている。

× 角度が急すぎる

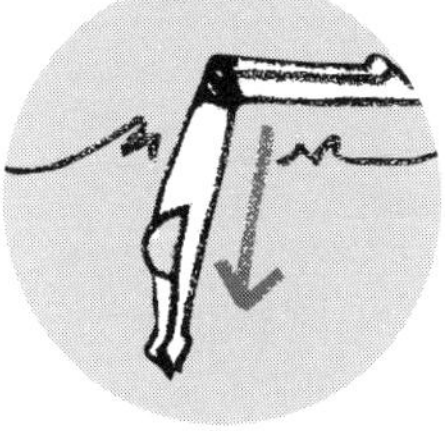

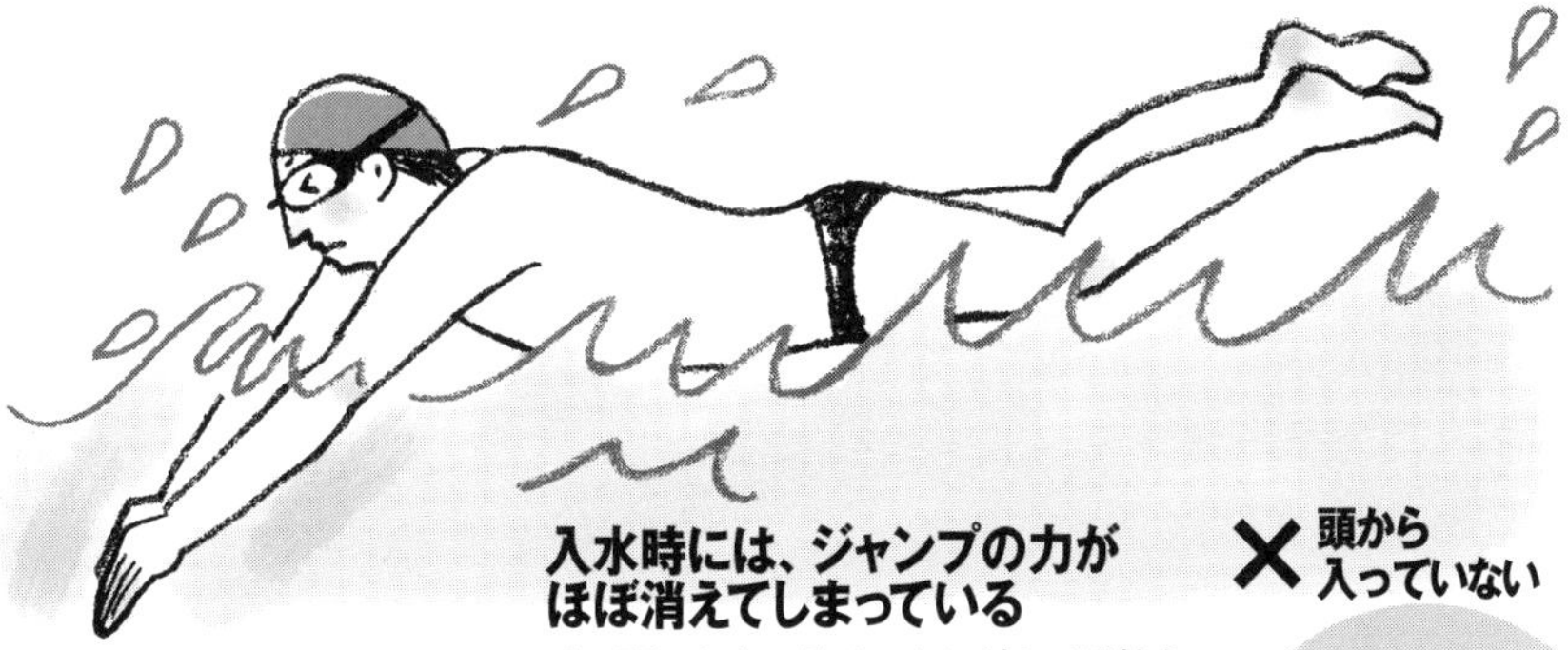

入水時には、ジャンプの力がほぼ消えてしまっている

手や頭から水に入ることに対して恐怖心があると、こうなりやすい。入水するというよりは、水面に落ちるような状態で入るため、推進力が得られない。

× 頭から入っていない

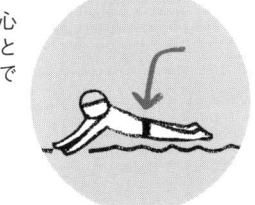

ターン

水平ターン

理想の形をイメージ

体を素早くひねると、速く美しいターンができる

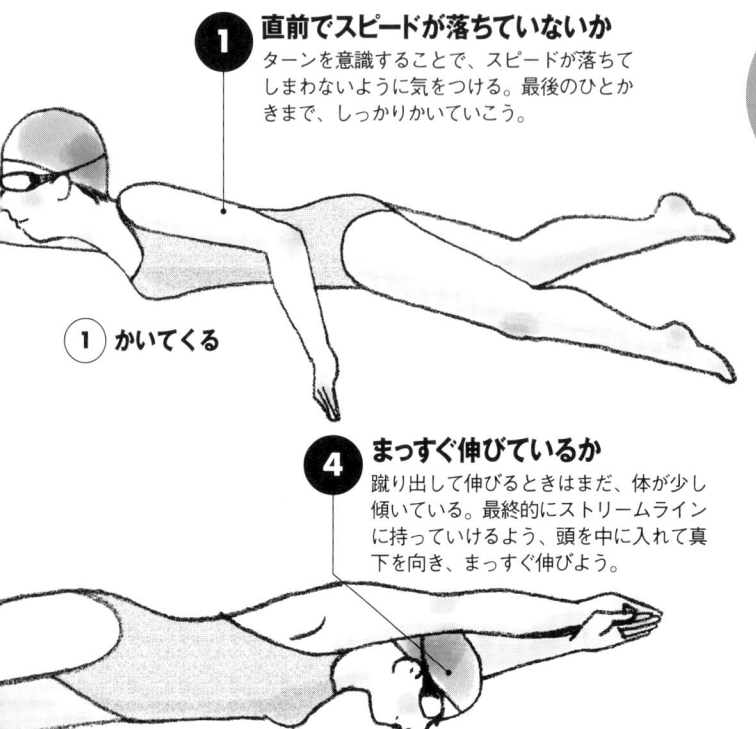

1 直前でスピードが落ちていないか

ターンを意識することで、スピードが落ちてしまわないように気をつける。最後のひとかきまで、しっかりかいていこう。

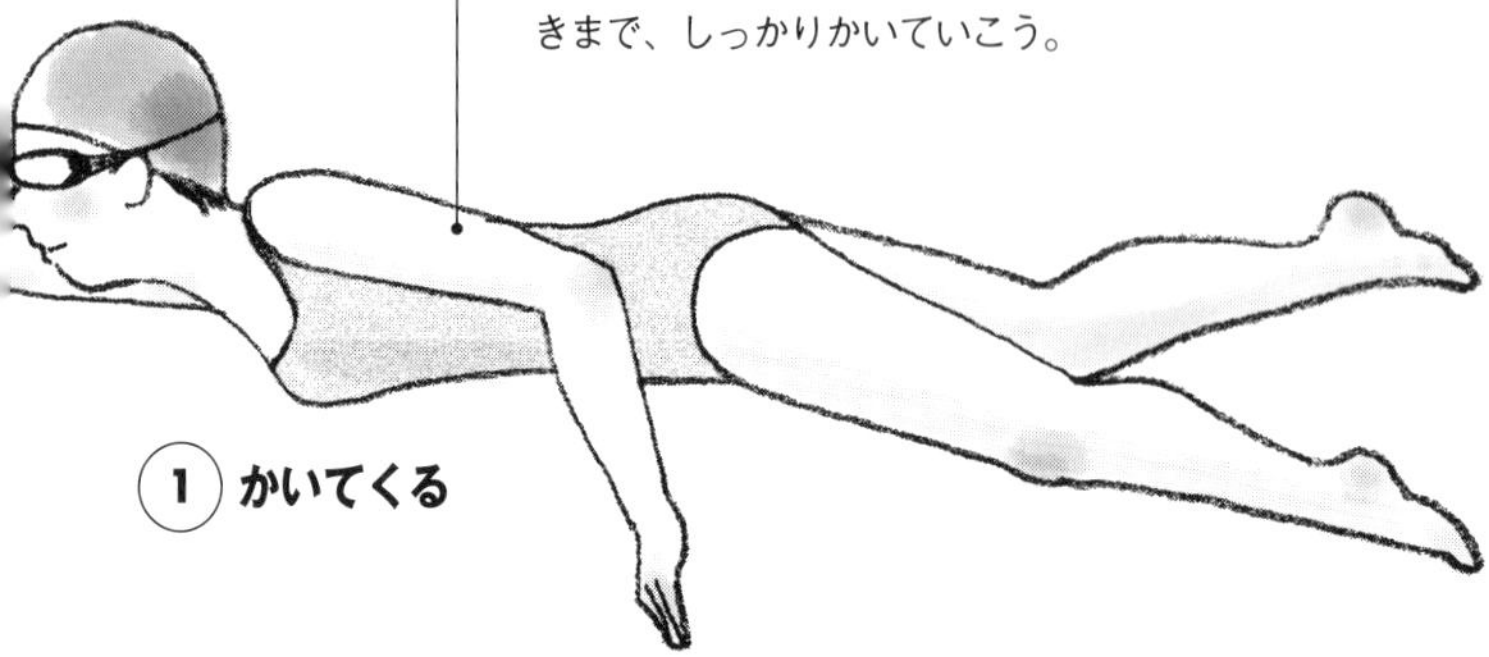

1 かいてくる

4 まっすぐ伸びているか

蹴り出して伸びるときはまだ、体が少し傾いている。最終的にストリームラインに持っていけるよう、頭を中に入れて真下を向き、まっすぐ伸びよう。

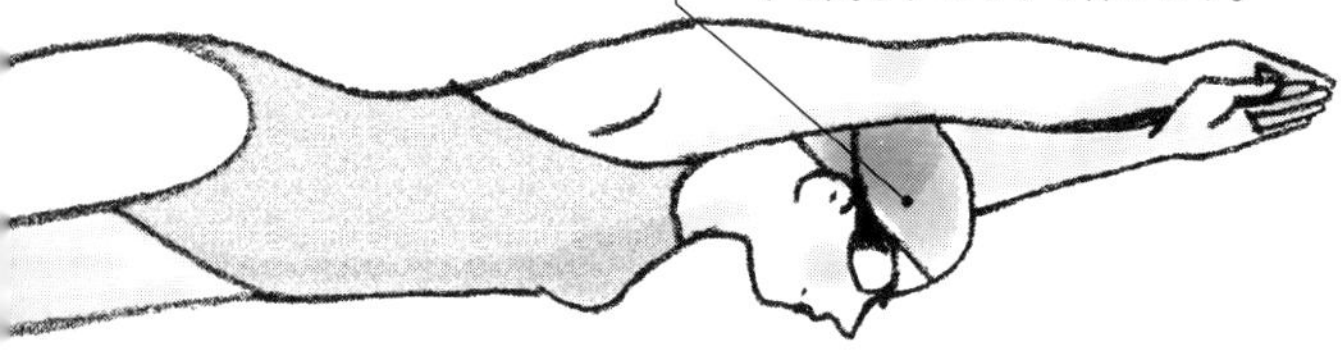

6 蹴り出しながら体をひねる

顔を出して回るため マスターしやすい

初心者でも無理なくできるターン。しかし、できるだけタイムロスを減らし、余計な体力を使わないために、技術的なポイントを押さえておく必要がある。

水平姿勢を崩さずに壁にタッチしたら、泳いできた勢いを利用して、足を壁に引きつける。このとき、腰も膝も曲げて体を小さくしておくと、素早い引き寄せが可能になる。足が壁につく前に、手で壁を押して体を進行方向に倒す。水中で足が壁についたら、力強く蹴り出し、ストリームライン（54ページ参照）を作る。

❷ 水平姿勢が崩れていないか

片手を伸ばして水平姿勢を作り、進んできた推進力を生かしつつ、ターンの準備に入る。タイミングよくこの姿勢が作れるよう、どのあたりでストロークを終えるか決めておく。

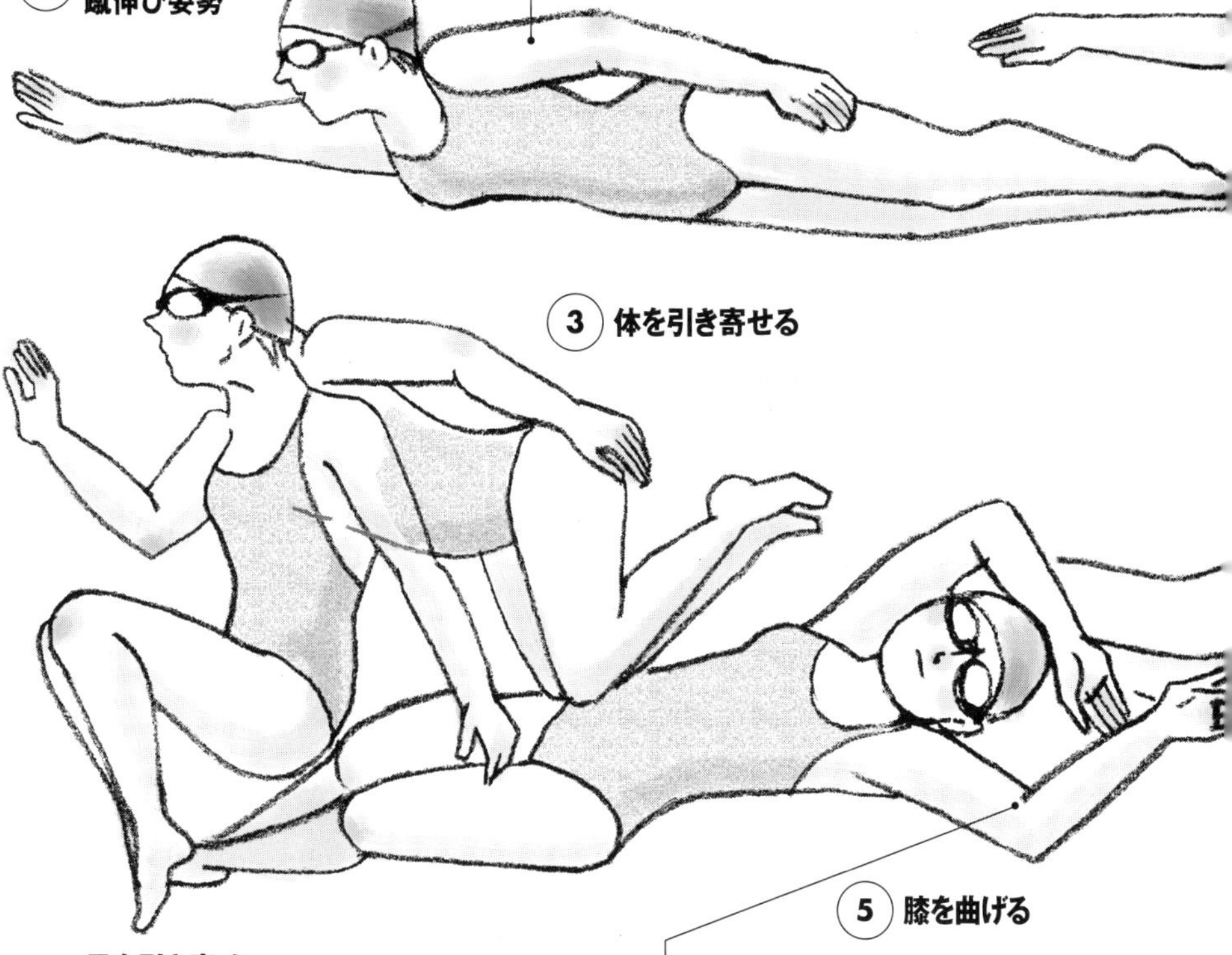
② 片手を伸ばした蹴伸び姿勢
③ 体を引き寄せる
⑤ 膝を曲げる
④ 足を引き寄せ壁を突き放す

❸ しっかり潜っているか

手を頭上に戻しながら、水をかき上げるようにして、しっかり潜る。蹴伸びするときと同じで、じゅうぶんな深さまで潜らないと蹴り出したときの力が生かせない。

POINT!

突き放した手を、もう片方の手にかぶせる

壁に手をついたら、足を引き寄せると同時に片手で突き放す。その突き放した手を、もう片方の手に覆いかぶせるように揃えると、体の向きを変えやすい。

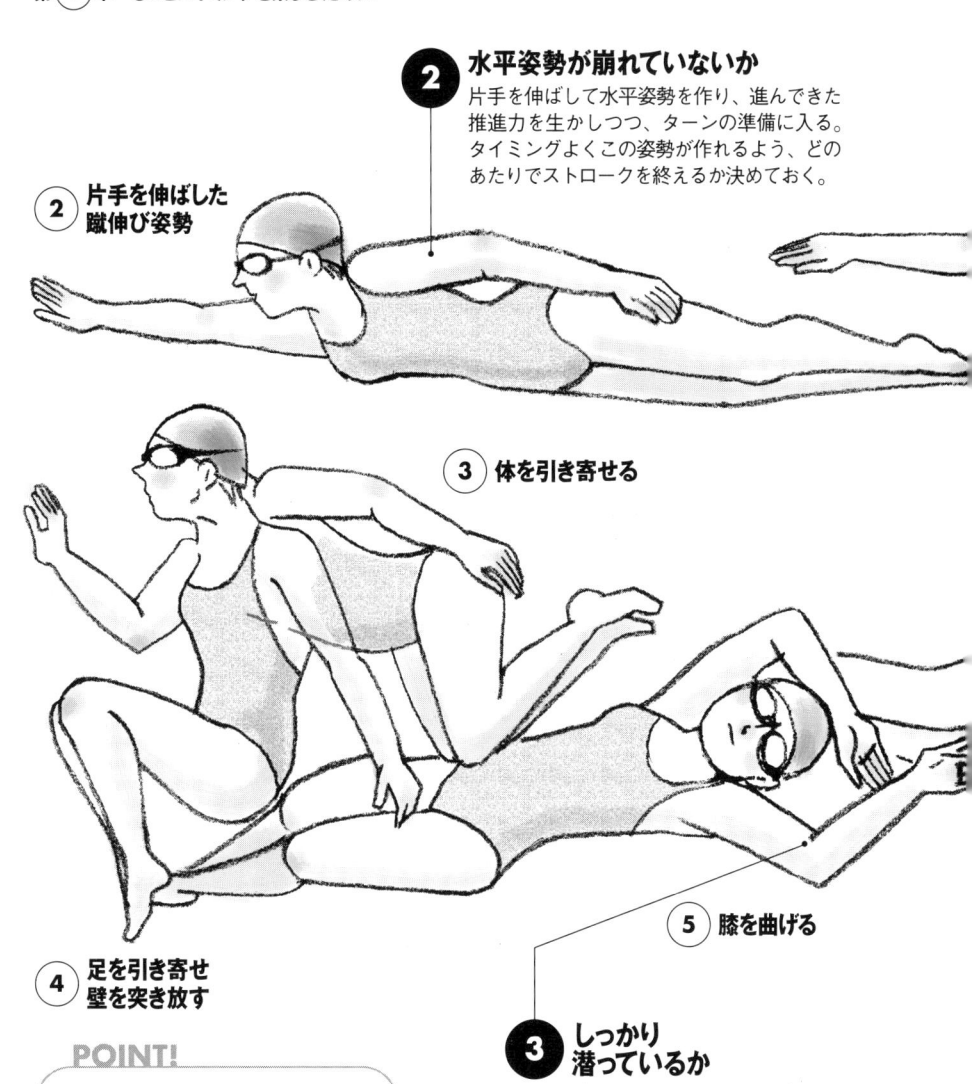

練習

横向きの状態から壁を蹴り、蹴伸びの姿勢を作ってみよう

しっかり潜らないと水の抵抗が大きくなる

壁につかまった姿勢からターンの練習をやってみよう。顔を出したままの状態で体の向きを変え、そのまま壁を蹴ると、ザバザバと水面を進むことになる。これでは大きな水の抵抗を受けてしまう。

ポイントとなるのは、しっかり潜り、全身が水中に入ってから蹴ることだ。手で壁を押すようにして、横向きの状態から潜って蹴り出す練習をしてみよう。このとき、潜りながら体の向きを素早く変え、横向きからスムーズにストリームラインに近づけることができるよう、練習しておこう。

蹴る前によい姿勢を作っておくといい

水中で横向きになって蹴り出すのだが、このとき、すでに腕を頭上に伸ばし、水の抵抗を小さくする姿勢をとることが大切。蹴り出してからストリームラインを作るのではなく、できる限りストリームラインに近づけながら蹴り出すことで、ターン直後のスピードが違ってくる。

蹴ったら素早く体を回転させる。進行方向を見たくなるところだが、ここでスピードを殺さないためには、顔は真下に向けておく必要がある。

POINT!

素早く姿勢を変える感覚を養っておこう

横向きからスムーズにストリームラインに戻ることが大切。潜るとき、下側の手で水をかき上げると、姿勢を変えやすくしっかり潜ることができる。

素早くストリームラインに戻るため、体をひねるときのコツをつかもう

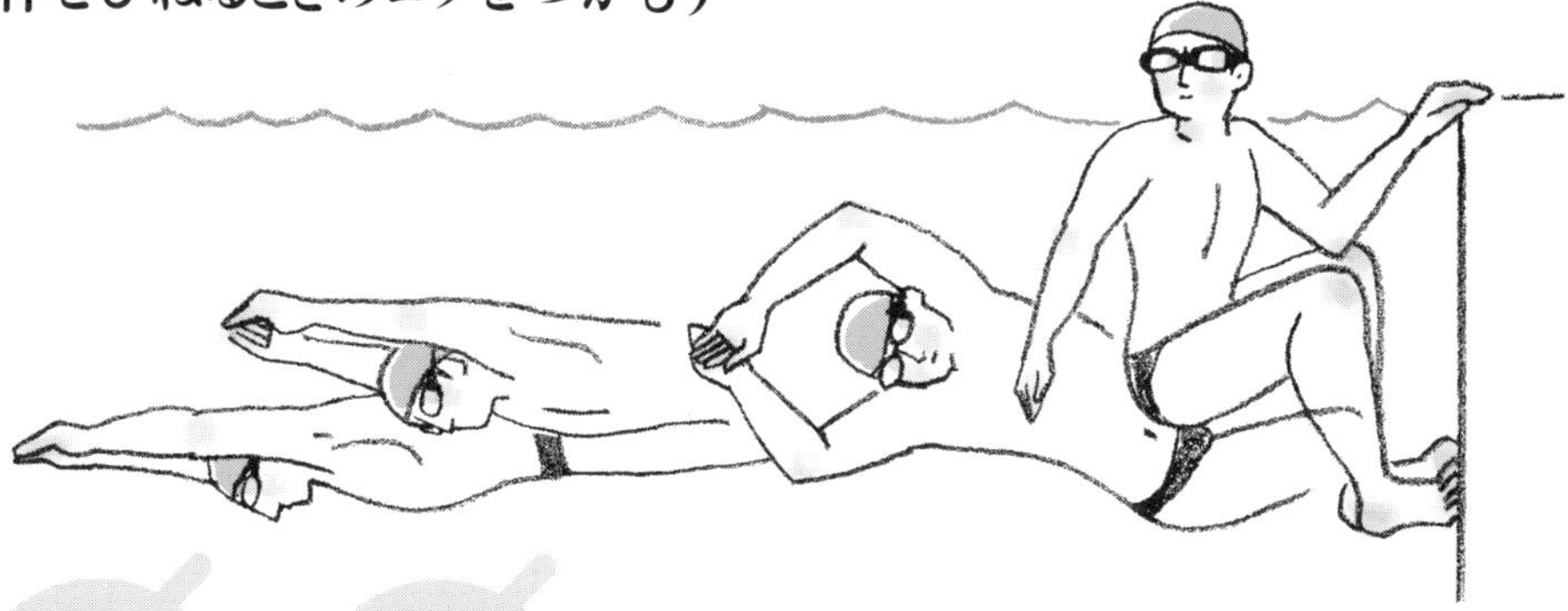

頭を中に入れ、真下を見るよう意識する

蹴り出したら、ストリームラインを意識

横向きで壁を蹴り、水平姿勢に持っていこう

横向きの状態から潜り、壁を蹴って進む。素早く無駄なく体をひねりながら、手を使ってしっかり潜ることがポイント。何度も繰り返し、感覚をつかもう。

クイックターン

理想の形をイメージ

推進力を無駄なく生かし、正確なタイミングで回転する

1 準備に入る位置は正確か

回転するときは、壁から離れていても近すぎてもいけない。ベストな位置で回転できるよう、何度も試してみて、準備に入る位置をあらかじめ決めておく。

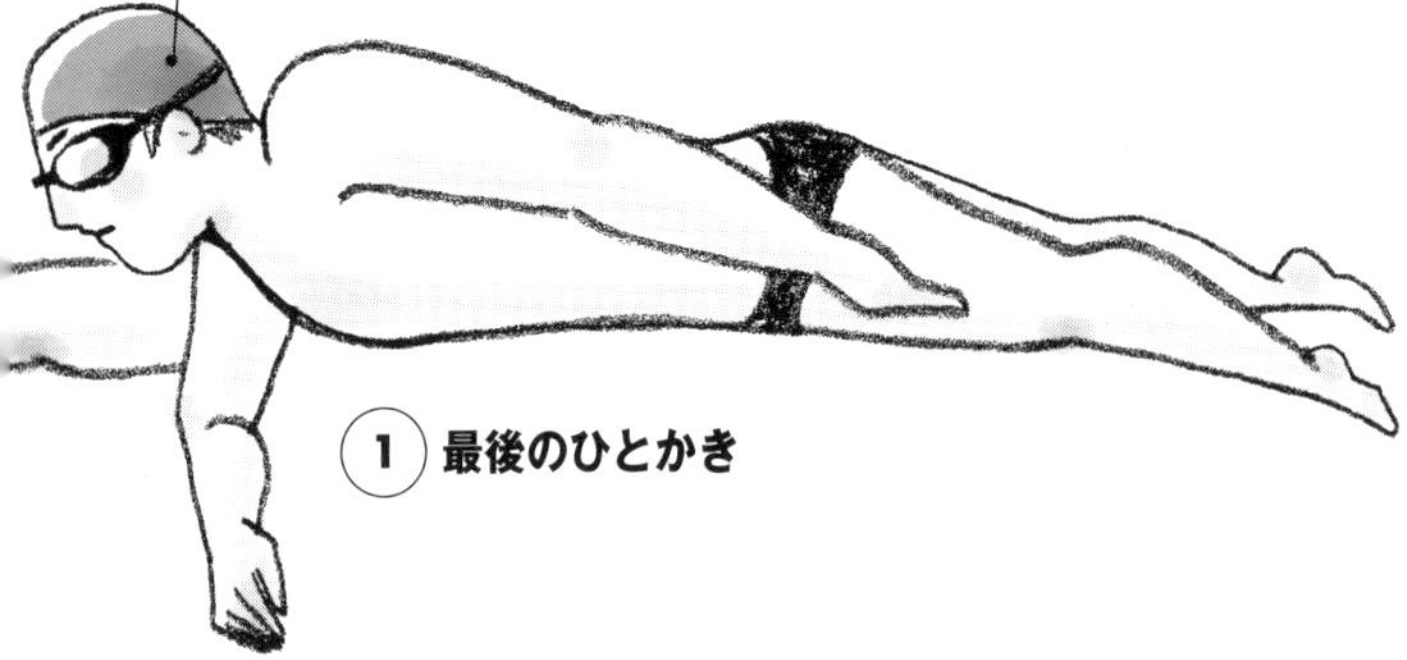

6 一直線に伸びているか

回転の動作が複雑なので、ターン後にしっかり伸びることを忘れてしまいがち。ストリームラインを意識して足を揃え、一直線に伸びる。

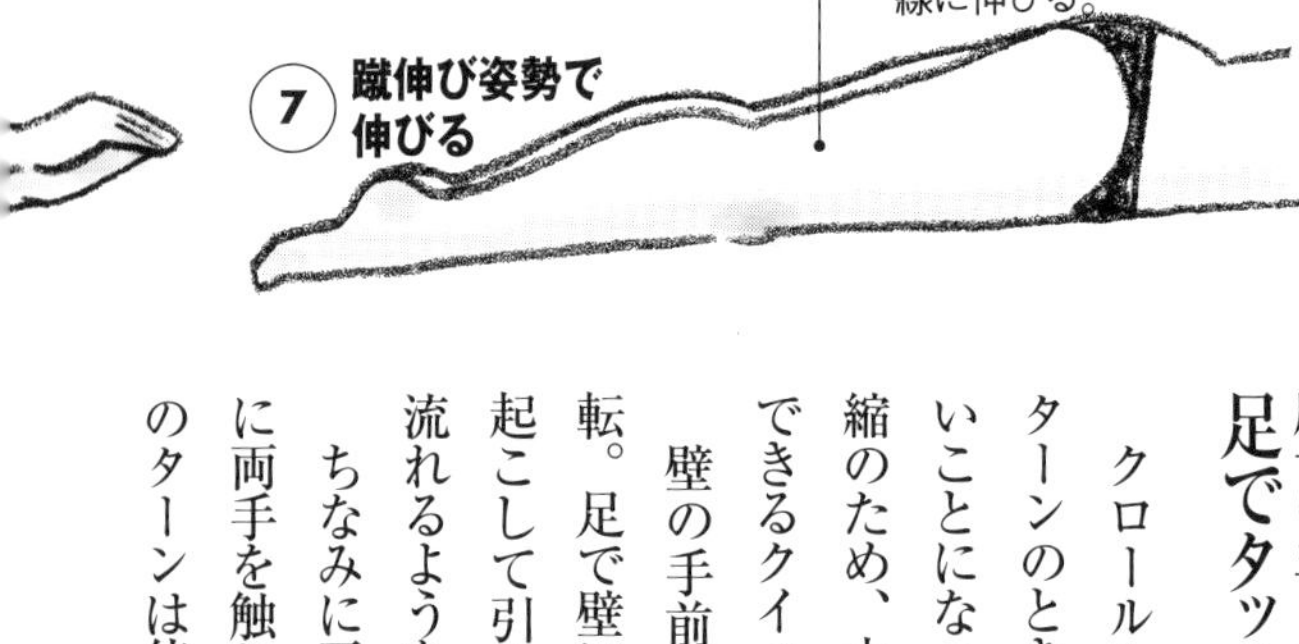

壁に手をつかず 足でタッチして蹴り出す

クロールや背泳ぎの競技ルールでは、ターンのときに体の一部が壁につけばいいことになっている。そこで、タイム短縮のため、水平ターンより速く方向転換できるクイックターンが用いられる。

壁の手前まで泳いできたら前方に回転。足で壁にタッチし、蹴り出す。体を起こして引きつける水平ターンに比べ、流れるような動作で方向転換できる。

ちなみに平泳ぎとバタフライでは、壁に両手を触れなければならないので、このターンは使えない。

3 膝が曲がっているか

頭と上半身を勢いよく中に入れ、回転を始めたら、回転の邪魔にならないよう膝を曲げて回りやすい体勢をとる。

2 気をつけ姿勢ができているか

最後のひとかきが終わったら、両手を体につけて気をつけの姿勢になり、流れに乗って進む。前方を見て、回転に備える。

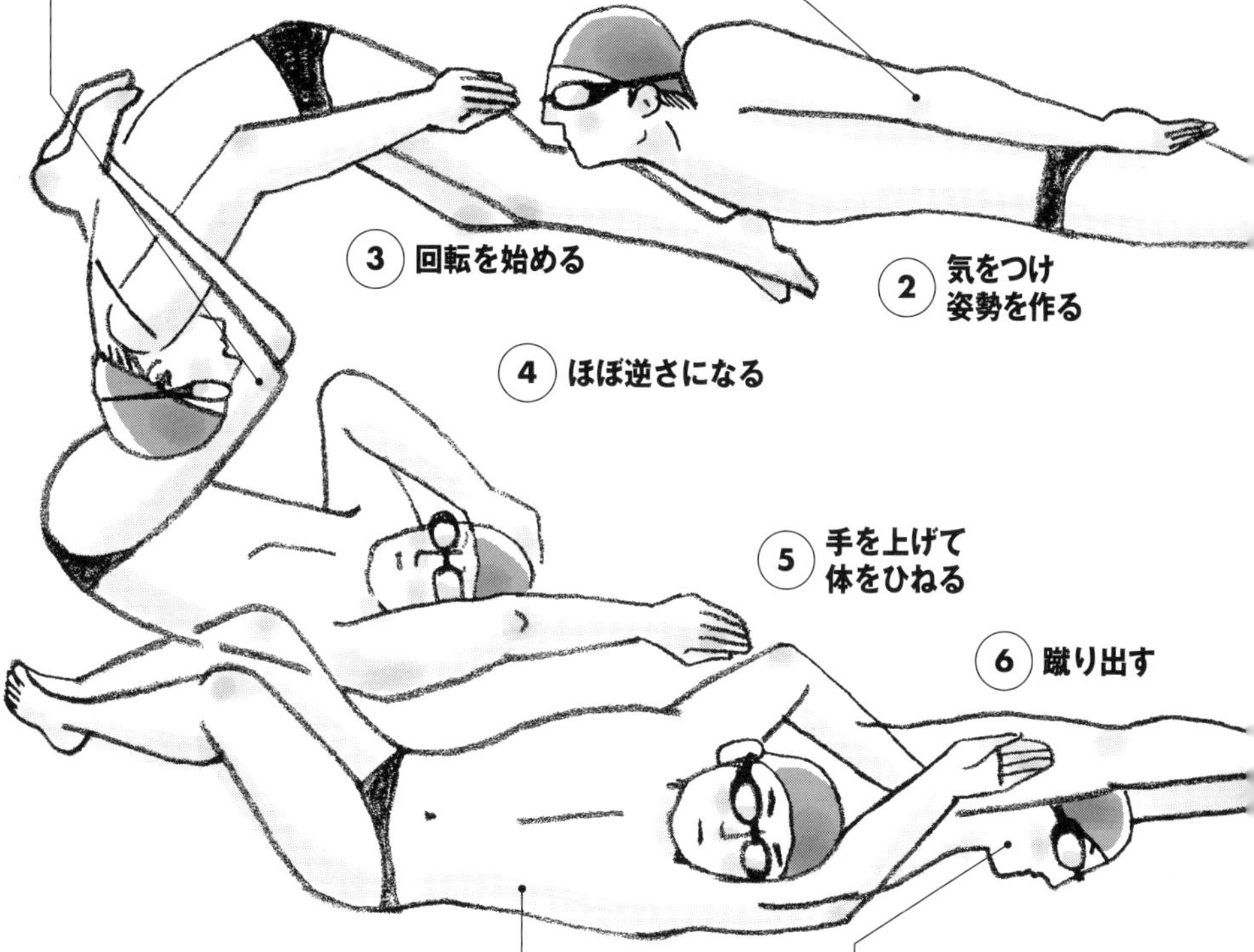

3 回転を始める
2 気をつけ 姿勢を作る
4 ほぼ逆さになる
5 手を上げて 体をひねる
6 蹴り出す

5 顔がしっかり真下を向いているか

体を完全に下向きにするために、腕を伸ばして頭を中に入れ、顔を真下に向けることを意識しながら蹴り出す。

POINT!

前転する直前までスピードは落とさない

水中で前転という慣れない動作に、壁の手前でスピードを落としがち。回転に慣れ、タイミングをつかむまで、練習を重ねよう。

4 しっかりひねっているか

回転を終えた直後の体は、真上を向き逆さの状態になっている。ここからストリームライン（54ページ参照）につなげるため、体をしっかりひねる。

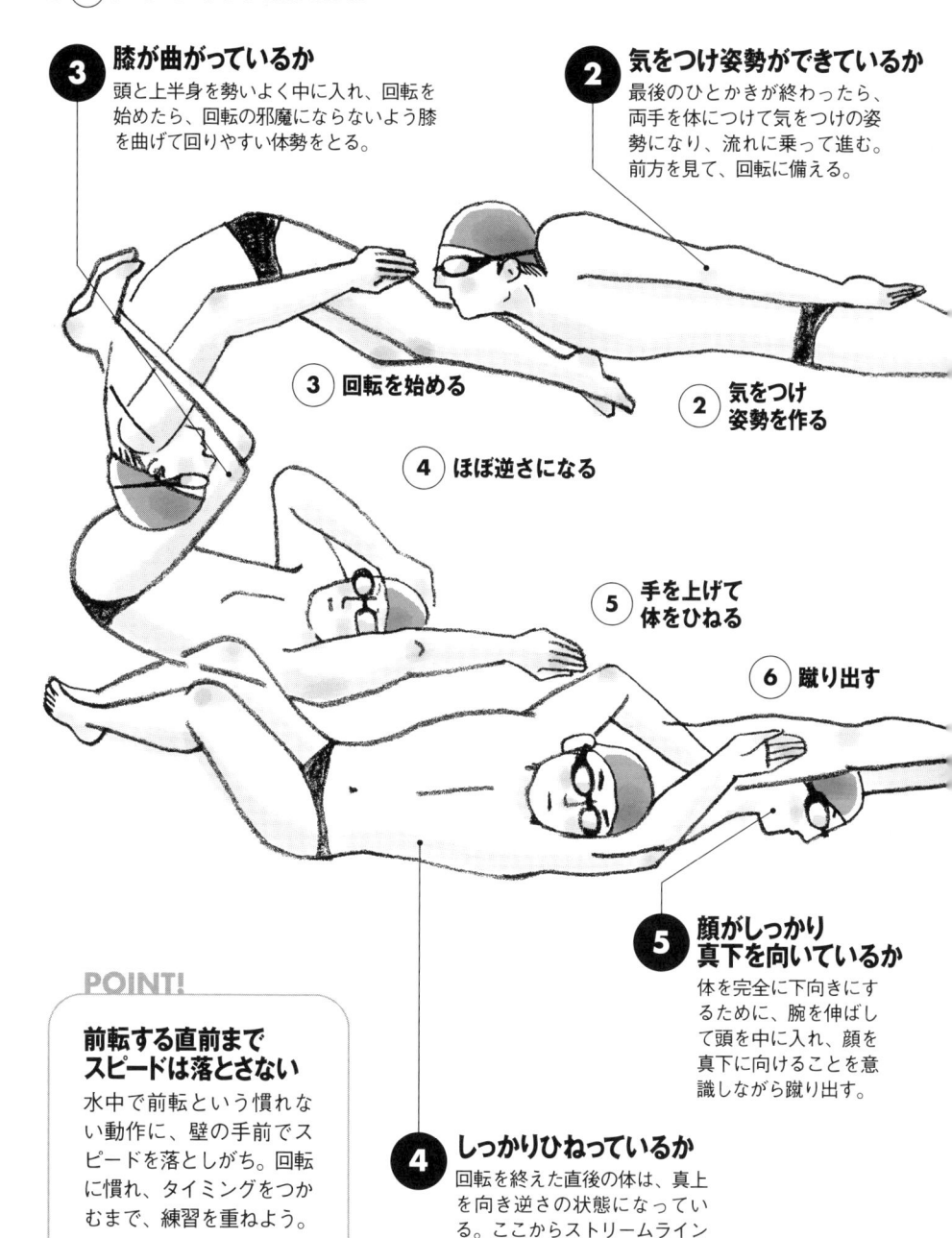

練習

水中で完璧に一回転ができるようになろう

泳ぎながら回れないならプールの底を蹴って回ろう

クイックターンをマスターするには、水面に浮いた状態から、前方に素早く回転ができなければならない。腕を体の横につけた姿勢で蹴伸びをし、その姿勢から前方に回転する練習をしてみよう。あごを引いて頭を下げ、背中を丸めるようにすると、体が進む勢いに乗って、自然に前方に回転することができる。

もし、浮いた状態からの回転が難しければ、水中に立った姿勢から回転してみてもいい。プールの底を蹴って勢いをつければ、簡単に回転することができる。これでまっすぐ回れるようになったら、蹴伸びからの回転練習にトライしよう。

何回も繰り返し練習して壁との距離感をつかもう

自由に回転することができるようになったら、次は一連のターン動作を練習する。ここで難しいのが、壁との距離のとり方だ。離れすぎていると、足が壁に届かないし、近すぎると回転しながら壁に足をぶつけたりする。

どの段階で回転に入るかは、何回も繰り返し練習して、最適の距離を覚えるしかない。いろいろ試して、ちょうどよいタイミングで回転できるようにしよう。

POINT!

まっすぐのラインで回転しよう

回転後に体が横を向いていたり、斜めを向いたまま回ったりすると抵抗が大きくなり、蹴り出しもうまくいかない。まっすぐ回るようにしよう。

水面に浮かんでいる状態から一回転してみる

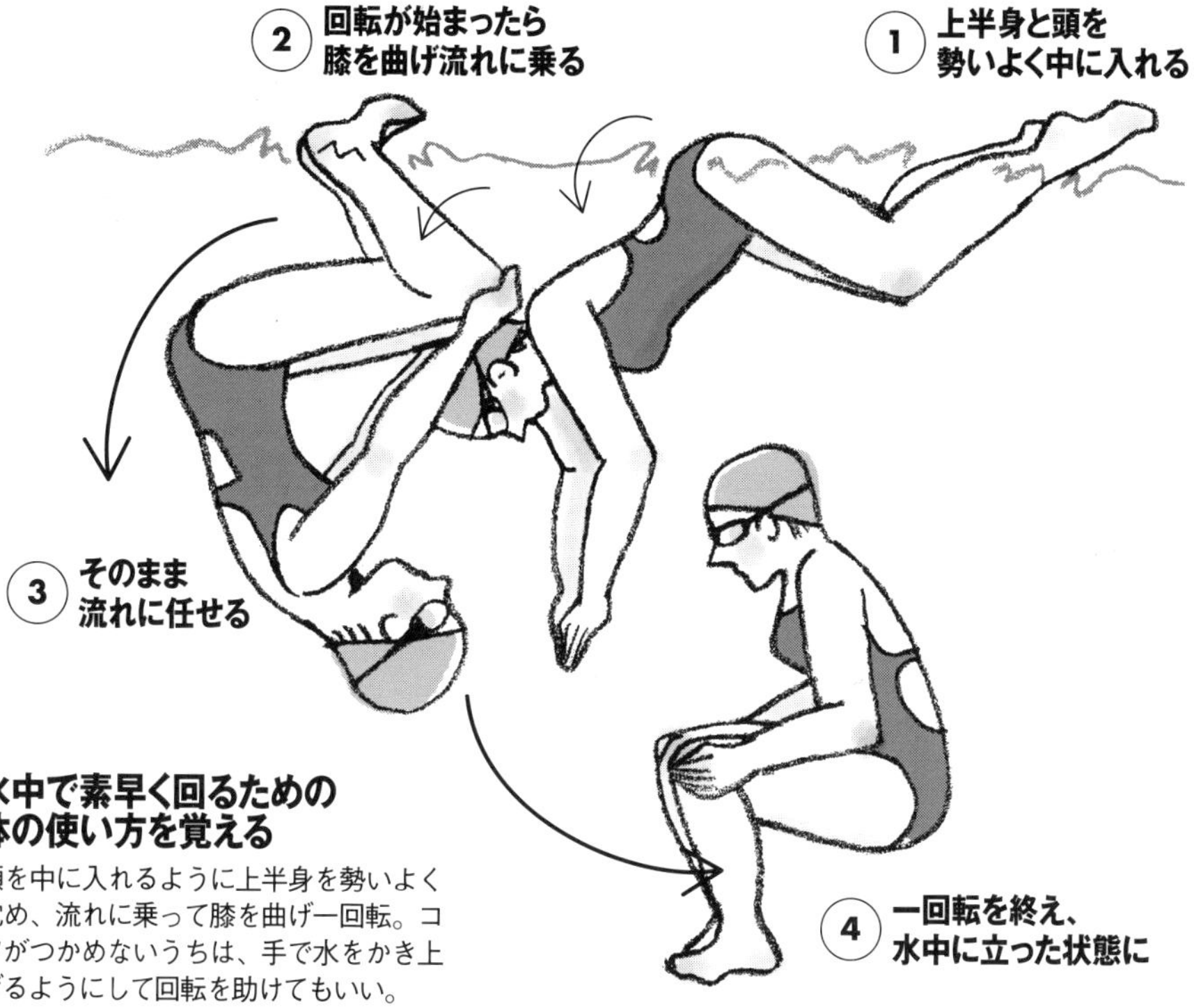
1 上半身と頭を
勢いよく中に入れる
2 回転が始まったら
膝を曲げ流れに乗る
3 そのまま
流れに任せる
4 一回転を終え、
水中に立った状態に

水中で素早く回るための体の使い方を覚える

頭を中に入れるように上半身を勢いよく沈め、流れに乗って膝を曲げ一回転。コツがつかめないうちは、手で水をかき上げるようにして回転を助けてもいい。

平井先生のワンポイントアドバイス

まっすぐ前転し、蹴り出しながら体をひねるとやりやすいよ

前転しながら体をひねって壁を蹴る、というのが最初は難しい。まず、まっすぐ前転してしまって、向きを変えてから蹴り出すとやりやすいね。慣れてきたら、2つの動作をつなげられるように、練習していこう。

ターン

よくある失敗

Q&A

Q 背泳ぎのターンが苦手。間合いがつかめず失速します

A 背泳ぎのターンは2種類。練習を繰り返してタイミングをつかもう

背泳ぎのターンには、水平ターンとクイックターンの2種類がある。

速くターンできるのは、壁に手をつかないクイックターン。壁の手前で仰向けの姿勢からうつ伏せの姿勢になり、クロールの場合と同じように、水中で前方に回転する。クロールの場合は、回転の途中で体をひねり、横向きになって壁を蹴るが、背泳ぎのクイックターンではひねりを加えない。まっすぐ回転すると上向きになるので、そのまま壁を蹴り出せばいい。

最後までスピードを緩めずに泳ぐ

水平ターンは片手で壁にタッチしてから、足を曲げて引きつけ、体を反転させて壁を蹴る。他の水平ターンと同じで、体が水中に沈んだ状態で蹴り出すのが、水の抵抗を小さくするポイントだ。

背泳ぎでは、泳ぎながら壁が見えないので、どうしても壁が近づいてくるとスピードを落としてしまいがち。5mラインの旗や、コースロープの色（壁から5mで色が変わる場合が多い）などを目安に、そこから何かきでターンに入るかを覚えておこう。

どちらかのターンを完璧に。準備を始める位置を決めておく

前を向いて
クイックターン

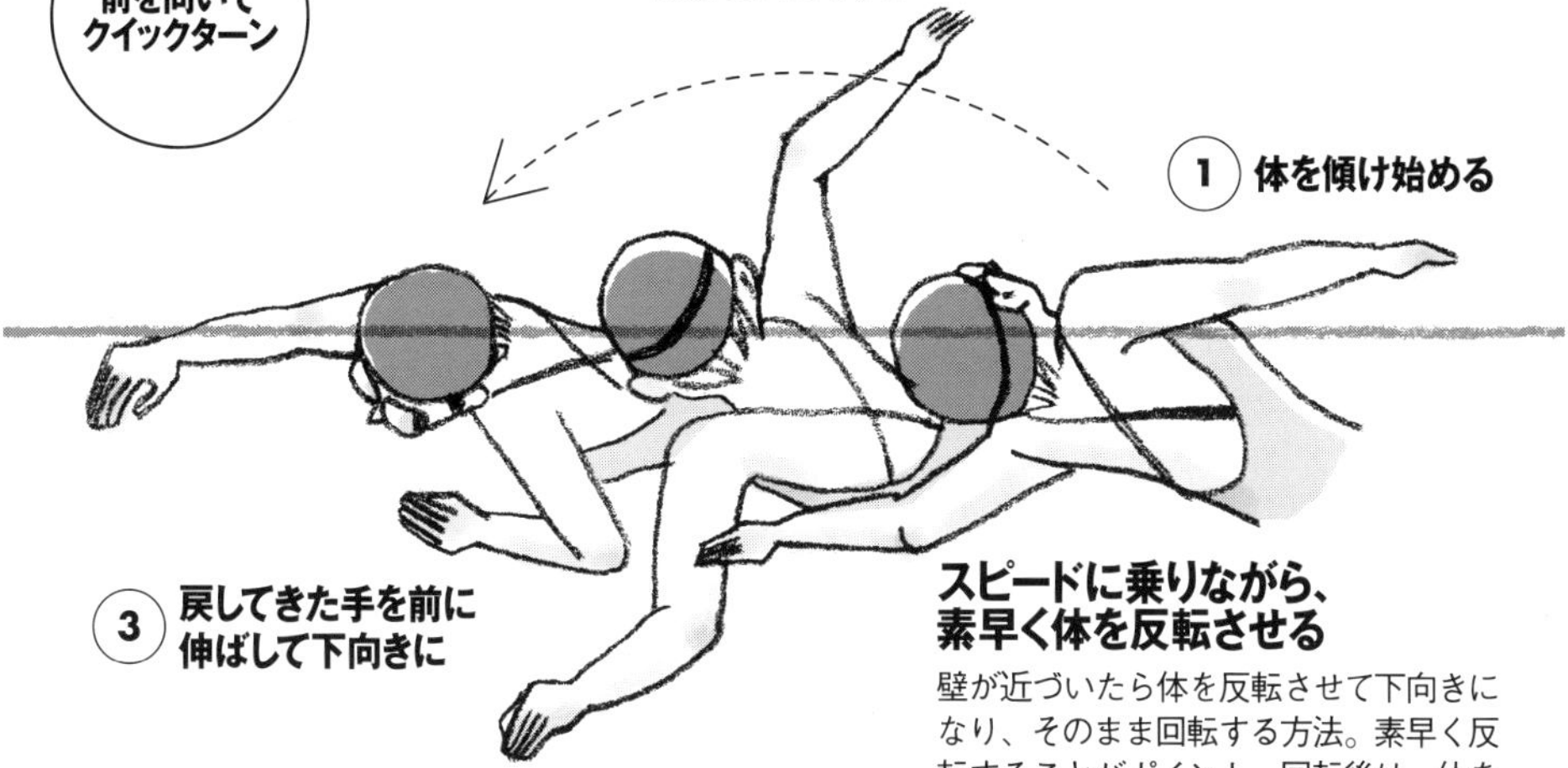
② 後方へかきながら
傾きを大きくする
① 体を傾け始める
③ 戻してきた手を前に
伸ばして下向きに

スピードに乗りながら、素早く体を反転させる

壁が近づいたら体を反転させて下向きになり、そのまま回転する方法。素早く反転することがポイント。回転後は、体をひねらず仰向けのままの状態で蹴り出す。

そのまま
水平ターン

旗が見えてからかく回数をしっかり覚えておく

片手で壁にタッチ。いったん上半身を起こして足を引きつけ、仰向けで蹴り出す。旗やコースロープを目安に、準備に入るタイミングを覚えておこう。

より安全にスイミングを楽しむために

基礎ストレッチングを覚える

ケガを予防し、筋肉の疲労回復を早めるために欠かせないのがストレッチング。筋肉や腱を効果的に伸ばすため、正しいやり方を覚え、泳ぐ前と後に必ずおこないたい。

一番よく使う、肩と腕。特に念入りに伸ばしておこう

ストレッチングとは、筋肉や腱を伸ばす体操のこと。水泳では、浮力のおかげで筋肉を思い切り動かすことができるため、実際は自分で感じるより激しく筋肉を使っているものだ。泳法によって異なるが、特に肩や腕はよく使われる部位。

運動に備えて筋肉や腱をよく伸ばしておくとともに、運動後の筋肉をほぐして疲労を取り除くためにも、ストレッチングを欠かさず実践しよう。

やるときは、はずみをつけずゆっくりおこなう。無理のない範囲でじわじわ伸ばし、伸びた状態を15～20秒間保つのが、効果的なストレッチングのポイントだ。

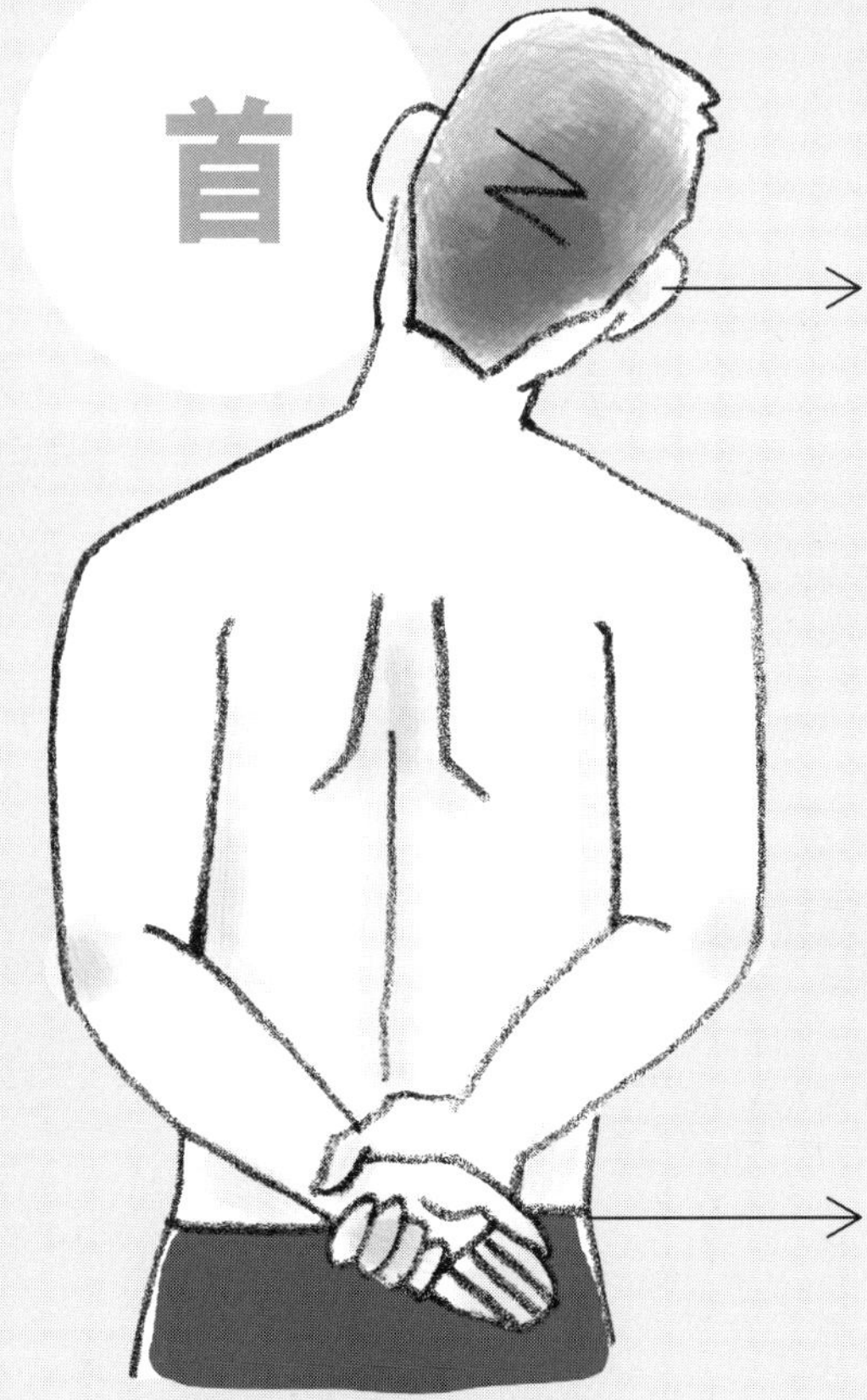

首の筋肉と一緒に両肩の筋肉を伸ばす

両手を後ろに回し、左の手首を右手で持って右に引く。引きながら、首をゆっくり右側に倒す。

＊左右の動きがあるものは、必ず左右を替えてバランスよくおこなう

肩

①肩の筋肉を伸ばす

体の前で左腕を横に伸ばし、左肘を下から右手で持って手前へ引く。上体が前傾しないよう背筋を伸ばしておこなう。

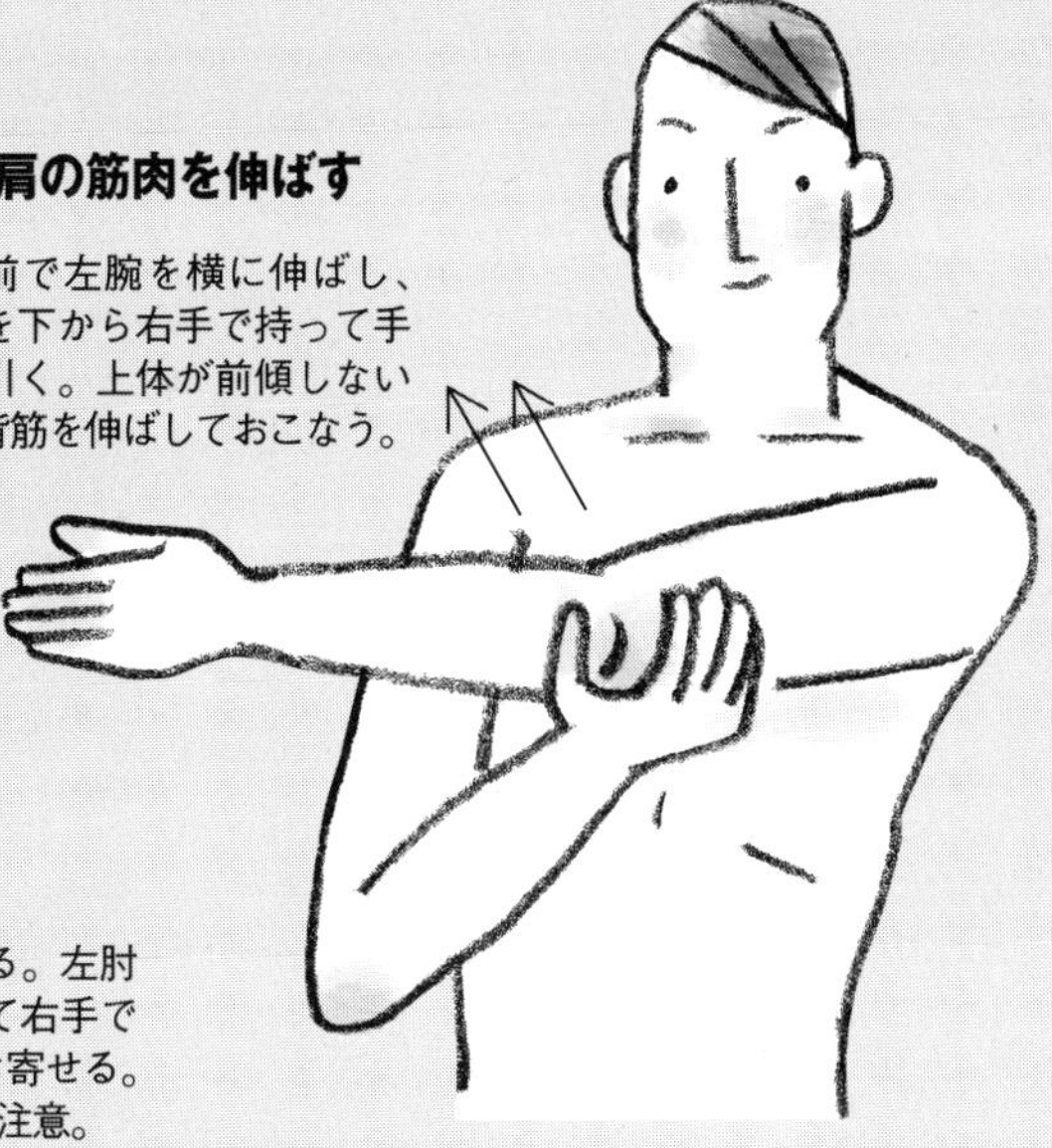

②

左手首を右肩に載せる。左肘を肩の高さまで上げて右手で持ち、手前へ少し引き寄せる。上体が傾かないように注意。

腕

①手首を柔らかくし腕の筋肉を伸ばす

左腕を前に伸ばし、手の甲を前に向ける。右手で左手指を持ち、体のほうに引き寄せる。肩が上がらないようにする。

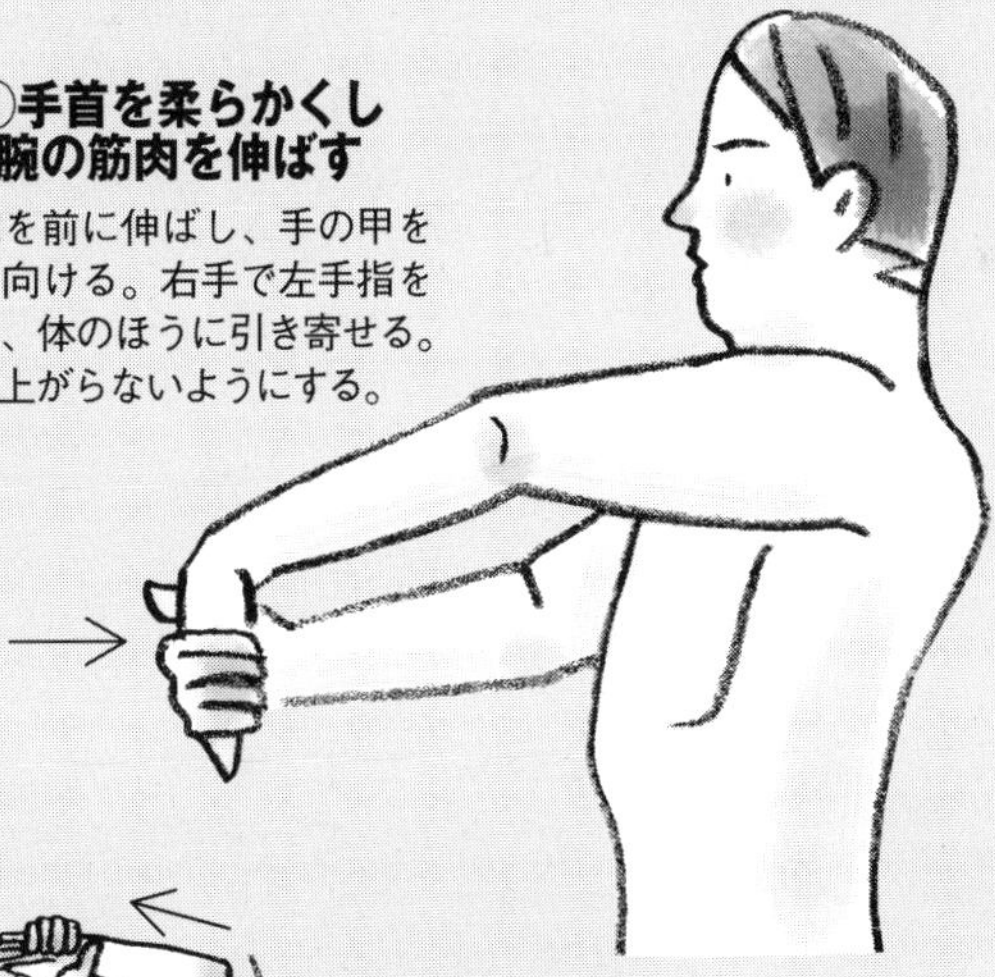

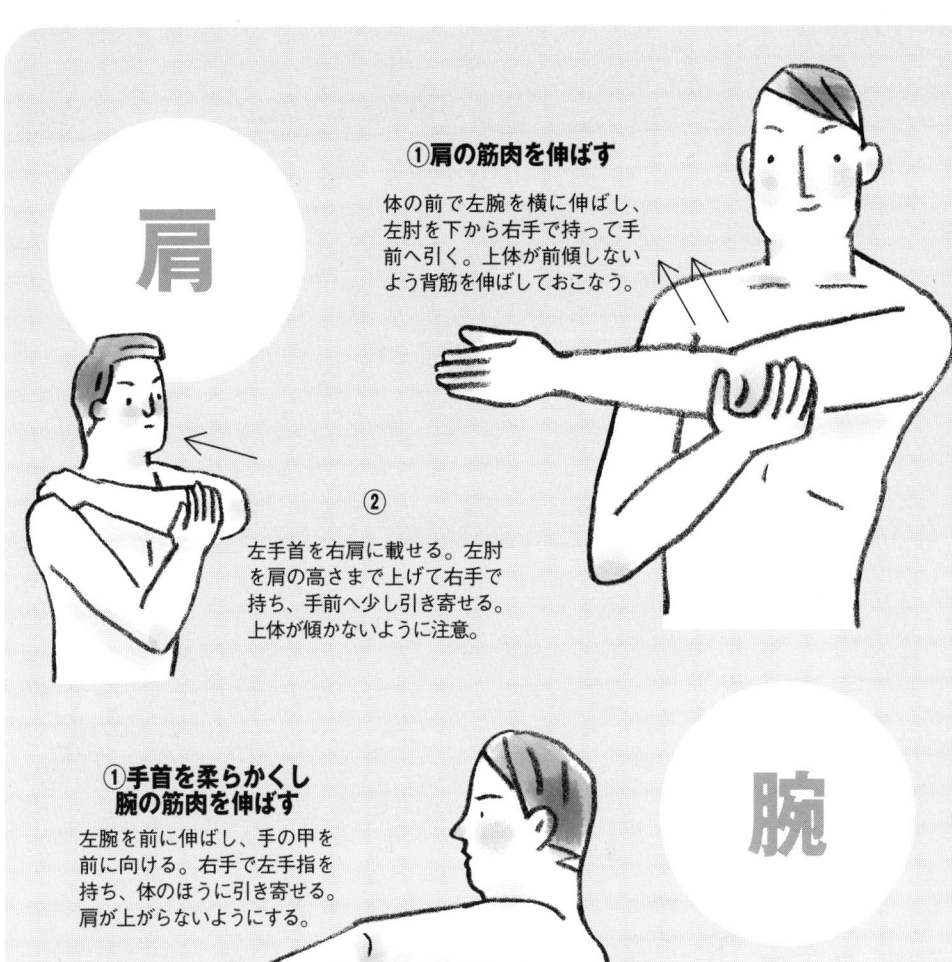

②

左腕を前に伸ばし、手のひらを前に向ける。右手で左手指を持ち、手前に引き寄せる。①と同様、肩の位置に注意を。

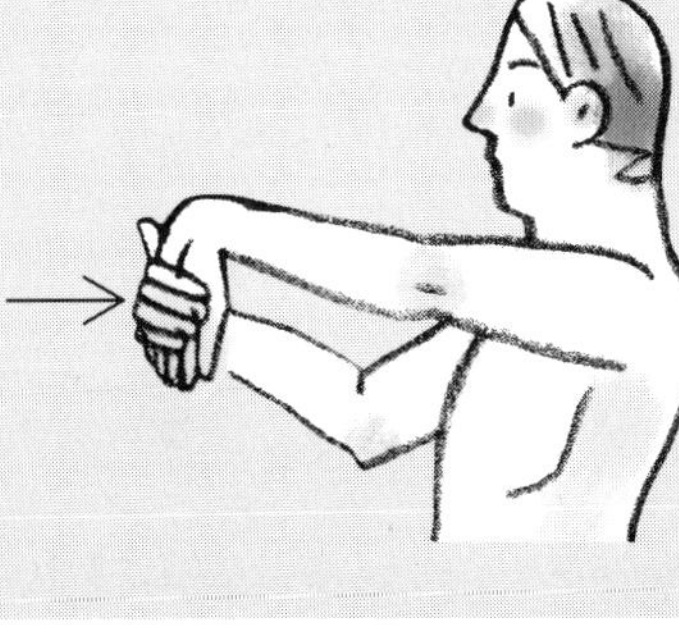

腕の筋肉と一緒に体の側面を伸ばす

両手を頭の上に上げる。左手首を右手で持ち、右横へ引く。姿勢をまっすぐに保ち、上体を前や後ろに倒さないように。

体側

体の側面を伸ばす

足を、肩幅より広めに軽く開けて立つ。膝は少し曲げ、つま先は膝と同じ方向に。左手は肩を開いて耳に当て、右手は右太ももの外側に添えた状態で、上半身を右真横に倒す。

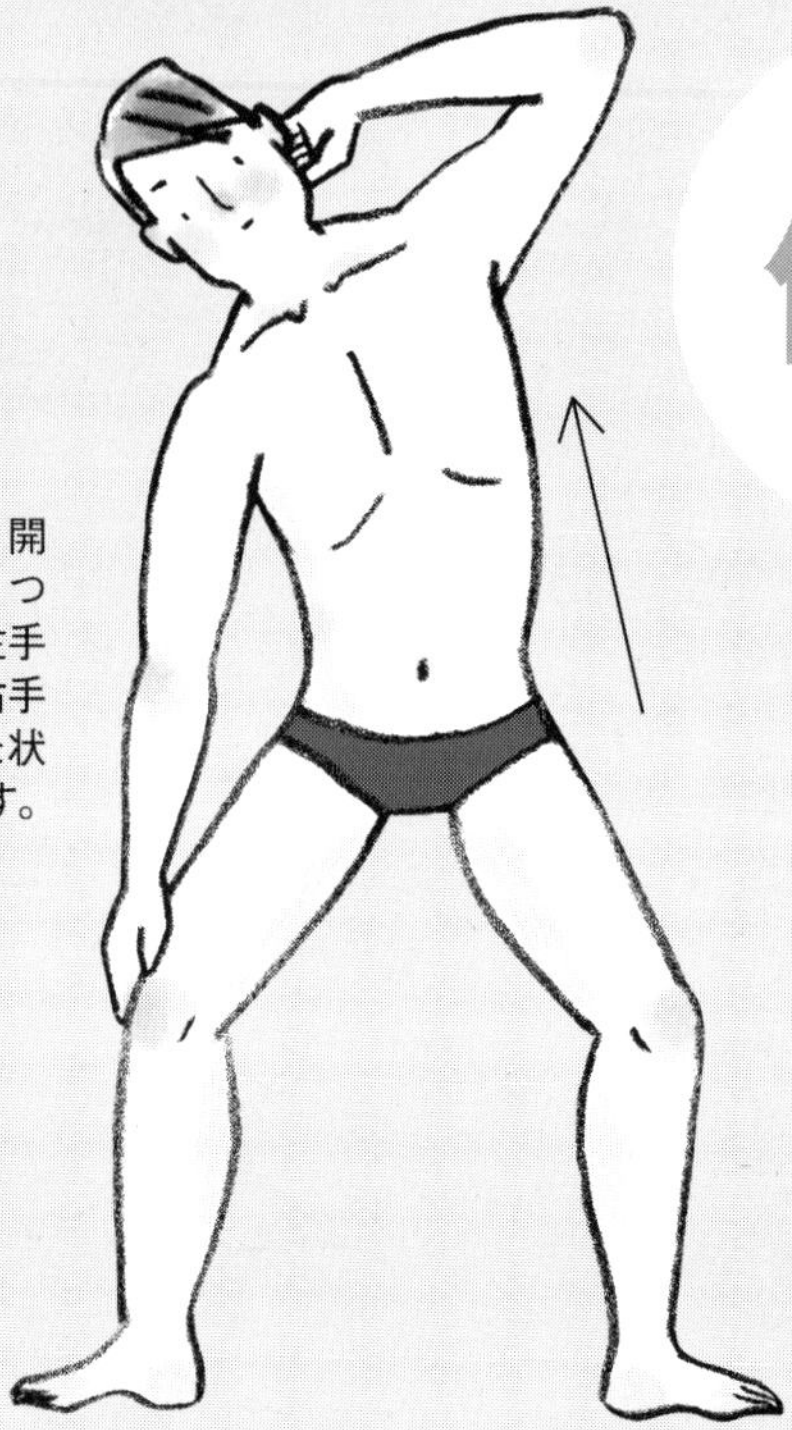

胸

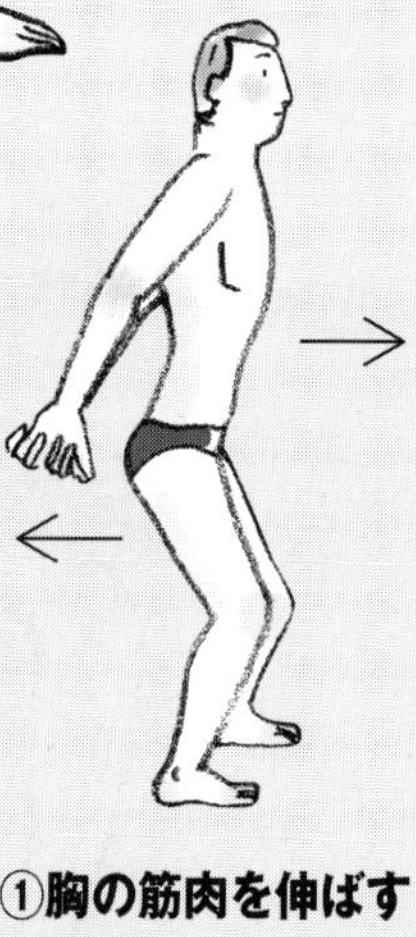

①胸の筋肉を伸ばす

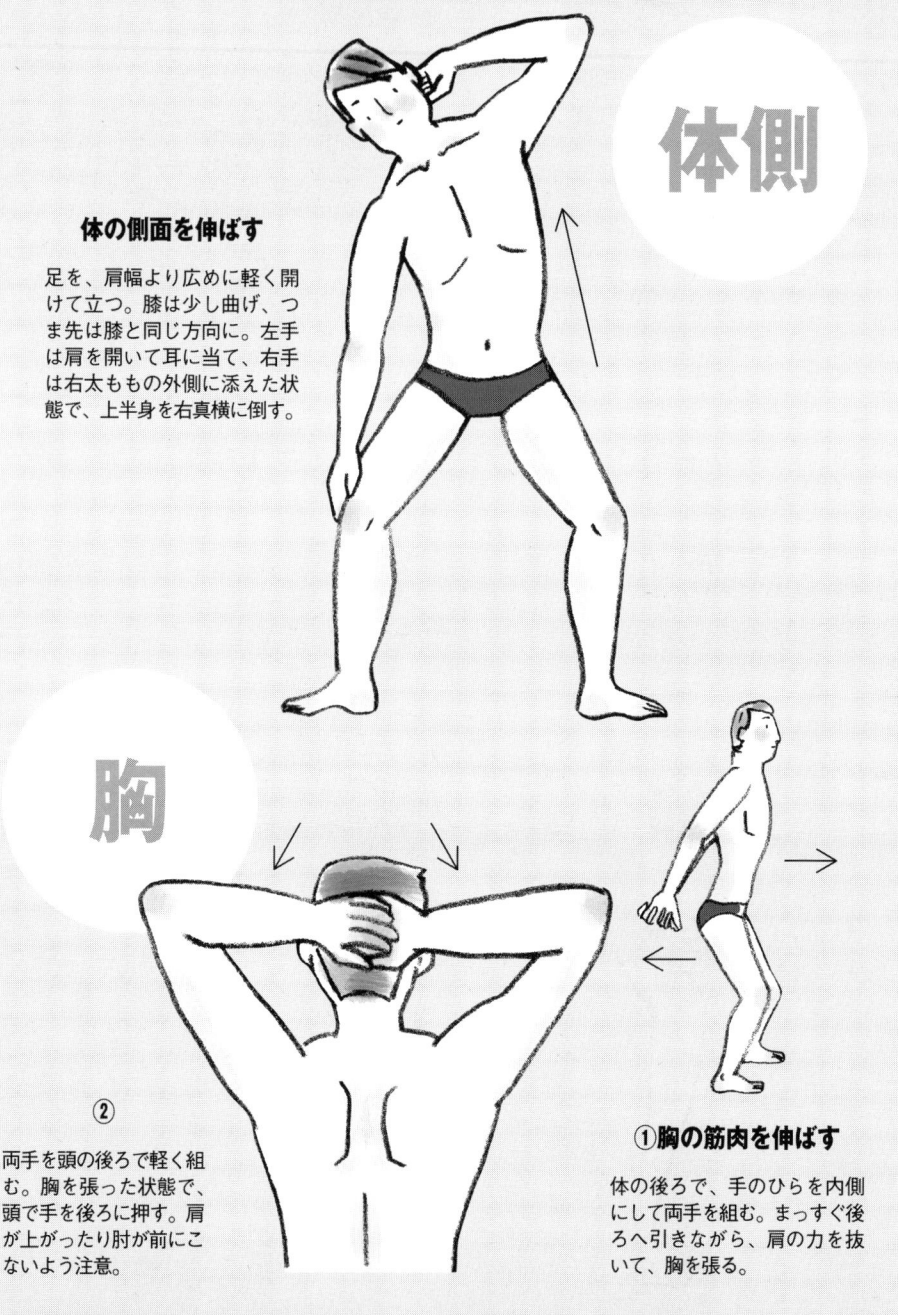

体の後ろで、手のひらを内側にして両手を組む。まっすぐ後ろへ引きながら、肩の力を抜いて、胸を張る。

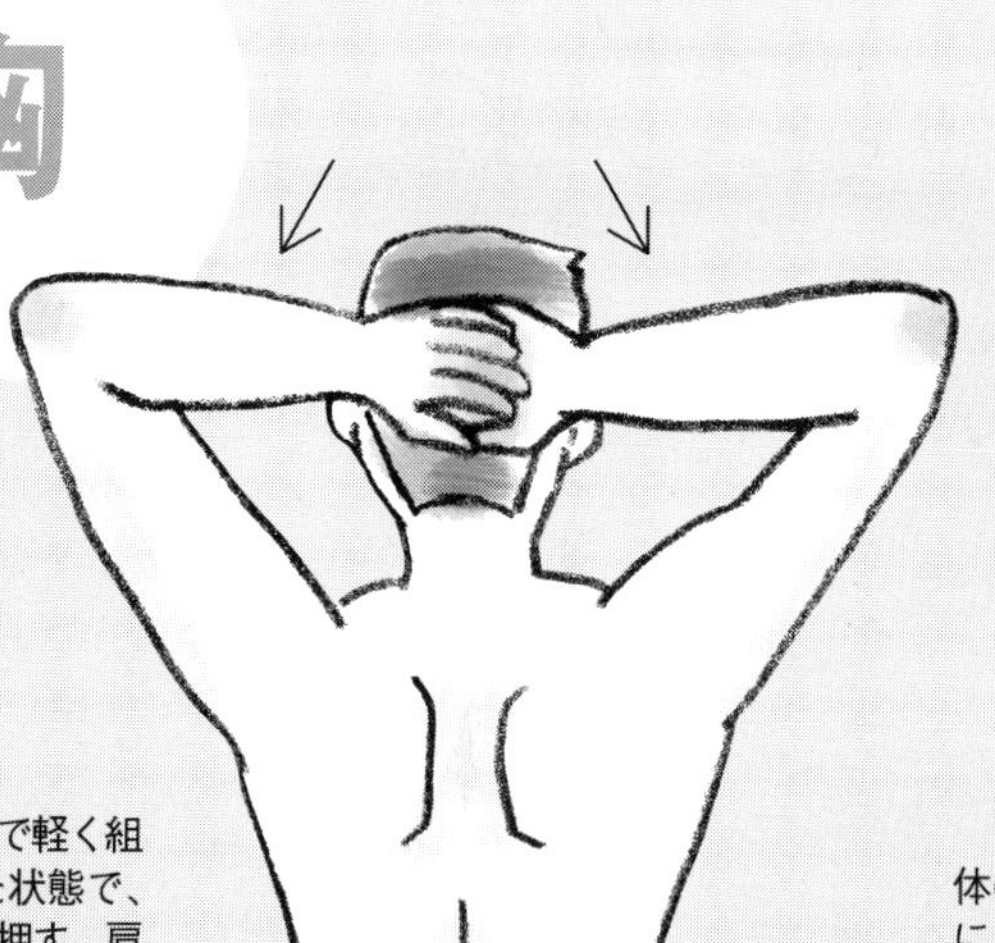

②

両手を頭の後ろで軽く組む。胸を張った状態で、頭で手を後ろに押す。肩が上がったり肘が前にこないよう注意。

＊左右の動きがあるものは、必ず左右を替えてバランスよくおこなう

背中と腰

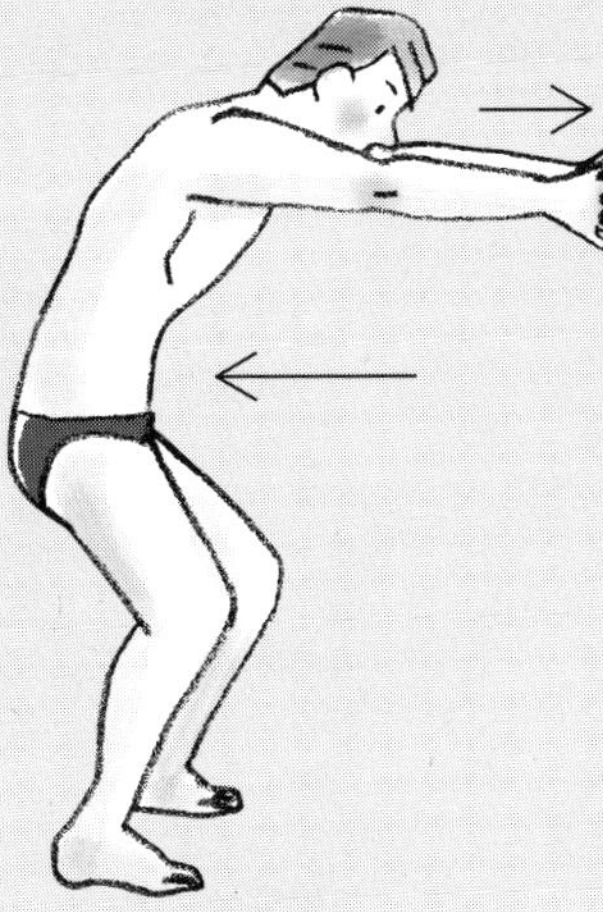

背中の筋肉を伸ばす

足を軽く開いて立つ。両腕を前へ伸ばし、手のひらを内側にして組む。前へ押しながら、背中を丸めて体を後ろへ引く。

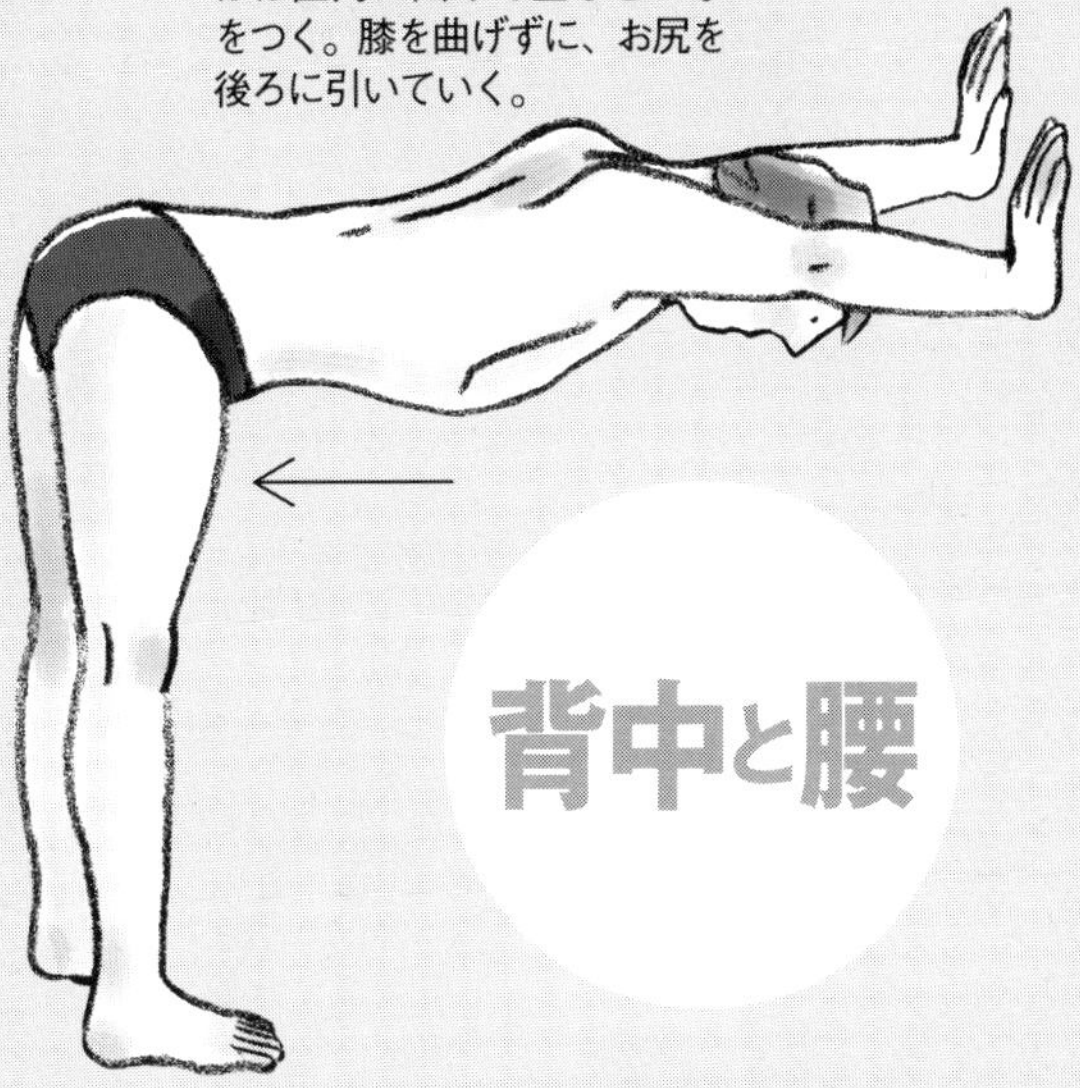

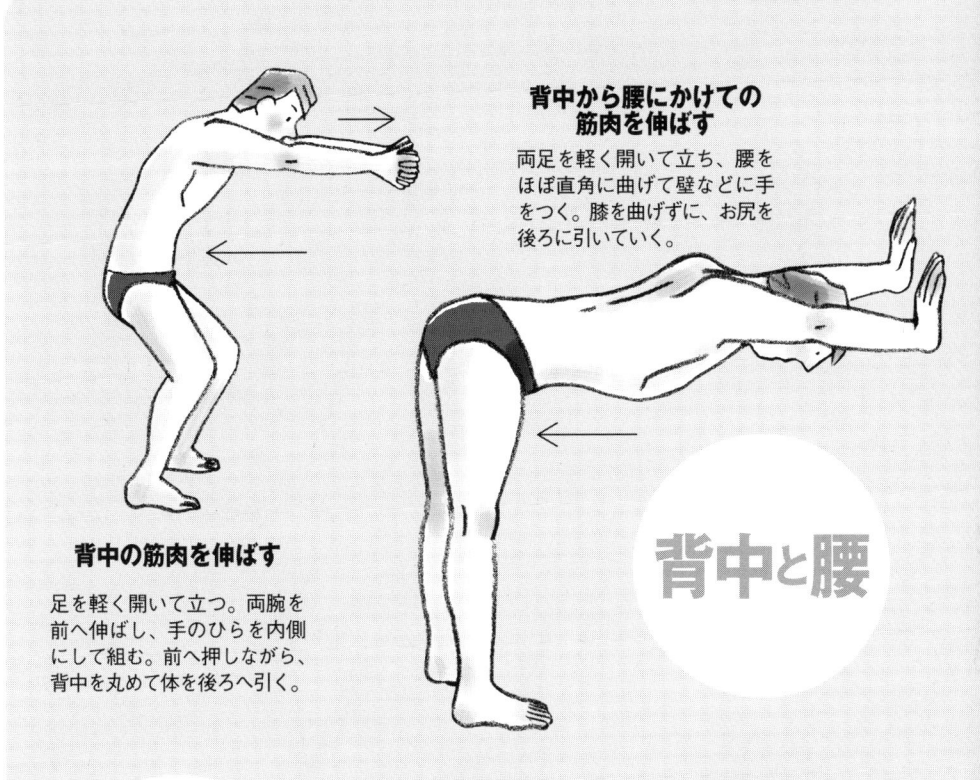

背中から腰にかけての筋肉を伸ばす

両足を軽く開いて立ち、腰をほぼ直角に曲げて壁などに手をつく。膝を曲げずに、お尻を後ろに引いていく。

股関節

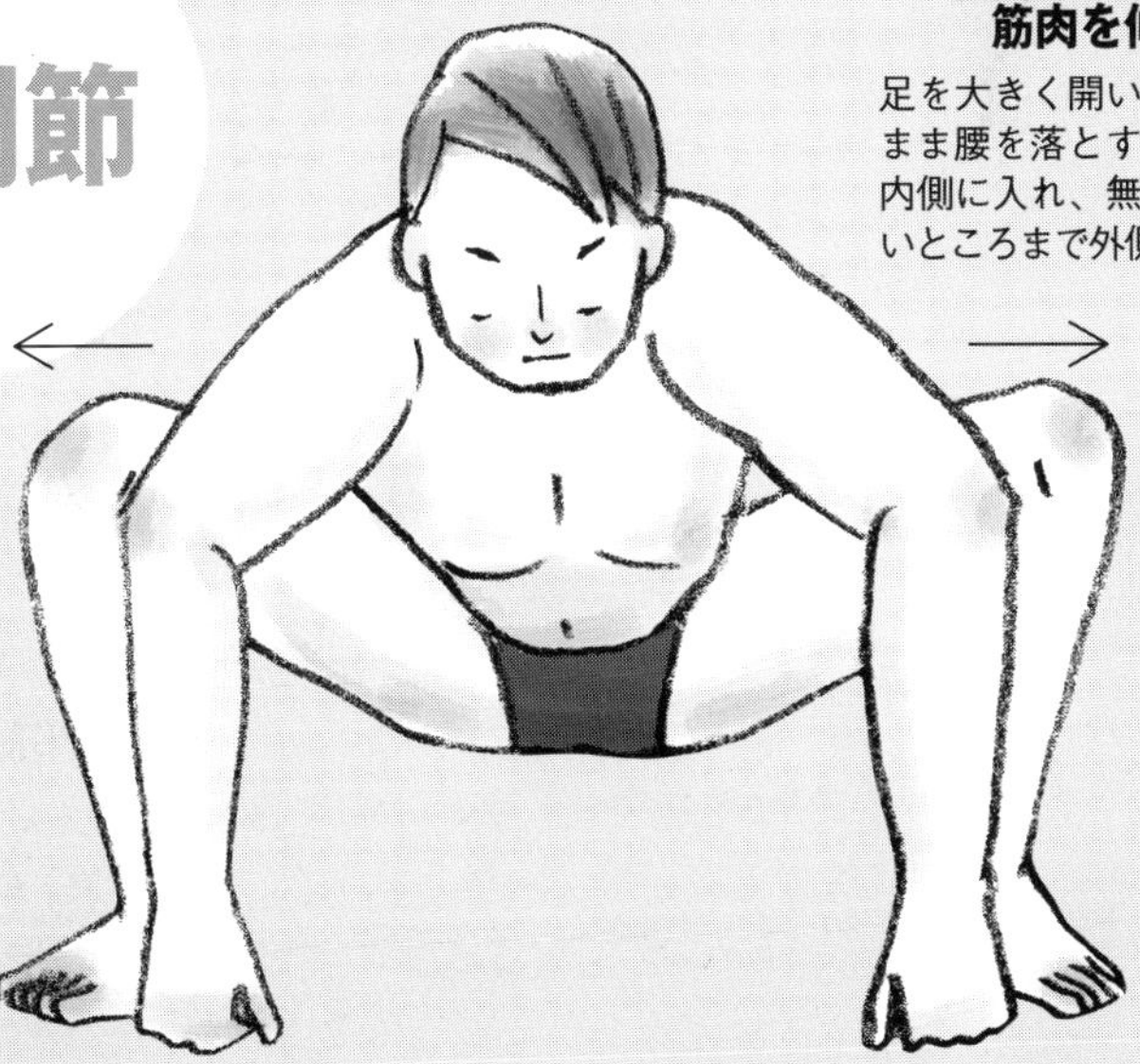

股関節のまわりの筋肉を伸ばす

足を大きく開いて立ち、そのまま腰を落とす。両腕を膝の内側に入れ、無理がかからないところまで外側に押し開く。

脚

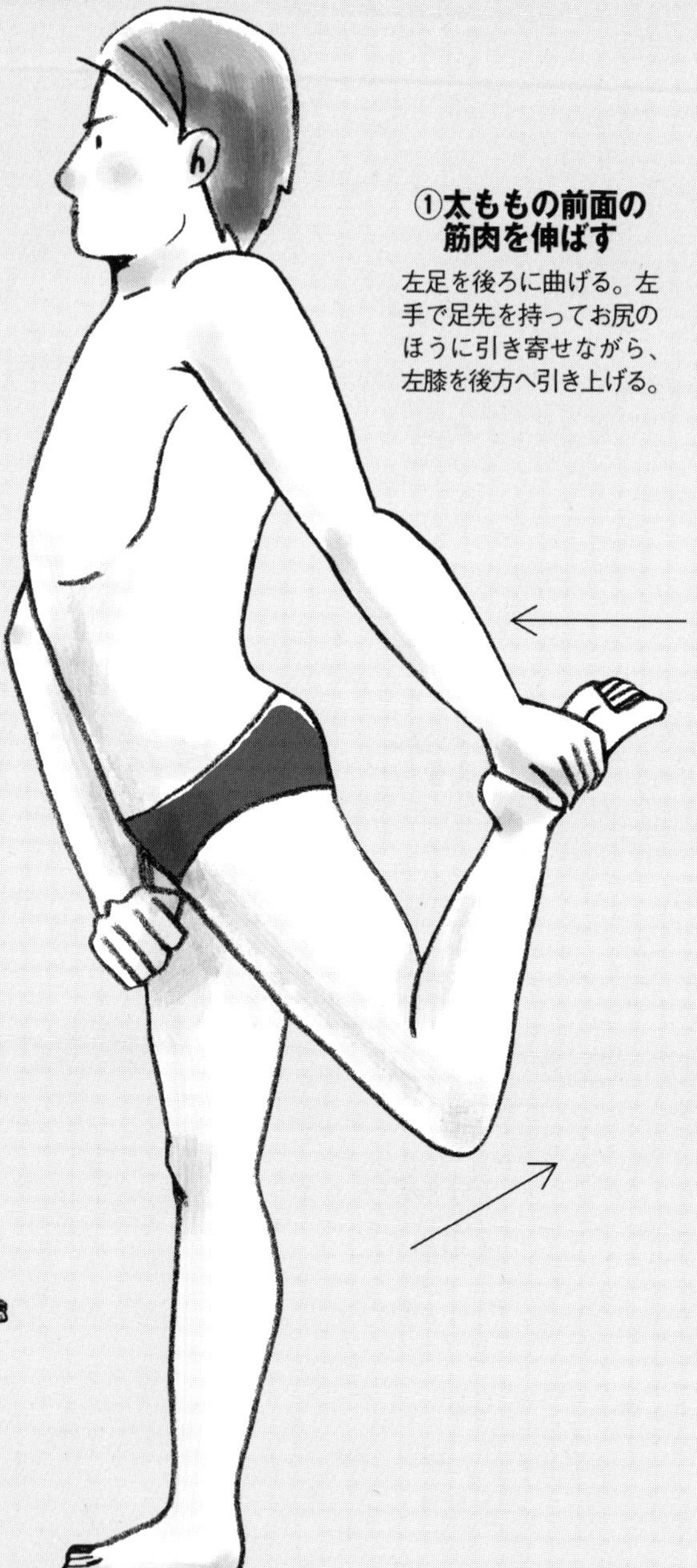

①太ももの前面の筋肉を伸ばす

左足を後ろに曲げる。左手で足先を持ってお尻のほうに引き寄せながら、左膝を後方へ引き上げる。

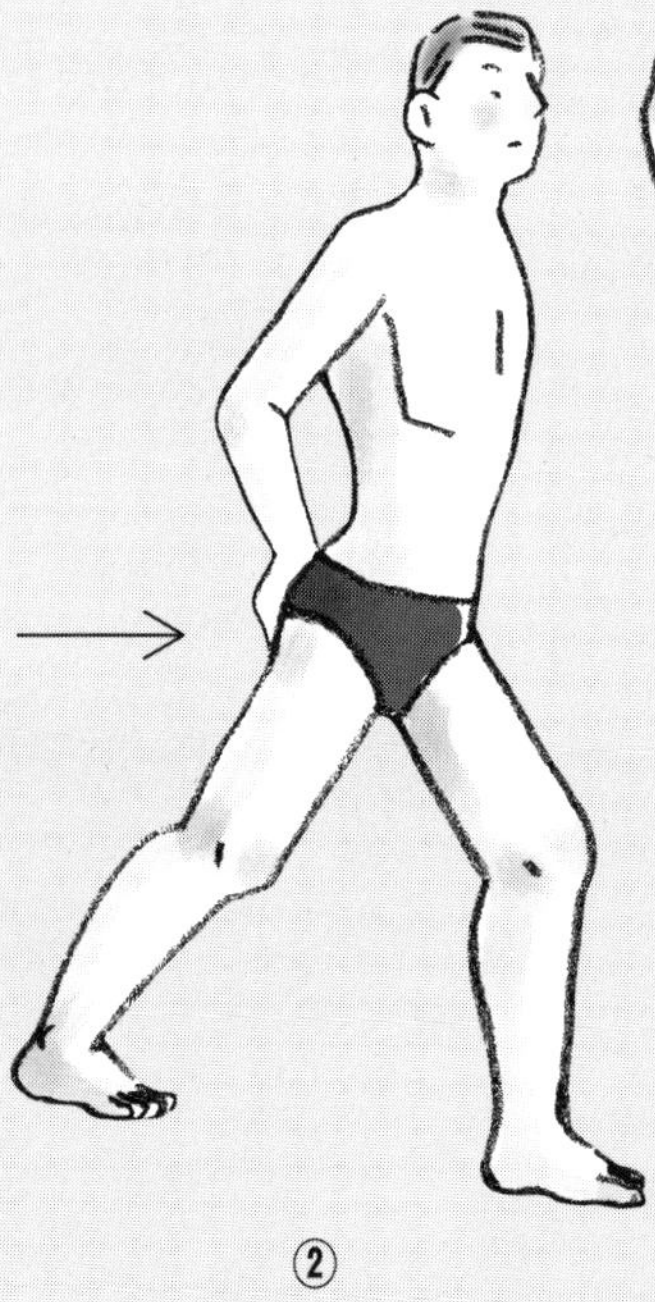

②

足を軽く前後に開く。前に出したほうの足の膝を軽く曲げ、両手でお尻を前に押す。後ろ側の足のかかとが、床から浮かないよう注意して。

＊左右の動きがあるものは、必ず左右を替えてバランスよくおこなう。

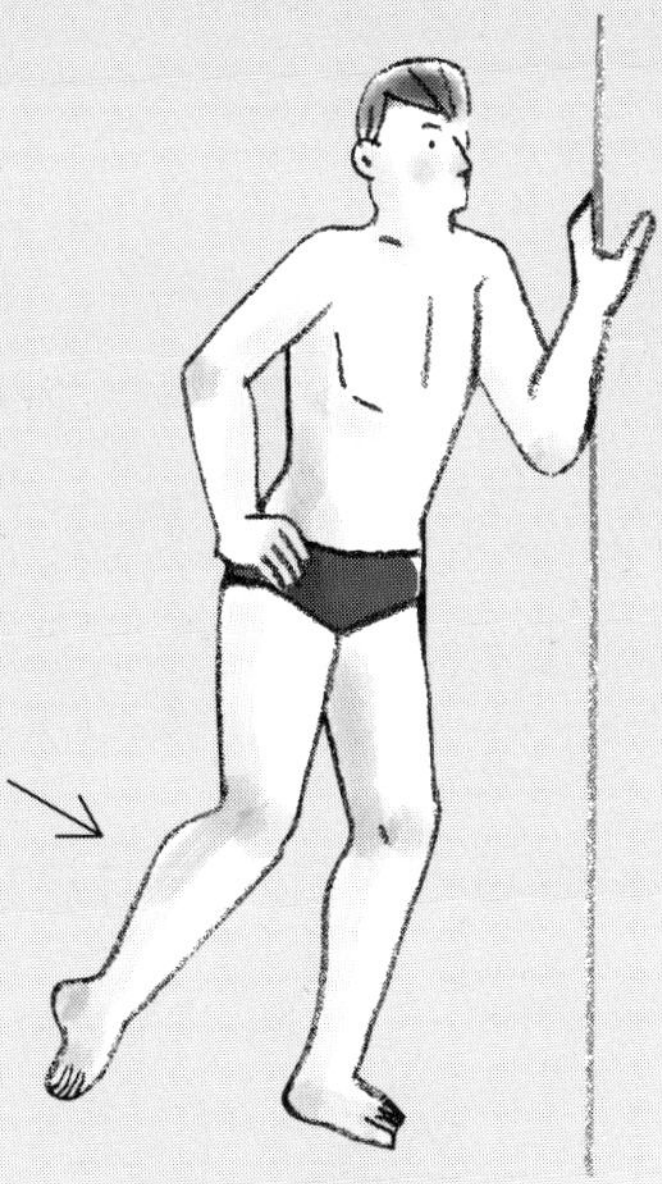

足首を柔らかくし
すねの筋肉を伸ばす

壁などにつかまってやる。片足を後ろに出し、膝を軽く曲げる。足の甲を下に向けて、ゆっくり床に押しつける。

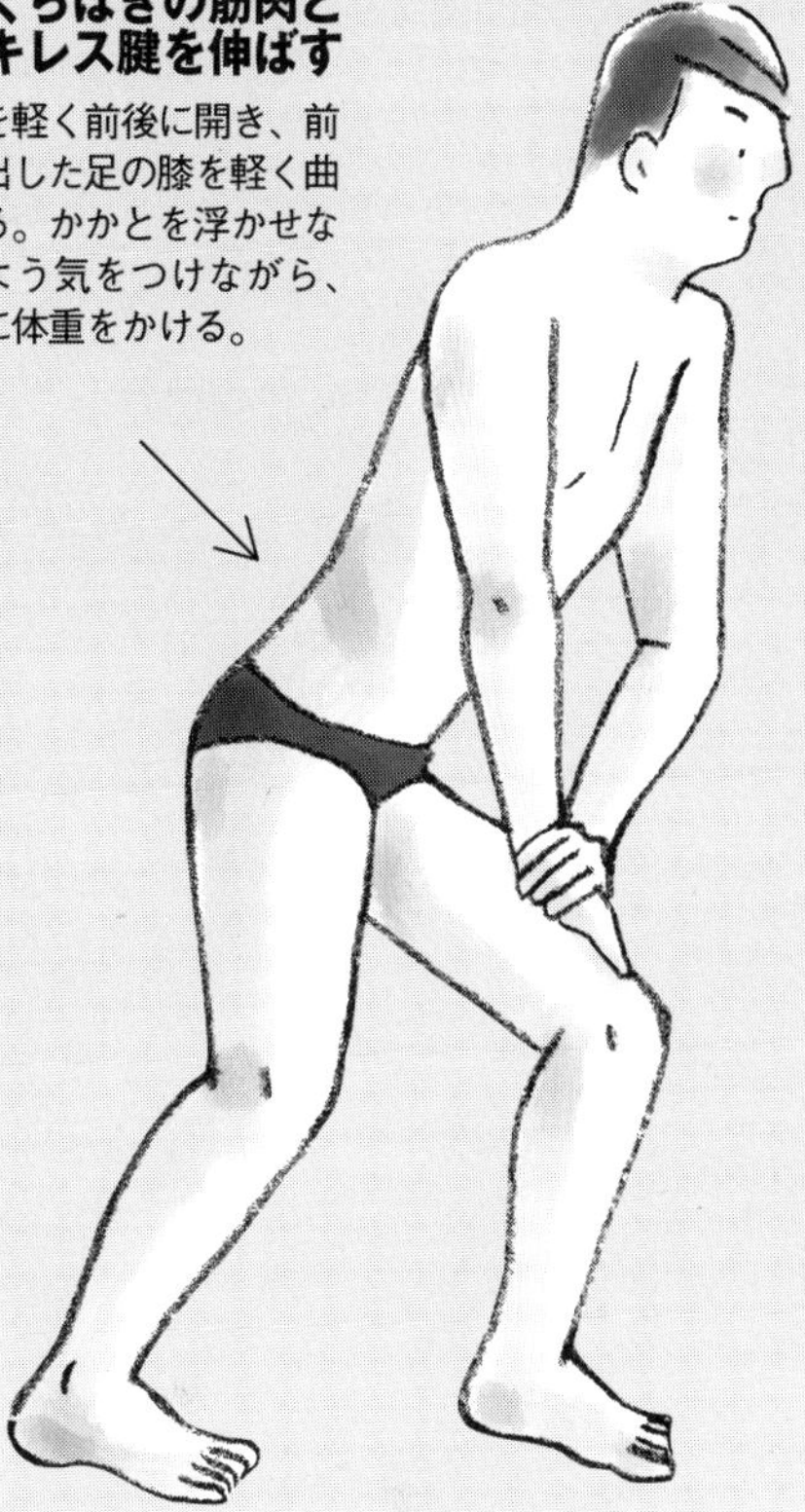

ふくらはぎの筋肉と
アキレス腱を伸ばす

足を軽く前後に開き、前に出した足の膝を軽く曲げる。かかとを浮かせないよう気をつけながら、前に体重をかける。

ストレッチに加えて関節をほぐす運動も取り入れよう

関節を回して温める柔軟運動を習慣づけよう。ストレッチと合わせ、トレーニングの前後や合間に取り入れる。肩や手首、足首のほか、首や腰なども回す。

腕を伸ばして、肩から大きく回す

両手を組んで、ゆっくり回したりぶらぶら振ったりする

足先を持って、ゆっくり回す

参考文献

『基礎からの水泳』柴田義晴著（ナツメ社）
『きょうの健康シリーズ　これで元気！　中高年の新しいエクササイズ　ウエルビクス』
竹島伸生監修（日本放送出版協会）
『健康と運動の基本体操　さわやかストレッチング』小野清子監修（朝日新聞社）
『初心者のための水泳教室［1］』高橋伍郎監修　糸山直文著（高橋書店）
『水泳指導教本［第2版］』日本水泳連盟編（大修館書店）
『ゼロからの快適スイミング　ゆっくり長く泳ぎたい！』
快適スイミング研究会編（学習研究社）
『ゼロからの快適スイミング　ゆっくり長く泳ぎたい！　もっと基本編』
快適スイミング研究会編（学習研究社）
『Tarzan特別編集　スイミングBOOK』（マガジンハウス）
『日本泳法12流派総覧　上・下巻』日本水泳連盟編（日本水泳連盟）
日本水泳連盟ホームページ　http://www.swim.or.jp/
日本マスターズ水泳協会ホームページ　http://www.masters-swim.or.jp

以上を参考にさせていただきました。ありがとうございます。

平井伯昌（ひらい　のりまさ）

1963年東京都生まれ。86年早稲田大学社会学部卒業、東京スイミングセンター入社。96年より北島康介選手を指導し、アテネ、北京五輪で2大会連続2種目金メダリストに育て上げる。同時に中村礼子選手にも2大会連続銅メダルをもたらす。ロンドン五輪では、指導した寺川綾選手が銅メダルを獲得。2013年、東洋大学法学部准教授、同大学体育会水泳部監督に就任。2016年、リオデジャネイロ五輪では、教え子の萩野公介が金メダルを獲得。現在、競泳日本代表ヘッドコーチ、日本水泳連盟理事・競泳委員長、東京スイミングセンターヘッドコーチとして活躍している。著書に、『世界でただ一人の君へ』『見抜く力』（ともに幻冬舎）、『平井式アスリートアプローチ』（ベースボール・マガジン社）等がある。

装幀　亀海昌次
写真　藤田孝夫
イラスト　植木美江
本文写真　佐藤幸稔
本文デザイン　ティオ（山内隆之、後藤裕二、渡部裕一、大石花枝）
校正　滄流社
編集協力　オフィス201（斉藤あずみ）　柄川昭彦
編集　福島広司　鈴木恵美（幻冬舎）

知識ゼロからのスイミング入門

2006年6月30日　第1刷発行
2016年8月20日　第4刷発行

著　者　平井伯昌
発行人　見城　徹
編集人　福島広司

発行所　株式会社 幻冬舎
〒151-0051　東京都渋谷区千駄ヶ谷4-9-7
電話　03-5411-6211（編集）　03-5411-6222（営業）
振替　00120-8-767643
印刷・製本所　株式会社 光邦

検印廃止

ISBN4-344-90084-7 C2095
Printed in Japan
幻冬舎ホームページアドレス　http://www.gentosha.co.jp/
この本に関するご意見・ご感想をメールでお寄せいただく場合は、comment@gentosha.co.jpまで。